रमेश पोखरियाल

रमेश पोखरियाल का जन्म 15 अगस्त, 1958 को पिनानी ग्राम, पौड़ी गढ़वाल में हुआ। राजनीति में जमीनी सक्रियता के पक्षधर प्रभावशाली वक्ता रमेश पोखरियाल उत्तराखंड राज्य के पाँचवें मुख्यमंत्री रह चुके हैं। साहित्य, कला और संस्कृति में उनकी गहरी अभिरुचि है। कहानी, उपन्यास, कविता और अन्य विधाओं में किताबें प्रकाशित हो चुकी हैं।

उनकी प्रमुख कृतियाँ हैं—'संसार कायरों के लिए नहीं' (जीवन प्रबन्धन) व 'अन्तहीन' (कहानी-संग्रह)।

संसार कायरों के लिए नहीं

स्वामी विवेकानन्द का जीवन-प्रबन्धन
संयम, समर्पण, अनुशासन, सेवा और त्याग

डॉ. रमेश पोखरियाल 'निशंक'

राजकमल पेपरबैक्स

राजकमल पेपरबैक्स में
पहला संस्करण : 2013
आठवाँ संस्करण : 2025

राजकमल पेपरबैक्स : उत्कृष्ट साहित्य के जनसुलभ संस्करण

राजकमल प्रकाशन प्रा.लि.
1-बी, नेताजी सुभाष मार्ग, दरियागंज
नई दिल्ली-110 002
द्वारा प्रकाशित

शाखाएँ : अशोक राजपथ, साइंस कॉलेज के सामने, पटना-800 006
पहली मंज़िल, दरबारी बिल्डिंग, महात्मा गांधी मार्ग, प्रयागराज-211 001
1, अनमोल सोराबजी सन्तुक लेन, धोबी तलाव, मरीन लाइंस, मुम्बई-400 002

वेबसाइट : www.rajkamalprakashan.com
ई-मेल : info@rajkamalprakashan.com

बी.के. ऑफसेट
नवीन शाहदरा, दिल्ली-110 032
द्वारा मुद्रित

मूल्य : ₹350

SANSAR KAYARON KE LIYE NAHIN
by Ramesh Pokhariyal 'Nishank'

ISBN : 978-81-267-2436-9

अनुक्रम

आधुनिक भारत का जन्मदाता

स्वामी विवेकानन्द ने दो शब्दों में पूरी दुनिया को अपना दीवाना बना लिया था। उनमें नेतृत्व की असीम क्षमता थी। उनकी दूरदृष्टि और नेतृत्व के गुण उन्हें औरों से अलग करते थे। हिन्दू पुनरूत्थान के लिए पूरी दुनिया उन्हें जानती है और उन्हें आधुनिक भारत का जन्मदाता भी कहा जाता है।

स्वामी विवेकानन्द ने विपरीत से विपरीत स्थितियों में भी अपने संयम, समर्पण, अनुशासन और सेवा से वह मुकाम हासिल किया, जो आम तौर पर बहुत मुश्किल होता है। उन्होंने भारतीय दर्शन का विश्व में डंका बजा दिया और अपनी प्रखर वक्तव्य शैली से यह जता दिया कि भारत विश्व का नेतृत्व करने की क्षमता रखता है। सीमित संसाधनों से उन्होंने विशाल लक्ष्य पाया। शिकागो में जब उन्हें एक गुलाम देश का प्रतिनिधि मानकर धर्मसभा में सबसे बाद में आमंत्रित किया गया, तब भी उन्होंने अपने भाषण से यह सिद्ध कर दिया कि ज्ञान ही सब कुछ है।

अगर स्वामी विवेकानन्द के जीवन को पुनरूत्थानवादी नजरिए से हटकर एक अलग नजरिए से देखें तो उनसे जीवन प्रबंधन की सभी बातें सीखी जा सकती हैं। कार्पोरेट सेक्टर के लिए भी वे बड़े नेता साबित हो सकते हैं। बेशक स्वामी विवेकानन्द कोई कार्पोरेट व्यक्ति नहीं थे, न ही उन्होंने कोई जीवन प्रबंधन या व्यावसायिक प्रबंधन के बारे में कोई किताब लिखी न विचार व्यक्त किए। उन्होंने धर्म के आसपास अपना पूरा जीवन बिताया। धर्म के प्रचार में, धर्म से जुड़कर, धर्म के लिए प्रतिबद्ध होकर उन्होंने जीवन प्रबंधन के अपने तरीके से यह साबित किया कि अधिकार सिर्फ जिम्मेदारी निभाने के लिए मिलते हैं। शीर्ष पर पहुँचना तो कठिन है ही, शीर्ष पर बने रहना उससे भी कठिन है। उन्होंने अपने लक्ष्य की प्राप्ति के लिए अपने कानून बनाए, अपना प्रबंधन किया और अपने लक्ष्य को प्राप्त किया। उनके जीवन में अर्थशास्त्र भी है और धर्मशास्त्र भी। उन्होंने अधिकारों का प्रबंधन भी किया, जहाँ जरूरी लगा, वहाँ अधिकार अपने पास रखे। उनमें अद्‌भुत निर्णय क्षमता थी और वे लगातार अपनी निर्णय क्षमता

का उदाहरण देते रहे। उन्होंने दरिद्र से दरिद्र व्यक्ति को भी अपने से दूर नहीं होने दिया। धर्म की हर गतिविधि पर उनकी निगाह थी। हिन्दुत्व के प्रचार के लिए उन्होंने कभी भी मौका नहीं छोड़ा। स्वामी विवेकानन्द ने कहा था : 'यदि आप पश्चिमी संस्कृति की ओर दौड़ेंगे तो तीन ही पीढ़ियों में विनाश निश्चित है, धर्म छोड़ने से हिन्दू जाति का मेरुदण्ड ही टूट जाएगा।'

सही मौके की तलाश उन्हें हमेशा रहती थी और उन्हें पूरी पहचान थी कि सही मौका क्या होता है। उन्हें जो भी जिम्मेदारी मिली, उन्होंने उसे पूरी शक्ति के साथ निभाया।

रहस्यों से हटा पर्दा

स्वामी विवेकानन्द ने अपने जीवन में साधन के सभी सोपानों को पार किया। राजयोग के आठों अंग उसमें शामिल थे—पहला है यम अर्थात् अहिंसा, दूसरा है नियम यानी तपस्या और स्वाध्याय तथा ईश्वर को समर्पण, तीसरा है आसन अर्थात् बैठने की प्रणाली, चौथा है प्राणायाम यानी प्राण का संयम, पाँचवाँ है प्रत्याहार अर्थात् मन को अन्तर्मुखी करना, छठा है धारणा यानी किसी स्थल पर मन का धारण, सातवाँ स्थान ध्यान का है और अंतिम समाधि है। इस तरह स्वामी विवेकानन्द ने अपने लक्ष्य समाधि को प्राप्त किया। दुर्भाग्य से उनका जीवन बहुत छोटा रहा, लेकिन उन्होंने व्यवहार में बहुत बड़े और लम्बे कार्य किए। स्वामी विवेकानन्द ने अपने कर्म और चरित्र के माध्यम से जो निर्देश और उदाहरण दुनिया को दिए, वे बेमिसाल हैं। स्वामी विवेकानन्द ने कर्म के रहस्यों से पर्दा हटाया, कर्म पर केन्द्रित जीवन जीने के लिए प्रेरित किया, लेकिन कर्मों के साथ ही उन्होंने किसी भी विषय के आधारभूत मुद्दों को नहीं छोड़ा। कर्म के लिए उन्होंने मन की एकाग्रता को सबसे बड़ी ताकत बताया। उन्होंने कहा था : "मनुष्य और पशु में मुख्य अन्तर मन की एकाग्रता शक्ति का है, किसी भी प्रकार के कार्य में सारी सफलता इसी एकाग्रता का परिणाम है । एकाग्रता की शक्ति में अन्तर के कारण ही एक मनुष्य दूसरे मनुष्य से भिन्न हो जाता है। छोटे से छोटे आदमी की तुलना ऊँचे से ऊँचे आदमी से करो, अन्तर मन की एकाग्रता मात्र का है।"

कर्म में छुपी है सफलता

स्वामी विवेकानन्द ने गीता की व्याख्या कर्म के रूप में की और बार-बार दोहराया कि गीता का उद्‌देश्य है—हमें निरन्तर कर्म करते जाना है। उन्होंने कहा कि हम कोई भी ऐसा कर्म नहीं कर सकते, जिससे कहीं कुछ भला न हो और कोई भी कर्म ऐसा नहीं है जिससे कहीं कुछ न कुछ हानि न हो। प्रत्येक कर्म अनिवार्य रूप से गुण-दोष से मिश्रित रहता है। फिर भी शास्त्र हमें हमेशा कर्म करने का आदेश देते हैं।

अच्छे कार्यों का फल अच्छा होता है और वे हमारे लिए बंधन स्वरूप होते हैं। स्वामीजी ने कहा कि यदि हम अपने कर्मों से आसक्त नहीं हैं तो हमारा धर्म पर किसी प्रकार का बंधन नहीं होगा। स्वामी ने कर्मों से अनासक्ति की भावना को समझाया। विवेकानन्द ने इस बात को स्पष्ट किया कि हमें अपने खुद के एक स्वामी की तरह कार्य करना चाहिए न कि अपने ही दास की तरह। आप समाज में जो भी कार्य करेंगे, उसका लाभ सभी को होगा। कोई उससे ज्यादा लाभ पा सकता है और कोई कम। उन्होंने कहा : 'जैसे भगवान श्रीकृष्ण ने अर्जुन से कहा कि हे अर्जुन! यदि मैं कर्म करने में एक क्षण भी रुक जाऊँ तो सारा विश्व नष्ट हो जाएगा। मेरे कर्म से मुझे कोई लाभ नहीं है। मैं ही जगत का एकमात्र प्रभु हूँ, फिर भी मैं कर्म क्यों करता हूँ, इसलिए कि संसार से मुझे प्रेम है। स्वामीजी ने समझाया कि ईश्वर अनासक्त है, क्यों? इसलिए कि वे सच्चे प्रेमी हैं और जो सच्चा प्रेम करता है, वह आसक्त नहीं होता।'

स्वामी विवेकानन्द ने व्याख्या की : 'कोई भी काम दासता से प्रभावित होकर नहीं, अपने मन के स्वामी बनकर करना चाहिए। अगर आपने कोई भी कार्य दासत्व की तरह किया है तो उससे स्वार्थपरता और आसक्ति उत्पन्न होती है। हम अपने बच्चों से जो व्यवहार करते हैं, छोटे बच्चों को हम जो भी वस्तुएँ देते हैं, क्या उसके बदले हम उनसे कोई चीज माँगते हैं? हम समझते हैं कि हम केवल अपना कर्म कर रहे हैं। वास्तव में हम अपने बच्चों से सच्चा प्रेम करते हैं, इसलिए उनसे प्रतिफल में कुछ नहीं चाहते। ईश्वर भी इसी तरह हमसे प्रेम

करते हैं और बदले में कुछ नहीं चाहते। हम अपने सभी कामों के प्रतिफल प्रभु को समर्पित कर देते हैं।'

स्वामी विवेकानंद ने कहा था : ''अपनी वर्तमान अवस्था के लिए हम स्वयं जिम्मेदार हैं और जो कुछ हम होना चाहें उसकी शक्ति भी हममें हैं। यदि हमारी वर्तमान अवस्था हमारे ही पूर्व कर्मों का फल है, तो यह निश्चित है कि जो कुछ हम भविष्य में होना चाहते हैं वह हमारे वर्तमान कार्यों द्वारा ही निर्धारित किया जा सकता है।''

आध्यात्मिक उन्नति

स्वामी विवेकानन्द ने भारतीयों को कर्तव्यनिष्ठा के साथ आध्यात्मिक उन्नति का मार्ग दिखाया। उन्होंने धर्म को भी दार्शनिक, पौराणिक और कर्मकाण्ड में विभाजित किया और यह बात कही कि केवल दार्शनिक भाव ही असल में धर्म का सार है। स्वामी विवेकानन्द ने कहा था : ''तुम धर्म पथ में अपने को अग्रसर होने का प्रथम लक्ष्य यह देखोगे कि तुम दिन–प्रतिदिन बड़े प्रफुल्लित होते जा रहे हो। यदि कोई व्यक्ति विषादयुक्त दिखे तो वह अजीर्ण का फल भले ही हो पर धर्म का लक्षण नहीं हो सकता। पाप ही कष्ट का कारण है। अन्य किसी कारण से कष्ट नहीं आता। उतरा हुआ चेहरा लेकर क्या होगा? कैसा भी भयानक दृश्य हो, वहाँ ऐसी सूरत लेकर बाहर मत जाना। किसी दिन ऐसा होने पर दरवाजा बन्द करके समय बिता देना। संसार के भीतर इस बीमारी को संक्रमित करने का तुम्हें क्या अधिकार है?''

कर्मकाण्ड दर्शन का स्थूल रूप है। स्वामी विवेकानन्द ने अपनी दूरदृष्टि (विजन) से 1897 में ही घोषणा कर दी थी कि भारत आगामी 50 वर्षों में स्वतंत्र हो जाएगा। यह विवेकानन्द की दूरदृष्टि और असम्भव के बीच झांककर देख लेने की क्षमता थी, कि उनकी बात सौ प्रतिशत सही साबित हुई। अपने जीवन की हर छोटी–बड़ी घटना से विवेकानन्द ने शिक्षा प्राप्त की और कड़ी मेहनत तथा दृढ़ता के साथ अपने लक्ष्य को प्राप्त किया। स्वामी विवेकानन्द संसारी व्यक्ति नहीं थे, लेकिन उन्होंने सांसारिक जीवन जीने वालों को राह बताई। स्वामीजी के जीवन से प्रेरणा पाकर सभी लोग अपने जीवन प्रबंधन में सुधार कर सकते हैं और सुखी, सोद्देश्यपूर्ण और सफल जीवन बिता सकते हैं। उन्होंने कहा था : ''अपने हाथों अपना भविष्य गढ़ डालो, सारा भविष्य तुम्हारे सामने पड़ा हुआ है। तुम सदैव यह बात स्मरण रखो कि तुम्हारा प्रत्येक विचार, प्रत्येक कार्य, संचित रहेगा और यह भी याद रखो कि जिस प्रकार तुम्हारे असल विचार और असहज कार्य शेरों की तरह तुम पर कूद पड़ने की ताक में हैं, उसी प्रकार तुम्हारे सारे सत् विचार और सत् कार्य भी हमारे देवताओं की शक्ति लेकर सर्वदा तुम्हारी रक्षा के लिए तैयार हैं।''

यह संसार कायरों के लिए नहीं

वेदान्त के विख्यात और प्रभावशाली आध्यात्मिक गुरु स्वामी विवेकानन्द ने वेदान्त को दुनिया में फैलाया। सितम्बर, 1893 में शिकागो में हुए विश्व धर्म सम्मेलन में उन्होंने सनातन धर्म के बारे में जो व्याख्यान दिया, वह दुनिया को प्रभावित करने वाला था। शिकागो में उनके भाषणों से ही सनातन धर्म के प्रति दुनिया की धारणा बदली। कुछ अन्य धर्म के लोग नहीं चाहते थे कि स्वामीजी विश्व धर्म सम्मेलन में सनातन धर्म के बारे में अपने विचार व्यक्त करें।

कई धर्म गुरुओं ने चाहा कि स्वामी विवेकानन्द को अपने विचार व्यक्त करने का समय ही न मिले और शायद यही कारण था कि उस सम्मेलन में स्वामीजी का भाषण सबसे अन्त में सम्भव हो पाया। स्वामी विवेकानन्द ने उन्हीं दिनों यह बात बता दी थी : ''हर काम करने की तीन अवस्थाएँ होती हैं—पहली उपहास की, दूसरी विरोध की और तीसरी और अन्तिम स्वीकृति की।''

धर्म सम्मेलन में अपने व्याख्यान के पहले स्वामी विवेकानन्द को भारी उपहास झेलना पड़ा और विरोध का भी सामना करना पड़ा, लेकिन अपने विचारों पर दृढ़ स्वामी विवेकानन्द को और उससे बढ़कर सनातन धर्म को दुनिया की स्वीकृति मिल ही गई। स्वामी विवेकानन्द का यह सिद्धान्त केवल स्वामी विवेकानन्द के लिए ही नहीं, बल्कि हर व्यक्ति के लिए जीवन में खरा उतरता है। आप जीवन के किसी भी क्षेत्र में हों, विद्यार्थी हों, व्यापारी हों, राजनेता हों अथवा नौकरशाह हों, जब भी कोई व्यक्ति लीक से हटकर कोई काम करने के लिए तैयार होता है तो उसे सबसे पहले उपहास का सामना करना पड़ता है, क्योंकि कोई भी बँधी-बँधाई लीक से हटकर कार्य करने को तैयार नहीं होता। लोगों के मन में धारणा होती है कि नया काम करना बहुत ही कठिन है और कोई भी व्यक्ति यह काम कैसे कर पाएगा? सफलता के लिए कर्म करते रहने की सलाह देते हुए स्वामी विवेकानन्द ने कहा : ''यह संसार कायरों के लिए नहीं है, पलायन की चेष्टा मत करो, सफलता अथवा असफलता की चिंता मत करो, पूर्ण

निष्काम संकल्प में अपने को लय कर दो और कर्तव्य करते चलो, समझ लो कि सिद्धि पाने के लिए जन्मी बुद्धि अपने आपको दृढ़ संकल्प में लय करते सतत कार्यरत रहती है। जीवन संग्राम के मध्य डटे रहो, सुप्तावस्था में अथवा एक गुफा के भीतर तो कोई भी शांत रह सकता है। कर्म के आवर्त और उन्मादन के बीच दृढ़ रहो और केन्द्र तक पहुँचो, और यदि तुम केन्द्र पा गए तो फिर तुम्हें कोई विचलित नहीं कर सकता।''

किसी भी काम की शुरुआत करने में अन्य लोगों को लगता है कि कहीं उनके अधिकार तो छिन नहीं जाएँगे, उनके शक्ति-स्रोत पर तो बंधन नहीं लग जाएगा? अपनी सत्ता खोने के डर से स्थापित लोग हर नई चीज का विरोध करना शुरू करते हैं, परन्तु यह कर्म करने वाले पर ही निर्भर है कि वह दूसरे लोगों को कितना महत्त्व दे, उनके उपहास और प्रतिकार का क्या जवाब दे। जीवन प्रबंधन के ये शुरुआती तौर-तरीके स्वामी विवेकानन्द ने व्यक्त किए थे। यह आज के जमाने में हम सभी के साथ भी हो रहा है और होता है। शिकागो सम्मेलन में उपहास की बात करें तो स्वामी विवेकानन्द का उपहास तरह-तरह से उड़ाया गया। अन्य वक्ताओं को लगता था कि एक गुलाम और अविकसित देश भारत से आया यह युवा साधु दुनिया को ज्ञान की क्या रोशनी देगा, जिसके अपने देश में जातिपात, ऊँच-नीच, भेदभाव और छुआछूत की अनेक सामाजिक बुराइयाँ मौजूद हैं!

उन दिनों भारत में अन्य धर्म मतावलंबियों का प्रभाव भी था और धर्मान्तरण का दौर भी था। ऐसे में स्वामी विवेकानन्द के प्रति लोगों का नजरिया अनापेक्षित नहीं था। एक अन्य धर्मगुरु ने स्वामी विवेकानन्द का उपहास उड़ाते हुए कहा कि यूरोप और अमेरिका के लोग तो दूध-से सफेद होते हैं और अफ्रीका के लोग कोयले के समान अश्वेत। ऐसे में भारत से पहुँचे सनातन धर्म के विद्वान किस स्थिति में हैं, क्योंकि न तो वे श्वेत हैं, न ही अश्वेत। स्वामी विवेकानन्द ने उन उपहास उड़ाने वाले सज्जन का शालीनता से प्रतिकार किया और कहा : ''अगर भोजन पकाते समय चपाती सफेद रह जाए तो कच्ची कही जाती है और अगर काली पड़ जाए तो जली हुई कहलाती है। भोजन की परिपूर्णता उसके समान पकने में है। ऐसे ही विचारों का महत्त्व भी समान रूप से पकने और परिपूर्णता में है, न कि रंग में, चमड़ी के प्रदर्शन में। असली भाव तो मन का है।'' अपने पहले भाषण में उन्होंने यह बात साफ कही कि ईश्वर अलग-अलग रूपों में, अलग-अलग मार्गों से होकर गुजरते हैं और सभी को समान रूप से चाहते हैं। इसी तरह इन्सान के पास भी ईश्वर के पास पहुँचने के अलग-अलग रास्ते हैं लेकिन वे ईश्वर तक पहुँच सकते हैं। धर्म का रूप कोई भी हो, लक्ष्य ईश्वर को

पाना ही है। उन्होंने स्पष्ट किया कि आध्यात्मिक विद्या और भारतीय दर्शन के बिना विश्व अनाथ हो जाएगा।

स्वामी विवेकानन्द की इन बातों में जीवन प्रबंधन का निहितार्थ छुपा है। हम यदि कर्म से विमुख हुए तो हम कहीं के नहीं रहेंगे। उन्होंने एक पराधीन देश के प्रतिनिधि होने के बावजूद अपने विवेक, हौसले और दूरदृष्टि से दुनिया को अगाह कर दिया कि अगर हम अपने लक्ष्य पर अटल रहें, उसके लिए कठोर परिश्रम करें और हमारे मन–मस्तिष्क में अगर विचारों की स्पष्टता हो तो जीवन में कोई भी लक्ष्य पाना असम्भव नहीं।

कोई भी कार्य असम्भव नहीं

स्वामी विवेकानन्द ने अपने विषय के गहन अध्ययन, चिन्तन, मनन और परिश्रम से जीवन का यह तथ्य खोज निकाला था कि कोई भी कार्य असम्भव नहीं है। पराधीनता की कितनी भी मजबूत बेडियाँ हों, उन्हें तोड़ना असम्भव नहीं। किसी भी व्यक्ति के बारे में कोई भी धारणा हो, हम अपने कर्तव्य से अपनी छवि को बदल सकते हैं। कार्य-नियोजन व समयबद्धता व्यक्ति के जीवन में हो तो वह कुछ भी अर्जित कर सकता है, क्योंकि मनुष्य के लिए दुनिया की कोई भी वस्तु अपर्याप्त नहीं है। स्वामी विवेकानन्द ने मनुष्य देह को सर्वोत्कृष्ट बताते हुए कहा था : ''सब प्रकार के शरीरों में मानव देह ही श्रेष्ठतम है, मनुष्य ही श्रेष्ठतम जीव है। मनुष्य सब प्रकार के निकृष्ट प्राणियों से, यहाँ तक कि देवादि से भी श्रेष्ठ है। मनुष्य से श्रेष्ठतर जीव और कोई नहीं है।''

यूरोप के लोगों की भारत के प्रति हीनता की भावना उन्होंने अपने प्रवचन के पहले वाक्य में ही दूर कर दी जब उन्होंने सगर्व अपने प्रवचन में हजारों की भीड़ को लेडीज एंड जेन्टलमैन की बजाय 'भाईयों और बहनो' कहकर सम्बोधित किया। सभा के अन्तिम वक्ता होने के बावजूद उनका भाषण लोगों ने पसन्द किया। उन्होंने कहा कि मैं सभी धर्मों की जननी सनातन धर्म की ओर से आप सभी का धन्यवाद करता हूँ और कोटि-कोटि हिन्दुओं की ओर से भी आपको धन्यवाद देता हूँ।

उन्होंने उस मंच पर सनातन धर्म के बारे में ओछी बात कहने वालों के प्रति भी धन्यवाद ज्ञापित किया और यह कहा कि ''हम भारत के लोग सहिष्णुता में यकीन करते हैं। हम ऐसे धर्म के अनुयायी हैं, जो संसार को सार्वभौमिक स्वीकृति और सदाशयता का पाठ पढ़ाता है। सनातन धर्म ने इसी की शिक्षा दी है कि लोग न केवल अपने धर्म के प्रति सहिष्णुता बरतें, बल्कि सभी धर्मों को समान मानें और उसे स्वीकार करें।'' उन्होंने इस बात को भी दोहराया : ''ज्ञात मानव इतिहास में भारत ने कभी भी किसी देश पर हमला नहीं किया, किसी की भूमि को कब्जे में लेने की कोशिश नहीं की और सभी को अपने यहाँ प्रश्रय

दिया। उन्होंने एक श्लोक से यह बात कही कि जिस तरह सभी नदियाँ अलग-अलग स्रोतों से निकलकर समुद्र में विलीन हो जाती हैं, उसी प्रकार भगवान की शरण में सभी धर्मों के लोग पहुँचते हैं, उनके रास्ते भले ही टेढ़े-मेढ़े हों, लेकिन उनका लक्ष्य एक ही है।

उपनिषद्युगीन सुदूर अतीत में, हमने इस संसार को एक चुनौती दी थी कि 'न तो सन्तति द्वारा और न सम्पत्ति द्वारा, वरन केवल त्याग द्वारा ही अमृतत्व की उपलब्धि होती है।' एक के बाद दूसरी जाति ने इस चुनौती को स्वीकार किया और अपनी शक्ति भर संसार की इस पहेली को कामनाओं के स्तर पर सुलझाने का प्रयत्न किया। वे सब की सब अतीत में तो असफल रही हैं-पुरानी जातियाँ तो शक्ति और स्वर्ण की लोलुपता से उद्भूत पापाचार और दैन्य के बोझ से दबकर पिस-मिट गईं और नई जातियाँ गर्त में गिरने को डगमगा रही हैं। इस प्रश्न का तो हल करने के लिए अभी शेष ही है कि शान्ति की जय होगी या युद्ध की, सहिष्णुता की विजय होगी या अहिष्णुता की, शुभ की विजय होगी या अशुभ की, शारीरिक शक्ति की विजय होगी या बुद्धि की, सांसारिकता की विजय होगी या आध्यात्मिकता की। हमने तो युगों पहले इस प्रश्न का अपना हल ढूँढ़ लिया था। हमारा समाधान है असांसारिकता का त्याग।''

हठधर्मिता से हानि

स्वामी विवेकानन्द धार्मिक कट्टरवाद के प्रबल विरोधी थे। उन्होंने अपने भाषण में साम्प्रदायिक हठधर्मिता और बीभत्स धर्मान्धता को अनुचित बताया और कहा कि पृथ्वी को हिंसा से नहीं, प्यार से और समानता से जीता जा सकता है। उन्होंने यह भी कहा कि अगर मानव प्रभु के मार्ग पर श्रद्धा से चलता होता तो आज दुनिया इससे और बेहत्तर होती और मैं आशा करता हूँ कि यह दुनिया भविष्य में और भी बेहतर होगी।

अपने भाषण में स्वामी विवेकानन्द ने सभी धर्मान्धता और सभी उत्पीड़नों का प्रतिवाद किया। उन्होंने साफ कहा : "उत्पीड़न चाहे तलवार से हो या लेखनी से, वह प्रशंसनीय नहीं हो सकता, इसलिए ऐसे उत्पीड़न का प्रतिकार किया जाना चाहिए। धर्म मानव मात्र के कल्याण के लिए होता है। धर्म का मूल मकसद मानवता को सुखी करना है, किन्तु परजन्म में सुखी होने के लिए इस जन्म में दुख-भोग करना कोई बुद्धिमानी का काम नहीं है, इस जन्म में ही, इसी मुहूर्त में सुखी होना होगा। जिस धर्म के द्वारा यह सम्पन्न होगा वही मनुष्य के लिए उपयुक्त धर्म है।"

सभी धर्मों के बारे में स्वामी विवेकानन्द समान भाव रखते थे। उनका कहना था कि सभी धर्मों में अच्छाइयाँ हैं। उन्होंने कहा कि हमसे पूछा जाता है कि आपके धर्म से समाज को क्या लाभ है? समाज को सत्य की कसौटी पर बनाया गया है। यह तो बड़ी तर्कहीनता है। समाज केवल विकास की एक अवस्था है, जिसमें होकर हम गुजर रहे हैं। यदि सामाजिक अवस्था स्थायी होती है, तो वही शिशु ही बने रहने जैसी बात होगी। पूर्ण मनुष्य शिशु नहीं हो सकता; यह शब्द मनुष्य शिशु की विरोधाभासी है—इसलिए कोई समाज पूर्ण नहीं हो सकता। मनुष्य को ऐसी आरम्भिक अवस्था से आगे बढ़ना होगा और वह बढ़ेगा। मेरे गुरुदेव कहा करते थे, 'तुम स्वयं अपने कमल के फूल को खिलने में सहायता क्यों नहीं देते? भौंरे तब अपने आप आएँगे'।"

हिन्दू का खाना धार्मिक, उसका पीना धार्मिक, उसकी नींद धार्मिक, उसकी चाल-ढाल धार्मिक, उसके विवाह आदि धार्मिक हैं। प्रत्येक राष्ट्र व धर्म का

विश्व के लिए एक विशिष्ट कार्य होता है और जब तक वह आक्रांत नहीं होता तब तक वह राष्ट्र जीवित रहता है, चाहे कोई भी संकट क्यों न आए, पर ज्योंही कार्य नष्ट हुआ, राष्ट्र भी ढह जाता है। दुष्कर्म द्वारा हम केवल अपना ही नहीं वरन् दूसरों का भी अहित करते हैं और सत्कर्म द्वारा हम अपना तथा दूसरों का भी भला करते हैं। कर्मयोग के अनुसार, बिना फल उत्पन्न किए कोई भी कर्म नष्ट नहीं हो सकता। प्रकृति की कोई भी शक्ति उसे फल उत्पन्न करने से नहीं रोक सकती। यदि मैं कोई बुरा कर्म करूँ तो उसका फल मुझे भोगना ही पड़ेगा, विश्व में कोई ऐसी ताकत नहीं जो इसे रोक सके। इसी प्रकार, यदि मैं कोई सत्कार्य करूँ, तो विश्व में ऐसी कोई शक्ति नहीं, जो उसके शुभ फल को रोक सके। एकमात्र बुद्ध ही ऐसे महापुरुष थे, जो कहते थे : ''मैं ईश्वर के बारे में तुम्हारे मतमतान्तरों को जानने की परवाह नहीं करता। आत्मा के बारे में विभिन्न सूक्ष्म मतों पर बहस करने से क्या लाभ? भला करो और भले बनो बस यही तुम्हें निर्वाण की ओर अथवा जो कुछ सत्य हो, उसकी ओर ले जाएगा।'' केवल वही व्यक्ति सबकी अपेक्षा उत्तम रूप से कार्य करता है जो पूर्णतया निःस्वार्थ है, जिसे न तो धन की लालसा है और न कीर्ति की, न किसी अन्य वस्तु की ही। मनुष्य जब ऐसा करने में समर्थ हो जाएगा, तो वह भी एक दिन महापुरुष बन जाएगा। उसके भीतर से ऐसी कार्यशक्ति प्रकट होगी, जो संसार की अवस्था को सम्पूर्ण रूप से परिवर्तित कर सकती है।

लक्ष्य के प्रति हों समर्पण

यदि आप स्वामी विवेकानन्द को एक धर्मगुरु से हटकर एक राजनीतिक नेता या उद्योग शिखर पुरुष के रूप में देखें तो यह बात स्पष्ट है कि उनके पास एक विशाल दृष्टिकोण था, अपनी बात साफ तरीके से कहने की क्षमता थी और विरोध का सुविचारित प्रतिकार करने का नजरिया था। उन्होंने अपना उपहास उड़ानेवालों का कड़ा प्रतिरोध किया और मुँहतोड़ जवाब दिया।

जीवन के किसी भी क्षेत्र में शीर्ष पर पहुँचने के लिए ये सभी बातें अपरिहार्य हैं। हम कह सकते हैं कि अगर स्वामी विवेकानन्द धर्मगुरु या सनातन धर्म के प्रतिनिधि के रूप में शिकागो नहीं जाते, वे किसी और रूप में भी जाते तो उनकी सफलता असंदिग्ध ही थी। स्वामी विवेकानन्द ने सनातन धर्म की कमियों को अनदेखा नहीं किया। उनका स्पष्ट मत था :

''हमें अपनी आलोचना सुनने के लिए हमेशा तैयार रहना चाहिए।''

साथ ही उन्होंने यह भी कहा : ''गैर-सनातन धर्म के लोगों को भी इस बात के लिए तैयार रहना चाहिए कि मैं उनकी आलोचना करूँ।''

उन्होंने कहा कि भारत के लोग धर्मपरायण हैं और हमें धार्मिक उपदेशों की जरूरत नहीं। हमें अपने दरिद्र भाइयों के लिए उठ खड़ा होना चाहिए और भरपूर मदद करनी चाहिए। अगर हम अपनी कमियों को दूर कर लेंगे तो दुनिया में कोई भी हमें हीन नहीं समझ सकता। मनुष्य तभी तक मनुष्य कहा जा सकता है, जब तक वह प्रकृति से ऊपर उठने के लिए संघर्ष करता है। और यह प्रकृति बाह्य और आन्तरिक दोनों हैं। जब हम विश्व इतिहास का मनन करते हैं, तो पाते हैं कि जब-जब किसी राष्ट्र में ऐसे लोगों की संख्या में वृद्धि हुई है, तब-तब उस राष्ट्र का अभ्युदय हुआ है। तात्पर्य यह है कि आध्यात्मिकता ही किसी भी जाति की शक्ति का प्रधान स्रोत है। जिस दिन से इसका ह्रास और भौतिकता का उत्थान होने लगता है, उसी दिन से उस राष्ट्र की मृत्यु प्रारम्भ हो जाती है। अपनी वर्तमान अवस्था के जिम्मेदार हम ही हैं। जो कुछ हम होना चाहें, उसकी शक्ति भी हममें है। यदि हमारी वर्तमान अवस्था हमारे ही पूर्व कर्मों का फल है, तो यह निश्चित

है कि जो कुछ भी हम भविष्य में होना चाहते हैं, वह हमारे वर्तमान कार्यों द्वारा ही निर्धारित किया जा सकता है। अतएव हमें यह जान लेना आवश्यक है कि कर्म किस प्रकार किए जाएँ! स्वामी विवेकानन्द ने कहा :

"हम अपने जीवन को जिस नजरिए से देखते हैं, वही नजरिया हमें लक्ष्य तक ले जाता है। यदि हम सकारात्मक सोचते हैं तो हमारा लक्ष्य हमारे करीब पहुँच जाता है, लेकिन यदि हम नकारात्मक विचारों को महत्त्व देते हैं तो वही नकारात्मकता हमारे जीवन का लक्ष्य बन जाती है और हमें असली लक्ष्य से विमुख कर देती है।"

स्वामी विवेकानन्द ने समर्पण को कामयाबी की पहली सीढ़ी माना और यही सन्देश उनका सभी लोगों के लिए था। उनका प्रेरणादायी वक्तव्य लाखों लोगों के लिए आशा की किरण बनकर उभरा।

स्वामीजी ने अपने लक्ष्य के प्रति समर्पण को सर्वोच्च स्थान दिया। यह लक्ष्य कुछ भी हो सकता है। लक्ष्य माता-पिता की सेवा हो सकता है, गुरु के आदेश का पालन हो सकता है, अपने देश, भाषा और धर्म का विस्तार और प्रचार हो सकता है। वे सदैव अपने लक्ष्य के लिए समर्पित रहे। वेदान्त के प्रति जीवन समर्पित करने और अपने गुरु रामकृष्ण परमहंस के निर्देशों का पालन करते हुए उन्होंने सांसारिक जीवन में प्रवेश नहीं किया। अंग्रेजी सहित अनेक भाषाओं के विद्वान होते हुए भी उन्होंने रोजी-रोटी के लिए नौकरी या कारोबार को स्थान नहीं दिया, क्योंकि उन्हें लगता था कि उनके जीवन का लक्ष्य वेदान्त और सनातन धर्म का प्रचार है तथा विश्व को धर्म की राह दिखाना है। उनके जीवन में ऐसे क्षण भी आए, जब वे इक्कीस वर्ष के थे और उनके पिता विश्वनाथ दत्त का स्वर्गवास हो चुका था। घर की हालत बहुत अच्छी नहीं थी और ऐसी दशा में भी उन्होंने अपनी माता की सेवा में कोई कसर नहीं छोड़ी। अपने गुरु रामकृष्ण परमहंस की सेवा भी वे उनके अंतिम समय तक करते रहे। रामकृष्ण परमहंस कैंसर से पीड़ित थे और उनका स्वास्थ्य इतना खराब था कि वे नित्य कर्म के लिए भी उठ नहीं पाते थे। स्वामीजी ने इन सब स्थितियों का सामना किया और अपने गुरु की हर तरह से सेवा की, यहाँ तक कि उन्हें नहलाना, उनके वस्त्र बदलना और साफ-सफाई करना भी। उनका मानना था कि हम अपने सिद्धान्तों से, अपने समर्पण से जरा भी हटे तो अपने लक्ष्य को प्राप्त नहीं कर पाएँगे। इसी नजरिए से उन्होंने पूरी दुनिया को देखा और लक्ष्य से नहीं भटकने का संकल्प बार-बार-दोहराया।

संसाधनों का उचित प्रबंधन

यदि हम एक व्यावहारिक दुनियादारी के दृष्टिकोण से स्वामी विवेकानन्द के जीवन को देखें तो उनकी प्रबंधन-क्षमता का लोहा मानना पड़ेगा। संसाधन नहीं होते हुए भी उन्होंने ऊँचे लक्ष्य रखे, उनको पाने के लिए कठोर परिश्रम की भूमिका रची। शिकागो जाने के लिए उनके पास धन नहीं था, कोई प्रायोजक भी नहीं था, लेकिन उन्होंने अपने प्रबंधन से ये संसाधन जुटाए और न केवल शिकागो पहुँचे बल्कि उपहास और विरोध का सामना करते हुए शिकागो के विश्व धर्म सम्मेलन में अपनी बात जोर-शोर से रखी। विचारों की स्पष्टता होने के कारण अन्तिम वक्ता होते हुए भी उन्होंने अपनी बात का लोहा दुनिया से मनवाया।

उन्होंने अपने भाषण के पहले ही वाक्य में लोगों का दिल जीता, क्योंकि वे जानते थे कि अमेरिका में मौजूद उन धर्मगुरुओं और सम्मेलन के श्रोताओं के पास इतना वक्त नहीं है कि वे पूरी बात सुनने के बाद भी उनके बारे में कोई राय रखें। उस धर्म सभा में उनका पहला भाषण ही उनकी लोकप्रियता का आधार बना। इसके बाद उस सभा में उनके और भी भाषण हुए, जिसकी उन्होंने पूरी तैयारी कर रखी थी। अपने प्रबंधन के गुणों से उन्होंने आर्थिक कठिनाइयों को दूर किया और अपनी तार्किक क्षमता से साफ-साफ शब्दों में दुनिया को बताया कि सभी धर्म बराबर हैं, विश्व धर्म सम्मेलन में किसी एक धर्म का ही डंका नहीं बजाना चाहिए।

सम्मेलन के अलावा भी उनके जीवन के हर पहलू को देखें तो उनकी निगाह प्रत्येक अभियान के छोटे से छोटे पहलू पर लगी थी—चाहे वह रामकृष्ण आश्रम की स्थापना हो या अपने गुरु के विचारों का प्रचार करने का अभियान। वे किसी भी स्थिति में रहे, उन्होंने अपने समाज के किसी भी व्यक्ति की अनदेखी नहीं की। वे कभी भी अपनी जवाबदारी से नहीं डिगे। उन्होंने सही मौके की तलाश की और उसे अपने लक्ष्य की प्राप्ति में लगाया। अपने और सनातन धर्म के शुभचिंतकों को उन्होंने पहचाना और पूरी प्रतिबद्धता से अपने लक्ष्य को पाने में

जुटे। छोटी उम्र में ही उनका स्वर्गवास हो गया। बीच में वे कई बार बीमार रहे लेकिन अपने मनोबल को उन्होंने कभी भी नहीं गिरने दिया और छोटे से जीवन में वे कार्य कर दिखाए जो अन्य लोगों के लिए असम्भव जैसे थे।

मानव जाति के इतिहास में विश्व के कल्याण के लिए जो अवतार हुए हैं, उनका जीवनवृत्त प्रारम्भ से ही निश्चित रहा है। अपने जीवन का सारा नक्शा, सारी योजना उनकी आँखों के सामने थी। उनसे वे एक इंच भर भी नहीं डिगे। इसका कारण यह है कि वे अपने जीवन में विश्व के लिए एक सन्देश लेकर आए थे। जब वे बोलते हैं, तो एक-एक शब्द सीधे हृदय में प्रवेश करता है, वह बम के समान फूट पड़ता है और सुनने वाले पर अपना असीम प्रभाव जमा लेता है। निरी वाणी में क्या है, यदि वाणी के पीछे वक्ता की प्रचण्ड शक्ति न हो? तुम किस भाषा में बोलते हो और किस प्रकार अपनी भाषा में शब्दविन्यास करते हो, इससे किसी को क्या मतलब? तुम अच्छी, लच्छेदार, ओजपूर्ण भाषा प्रयोग करते हो, या व्याकरण सम्मत भाषा बोलते हो अथवा तुम्हारी भाषा अलंकारपूर्ण है या नहीं, इससे भी किसी का क्या प्रयोजन? प्रश्न तो यह है कि तुम्हारे पास लोगों को देने के लिए कुछ है या नहीं? यहाँ केवल कहानी-किस्से सुनने की बात नहीं है, बात है देने और लेने की। तुम्हारे पास देने के लिए कुछ है? यही पहला और मुख्य प्रश्न है। यदि है, तो दो। शुभ और अशुभ विचार, प्रत्येक ही प्रबल शक्ति हैं—और वे जगत् व्यापी हैं। इसीलिए कार्यरूप में परिणत होने तक विचार के रूप में बना रहता है। दृष्टान्त के तौर पर मनुष्य की भुजा में शक्ति तब तक अव्यक्त रहती है, जब तक वह कोई प्रहार नहीं करता। प्रहार करने पर वह शक्ति को क्रियाशीलता के रूप में परिणत करता है। हम शुभ और अशुभ विचारों के उत्तराधिकारी हैं। यदि हम अपने को निर्बल बना लें और अशुभ विचारों का निमित्त बना लें, तो ये हममें प्रवेश करेंगे। पवित्रात्मा व्यक्ति अशुभ विचारों को ग्रहण नहीं कर सकता।

कर्म में है ईश्वर की छवि

कर्म में एकाग्रता के महत्त्व को इंगित करते हुए स्वामी विवेकानन्द ने कहा था कि एकाग्रता शक्ति मनुष्य की सबसे बड़ी शक्ति है। उन्होंने कहा कि एकाग्रता जितनी अधिक होगी उतना ही अधिक मनुष्य ज्ञान-लाभ करेंगे, यही ज्ञान-लाभ का एकमात्र उपाय है।

'नान्य: पन्था विद्यते अयनाय।' मोची यदि जरा अधिक मन लगाकर काम करे, तो वह जूतों को अधिक अच्छी तरह से पॉलिश कर सकेगा। रसोइया एकाग्र होने से भोजन को अच्छी तरह से पका सकेगा। अर्थ का उपार्जन हो, चाहे भगवत आराधना हो-जिस काम में जितनी एकाग्रता होगी, वह उतने ही उसकी शक्ति एक लक्ष्य पर आती है और वह कार्य अधिक अच्छी प्रकार से सम्पन्न होगा। द्वार के निकट जाकर बुलाने से या खटखटाने से जैसे द्वार खुल जाता है, उसी भाँति केवल इस उपाय से ही प्रकृति के भण्डार का द्वार खुलकर प्रकाश बाढ़ रूप में बाहर आता है। एक भाव लेकर सदा उसी में विभोर होकर रहो। सोते-जागते सब समय उसी को लेकर रहो। तुम्हारा मस्तिष्क, स्नायु, शरीर के सर्वांग उसी के विचार से पूर्ण रहें। दूसरे सारे विचार छोड़ दो। यही सिद्ध होने का उपाय है। यदि हम सचमुच स्वयं कृतार्थ होना और दूसरों का उद्धार करना चाहें, तो हमें और भी भीतर प्रवेश करना होगा। मन की शक्तियों को एकाग्र करने के सिवा अन्य किस तरह संसार में ये समस्त ज्ञान उपलब्ध हुए हैं? यदि प्रकृति के द्वार पर आघात करना मालूम हो गया-उस पर कैसे धक्का देना चाहिए यह ज्ञात हो गया, तो बस प्रकृति अपना सारा रहस्य खोल देती है। उस आघात की शक्ति और तीव्रता एकाग्रता से ही आती है। मानव-मन की शक्ति की कोई सीमा नहीं। वह जितना भी एकाग्र होता है, उतनी शक्ति अर्जित और अर्जित करता है।

स्वामी विवेकानन्द का मूल मंत्र था—जो भी करो, उसे अपने दिल से करो। पूरी ताकत को काम में झोंक दो और उस केन्द्रित काम से जो निष्कर्ष आए, उसे देखो। विवेकानन्द जी ने वेदान्त के अध्ययन के साथ-साथ संगीत का

भी अध्ययन किया था और वे संगीत की साधना भी उसी तन्मयता से करते थे, जिस तन्मयता से कोई भी व्यक्ति अपनी दैनन्दिन कार्य करता है। जब वे तानपुरा बजाते तो माहौल संगीतमय हो जाता। उनके भजन पूरे माहौल में रस घोल देते। उनकी एक और खूबी थी कि उनमें कृत्रिमता बिलकुल नहीं थी। जैसा पढ़ने-लिखने में मन लगाते, वैसा ही गाने-बजाने में, वैसा ही धर्म के विषय में और वैसा ही अपने गुरु की सेवा में। वे जब भी अपने काम में जुटते तो इस तरह से जुटते थे कि उन्हें समय का ध्यान भी नहीं रहता था। कब रात बीत जाती और कब सुबह हो जाती, उन्हें इसका ध्यान नहीं रहता। यदि वे वेदान्त की चर्चा कर रहे हों तो चर्चा घण्टों चलती और वे उसके गूढ़ अर्थ तक पहुँच जाते। अगर वे अपने गुरु स्वामी रामकृष्ण परमहंस की सेवा में कोई भजन गा रहे होते तो वह भी पूरी शक्ति, श्रद्धा और मन के साथ। ऐसा लगता कि वे भजन गाने के लिए नहीं, पूजा में या यज्ञ में बैठे हों।

उनके गुरु श्री रामकृष्ण परमहंस कहते थे कि नरेन्द्र (विवेकानन्द) ब्रह्मज्ञानी है। विवेकानन्द कभी तानपुरा लेकर बैठते तो लम्बा समय उन्हें अपने तानपुरे को व्यवस्थित करने में ही लग जाता। इतना सटीक तार खीचंते थे कि जो धुन चाहें, वही निकले। उनके गुरु कई बार इस बात पर उनका उपहास भी करते कि कहीं वे तानपुरे की परीक्षा तो नहीं ले रहे। स्वामी विवेकानन्द के जीवन का यह मूल मंत्र था : ''जो भी करो, तन्मयता से करो, अपने लक्ष्य में कामयाब होना चाहते हो तो कर्म के प्रति समर्पित हो जाओ। यदि आपका मन विचलित हो रहा है, आप कहीं भटक रहे हैं तो फिर आप लक्ष्य प्राप्त नहीं कर पाएँगे। लक्ष्य को पाने के लिए एकाग्रता जरूरी है, कठोर साधना जरूरी है। यह साधना ऐसी है कि आपको लक्ष्य के अलावा और कुछ भी दिखाई नहीं देगा।''

स्वामी विवेकानन्द की बातचीत करने की इसी कला के कारण उनके गुरु श्री रामकृष्ण का उनसे विशेष स्नेह था। किसी दिन यदि विवेकानन्द गुरु से मिलने नहीं आ पाते तो गुरु उनकी याद में बेचैन हो उठते। गुरु के अन्य शिष्य इस बात पर शिकायत भी करते कि विवेकानन्द से ही मिलने के लिए गुरु इतने व्याकुल क्यों रहते हैं, जबकि विवेकानन्द कई शिष्यों की तुलना में कम शिक्षित थे। ऐसा कहा जाता है कि श्री रामकृष्ण परमहंस विवेकानन्द को पुत्र की तरह चाहते थे और किसी व्याकुल माता की तरह उनकी प्रतीक्षा करते थे।

एक बार जब श्री रामकृष्ण का जन्मदिन मनाया जा रहा था, उनके अनेक शिष्य गुरु के लिए मिष्ठान, फल-फूल आदि लेकर आए थे। भजन-कीर्तन चल रहा था, उत्सव का माहौल था। ऐसे में श्री रामकृष्ण देव ने पूछा कि नरेन्द्र

(विवेकानन्द) आया या नहीं? गुरु की इस जिज्ञासा से अनेक शिष्यों का मन खटका लेकिन गुरु को चैन कहाँ! दोपहर में जब विवेकानन्द अपने गुरु के चरणों में प्रणाम करने आए तभी गुरु को चैन आया। अपने गुरु के विशेष प्रेम के प्रति स्वामी विवेकानन्द सजग थे। वे गुरु से अपने सम्बन्धों की समालोचना भी करते। वे कहते थे कि गुरु का इतना ज्यादा स्नेह अन्य लोगों को खुद की दृष्टि में हेय बना सकता है। वे कहते थे कि कहीं मैं राजा भरत की अवस्था को प्राप्त न हो जाऊँ!

हम स्वयं अपने भाग्य विधाता

स्वामी विवेकानन्द सभी को समान दृष्टि से देखते थे, उनका यही नजरिया उन्हें विशिष्ट बनाता था। सभी के प्रति समान दृष्टि वे खुद भी रखते थे और यह चाहते थे कि उनके गुरु भी सभी के साथ समान दृष्टि रखें। वे मानते थे कि श्री रामकृष्ण देव के साथ उन्होंने बरसों अध्ययन किया है और गुरु की सेवा की है, इसलिए गुरु का ध्यान उनकी ओर विशेष तौर पर जाता था। गुरु का विशेष प्रेम पाने का एक कारण स्वामी विवेकानन्द की दृष्टि भी थी। स्वामी विवेकानन्द किसी भी काम को आत्मविश्वास से पूरा करते थे, उनका स्पष्ट मत था कि "तुम जो कुछ सोचोगे, वही हो जाओगे। यदि तुम अपने को दुर्बल समझोगे तो तुम दुर्बल हो जाओगे, बलवान सोचोगे तो बलवान बन जाओगे।"

वे किसी भी बात को आँख मूँदकर नहीं मानते थे। वे स्वयं चीजों को देखते, पड़ताल करते और फिर कोई भी बात स्वीकार करते। एक दिन श्री रामकृष्ण प्रवचन दे रहे थे। उन्होंने कहा कि चातक जिस प्रकार अपनी प्यास बुझाने के लिए बादलों की ओर ही ताकता रहता है और उसी पर पूरी तरह निर्भर रहता है, उसी प्रकार भक्त भी अपनी हृदय की प्यास और सब प्रकार के भावों की पूर्ति के लिए ईश्वर पर निर्भर रहते हैं। स्वामी विवेकानन्द उस समय वहाँ बैठे हुए थे। उन्होंने सब के सामने अपने गुरु की बात पर टिप्पणी की और कहा : "गुरुदेव, ऐसा कहा जाता है कि चातक पक्षी वर्षा के जल को छोड़कर और कोई जल नहीं पीता लेकिन यह बात सच नहीं है। चातक पक्षी भी अन्य पक्षियों की तरह ही नदी, तालाब एवं जलाशयों से जल पीकर अपनी प्यास बुझाता है, मैंने चातक को इस तरह जल पीते देखा है।"

इस पर श्री रामकृष्ण देव ने कहा : "नरेन्द्र, तुमने मेरी बरसों की धारणा को मिथ्या में बदल दिया, अब मुझे इसमें कोई संदेह नहीं है।"

स्वामी विवेकानन्द अपनी हाजिरजवाबी और निडरता के कारण भी न केवल अपने गुरु के प्रिय रहे बल्कि सभी लोगों के भी प्रिय रहे। एक दिन भजन करने के पहले स्वामी विवेकानन्द अपने तानपुरे का तार बाँध रहे थे। इतने में गुरुदेव

अधीर हो गए और कहने लगे कि ऐसा लगता है कि नरेन्द्र आज तार बाँधेगा और किसी अन्य दिन गाना गाएगा। अभी तो ये तानपुरे का तार बाँध रहा है, फिर टंग-टंग की आवाज करेगा, इसके बाद ताना नाना तेरेनुमा करेगा। स्वामी विवेकानन्द को गुरु की बातें विचलित कर गईं और उन्होंने बिना किसी भूमिका के कहा कि संगीत नहीं समझने के कारण ऐसा लगता है। इस पर गुरुदेव हँस पड़े और कहने लगे कि अपनी हाजिरजवाबी और निडरता से इसने हम सभी की बातों को मजाक में उड़ा दिया। स्वामी विवेकानन्द ने संगीत कला में किसी पण्डित की तरह ही शिक्षा पाई थी और वे अपने वाद्य यन्त्र को जब तक सही सुर में नहीं बाँध लेते तब तक गाना शुरू नहीं करते—भले ही इसमें कितनी भी देर क्यों न हो जाए।

ऐसा नहीं है कि स्वामी विवेकानन्द ने हमेशा ही वाद्य यन्त्रों के साथ गायन किया हो। अपने पिता श्री विश्वनाथ दत्त की मृत्यु के बाद स्वामी विवेकानन्द कुछ क्षुब्ध रहने लगे थे। ऐसे में गुरु श्री रामकृष्ण ने उनसे एक दिन गाने की बात कही। अपने गुरु की बात पर पहले तो स्वामी विवेकानन्द ने ना-नुकुर की और कहा कि उसे और भी काम हैं लेकिन फिर कुछ सोचकर उन्होंने अपने गुरु की मंशा पूरी की। भजन सुनाए और वे भी बिना वाद्य यन्त्रों के। बाद में तानपुरा कोई लेकर आया, भजन तब भी जारी थे। स्वामी विवेकानन्द ने अपने गुरु से यह शिक्षा पाई थी कि साधारण अवस्था में उनका व्यवहार फूलों सा कोमल और किन्हीं विशेष स्थितियों में वज्र जैसा कठोर हो जाता था, लेकिन बाहर से भले ही वह व्यवहार कितना भी कठोर और कोमल हो, भीतर सदा ही स्नेह भाव रहता था। यही भाव स्वामी विवेकानन्द ने अपने सभी शिष्यों, मित्रों और परिजनों के साथ रखा और उसी में उनके जीवन की शिक्षा का मंत्र भी है।

स्वामी विवेकानन्द ने कहा था : "साधारणत: मनुष्य अपने दोषों और भूलों को पड़ोसियों पर लादना चाहता है; यह न जमा तो, उन सबको ईश्वर के मत्थे मढ़ना चाहता है; और इसमें भी यदि सफल न हुआ, तो फिर भाग्य नामक एक भूत की कल्पना करता है और उसी को उन सब के लिए उत्तरदायी बनाकर निश्चिन्त हो जाता है। पर प्रश्न यह है कि 'भाग्य' नामक यह वस्तु है क्या और रहती कहाँ है? हम जो कुछ बोते हैं बस वही पाते हैं। हम स्वयं अपने भाग्य के विधाता हैं। हमारा भाग्य यदि खोटा हो, तो भी कोई दूसरा दोषी नहीं; और यदि हमारे भाग्य अच्छे हों तो भी कोई दूसरा प्रशंसा का पात्र नहीं? वायु सर्वदा बह रही है। जिन-जिन जहाजों के पाल खुले रहते हैं, वायु उन्हीं का साथ देती है, और वे आगे बढ़ जाते हैं। पर जिनके पाल नहीं खुले रहते, उन पर वायु नहीं लगती तो क्या वह वायु का दोष है? सवाल केवल नजरिया बदलने का है। मनुष्य

प्रकृति के विरुद्ध युद्ध और संघर्ष करता रहता है। वह अनेक भूलें करता है, कष्ट भोगता है, परन्तु अन्त में प्रकृति पर विजय प्राप्त करता है और अपनी मुक्ति प्राप्त कर लेता है। जब वह मुक्त हो जाता है, तब प्रकृति उसकी दासी बन जाती है। इसलिए अपने हाथों अपना भविष्य गढ़ डालो। सारा भविष्य तुम्हारे सामने पड़ा हुआ है। दुर्भाग्य की बात है कि अधिकांश व्यक्ति इस संसार में बिना किसी आदर्श के ही जीवन के इस अन्धकारमय पथ पर भटकते फिरते हैं। जिसका एक निर्दिष्ट आदर्श है, वह यदि एक हजार भूलें करे तो यह निश्चित है कि जिसका कोई भी आदर्श नहीं, वह दस हजार भूलें करेगा। अतएव एक आदर्श रखना अच्छा है। शिकायतों और झगड़ों से क्या लाभ? उससे हम कुछ अधिक अच्छे तो बन नहीं जाएँगे। जो अपने भाग्य में पड़ी हुई सामान्य वस्तु के लिए भी बड़बड़ाता है, वह प्रत्येक वस्तु के लिए बड़बड़ाएगा। इस प्रकार सर्वदा बड़बड़ाते रहने से उसका जीवन दुखमय हो जाएगा और सर्वत्र असफलता ही उसके हाथ लगेगी; परन्तु जो मनुष्य अपने कर्तव्य को पूर्ण शक्ति से करता रहता है, वह ज्ञान एवं प्रकाश का भागी होगा और उससे अधिकाधिक ऊँचे कार्य करने के अवसर प्राप्त होंगे। हम लोग जो कुछ सोचते हैं, जो कुछ कार्य करते हैं वही कुछ समय बाद सूक्ष्म रूप धारण कर लेता है, मानो बीज रूप बन जाता है और वही इस शरीर में अव्यक्त रूप में रहता है और फिर कुछ समय बाद प्रकाशित होकर फल भी देता है। मनुष्य का सारा जीवन इसी प्रकार गढ़ता है। वह अपना अदृष्ट स्वयं ही बनाता है। मनुष्य और किसी भी नियम से बद्ध नहीं। वह अपने ही नियम में अपने ही जाल में अपने आप बँधा है।

खुद पर विश्वास करो

ऐसा नहीं है कि गुरु ने ही अपने शिष्य को जाँच-परख कर देखा था। स्वामी विवेकानन्द ने भी अपने गुरु को पूरी तरह परखा था। उन्होंने अपने गुरु की कथनी और करनी दोनों पर ध्यान दिया था और यह देखा था कि उस कथनी और करनी में सामंजस्य है या नहीं? विवेकानन्द के परखने के दो तरीके थे—एक तो वे किसी भी बात पर स्थितप्रज्ञ होकर द्रष्टाभाव से समीक्षा करते थे और फिर स्वयं उपस्थित होकर तार्किक सवाल करते थे। स्वामी विवेकानन्द ने एक बार अपने गुरु की परीक्षा भी ली। गुरु श्री रामकृष्ण परमहंस ने धातु के द्रव्यों का यानी रुपए-पैसे का परित्याग कर रखा था, वे रुपया-पैसा छूते भी नहीं थे।

ऐसा कहा जाता है कि रुपए-पैसे को छूने मात्र से उन्हें बहुत पीड़ा होती। स्वामी विवेकानन्द को यह बात पता थी। एक दिन उत्सुकतावश उन्होंने अपने गुरु के कक्ष में जाकर इस बात को स्वयं अनुभूत करने का फैसला किया। जब स्वामी विवेकानन्द अपने गुरु श्री रामकृष्ण के कक्ष में गए तो पता चला कि गुरु श्री रामकृष्ण कलकत्ता गए हुए हैं।

स्वामी विवेकानन्द ने अपने गुरु के आसन के नीचे चाँदी का एक रुपए का सिक्का रख दिया और अपने ध्यान के लिए चले गए। जब गुरु के आगमन की सूचना मिली, तब विवेकानन्द भी वहाँ पहुँचे। जैसे ही श्री रामकृष्ण परमहंस अपने आसन पर विराजे, उन्हें कुछ असहज सा लगा और उन्होंने तत्काल आसन खींचा तो देखा कि उसके नीचे से चाँदी का सिक्का आवाज करता हुआ धरती पर आ गिरा। स्वामी विवेकानन्द बिना कुछ कहे तत्काल उस कक्ष से बाहर चले गए और समझ गए कि गुरु उनका मन्तव्य भाँप गए हैं। गुरु ने भी स्वामी विवेकानन्द की परीक्षा पर कोई टिप्पणी नहीं की लेकिन उन्हें इस बात की खुशी हुई कि उनके शिष्य इस बात की पड़ताल करते हैं कि गुरु की कथनी और करनी में कोई अन्तर तो नहीं है।

स्वामी विवेकानन्द का मन्तव्य स्पष्ट था कि आप जिस व्यक्ति के निर्देश पर अपने जीवन की दिशा तय करने जा रहे हैं, क्या वह व्यक्ति इसकी योग्यता रखता

है? कहीं ऐसा तो नहीं कि जिन्हें हम आदर्श मानते हैं, उनके आदर्श असली आदर्श नहीं होकर कुछ और हों! अगर आप अपने आदर्श के प्रति निश्चिन्त हैं अर्थात् अगर आपका लक्ष्य साफ, स्वच्छ, पवित्र और अनुकरणीय हो तो फिर आप उस लक्ष्य को पाने के लिए अपनी पूरी शक्ति झोंक सकते हैं, लेकिन किसी भी लक्ष्य को पाने के लिए पूरी शक्ति झोंकने के पहले उसकी पवित्रता का और उस लक्ष्य की उच्च स्थिति के बारे में निश्चितता करना जरूरी है। अपने जीवन के उच्च लक्ष्य के कारण ही स्वामी विवेकानन्द शिकागो के विश्व धर्म सम्मेलन में जाकर सनातन धर्म के बारे में विश्व को मार्गदर्शन दे सके। विषय के गहन अध्ययन के कारण उनके सभी भाषण लोगों ने धैर्यपूर्वक सुने। स्वामी विवेकानन्द ने कहा था : ''सिद्ध होना हो, तो प्रबल अध्यवसाय चाहिए, मन का अपरिमित बल चाहिए। अध्यवसशील साधक कहता है, 'मैं चुल्लू से समुद्र पी जाऊँगा। मेरी इच्छा मात्र से पर्वत चूर-चूर हो जाएँगे।' इस प्रकार का उत्साह, इस प्रकार का दृढ़ संकल्प लेकर कठोर साधना करो। उस परमपद की प्राप्ति अवश्य होगी। मैं हर एक से ही यही प्रश्न करता हूँ कि क्या तुम बलवान हो? क्या तुम्हें बल प्राप्त होता है? क्योंकि मैं जानता हूँ, एकमात्र सत्य ही बल प्रदान करता है। बल ही भवरोग की दवा है। एक बार मैं काशी में किसी जगह जा रहा था, उस जगह एक तरफ भारी जलाशय और दूसरी तरफ ऊँची दीवार थी। उस स्थान पर बहुत से बन्दर रहते थे। काशी के बन्दर बड़े दुष्ट होते हैं। अब उनके मस्तिष्क में यह विचार पैदा हुआ कि वे मुझे उस रास्ते पर से न जाने देंगे। वे विकट चीत्कार करने लगे और झट आकर मेरे पैरों को जकड़ने लगे। उनको निकट देखकर मैं भागने लगा, किन्तु मैं जितना ज्यादा जोर से दौड़ने लगा वे उतने ही अधिक तेजी से मुझे काटने लगे। अन्त में उनके हाथ से छुटकारा पाना असम्भव प्रतीत हुआ-ठीक ऐसे ही समय एक अपिरिचित मनुष्य ने आकर मुझे आवाज दी, 'बन्दरों का सामना करो।' मैं भी जैसे ही उलटकर उनके सामने खड़ा हुआ वैसे ही वे पीछे हटकर भाग गए।''

जीवन में हमको यह शिक्षा लेनी होगी-जो कुछ भी भयानक है उसका सामना करना पड़ेगा, साहसपूर्वक उसके सामने खड़ा होना पड़ेगा। लोगों की टिप्पणियों के बारे में स्वामी विवेकानन्द ने स्पष्ट कहा : ''जिसका जी जो चाहे कहे, अपने आप में मस्त रहो—दुनिया तुम्हारे पैरों तले आ जाएगी। चिन्ता मत करो। लोग कहते हैं, इस पर विश्वास करो, उस पर विश्वास करो, मैं कहता हूँ, पहले अपने आप पर विश्वास करो। अपने पर विश्वास करो-सब शक्ति तुममे है इसकी धारणा करो और शक्ति जगाओ। कहो, हम सब कुछ कर सकते हैं। 'नहीं-नहीं' कहने से साँप का विष भी असर नहीं करता। सभी के आन्तरिक

प्रयास के बिना क्या कोई कार्य हो सकता है? उद्योगिनं पुरुषसिंहमुपैति लक्ष्मीः (उद्योगी पुरुष सिंह ही लक्ष्मी को प्राप्त करता है।)। पीछे की ओर देखने की आवश्यकता नहीं है—आगे बढ़ो। अनन्त शक्ति, अनन्त उत्साह, अनन्त साहस तथा अनन्त धैर्य चाहिए, तब कहीं महान कार्य सम्पन्न होता है। अपनी बहादुरी तो दिखाओ। प्रिय भाई, भर्तृहरि की मुक्ति न मिली तो न सही, दो-चार बार नर्क ही जाना पड़े तो हानि ही क्या है? क्या यह बात असत्य है :

मनसि वचसि काये पुण्यपीयूषपूर्णाः
त्रिभुवनमुपकारश्रेणिभिः प्रीयमाणः।
परगुणपरमाणु पर्वतीकृत्य केचित्
निजहृदि विकसन्तः सन्ति सन्तःत्र क्रियन्तः।।"

जीवन के प्रति आशा का संचार निरूपित करने के लिए स्वामी विवेकानन्द कहते थे : "निराश मत होओ; मार्ग बड़ा कठिन है—छुरे की धार पर चलने के समान दुर्गम; फिर भी निराश मत होओ; जागो और अपने परम आदर्श को प्राप्त करो।"

लक्ष्य के लिए प्रतिबद्धता

सितम्बर, 1893 में पहले दिन स्वामी विवेकानन्द का भाषण अंतिम वक्ता के रूप में रखा गया था। जब उन्होंने अपनी बात प्रभावशाली ढंग से कही और उनकी तार्किक बातें वहाँ उपस्थित हजारों श्रोताओं को भीतर तक छू गईं, उसके बाद लगभग 12 दिनों तक उनके भाषण उस सम्मेलन में होते रहे। दिलचस्प बात यह है कि पहले दिन उनका भाषण सबसे अन्त में इसलिए रखा गया था कि उनकी पैरवी करने वाला वहाँ पर कोई नहीं था और वे एक परतंत्र देश के प्रतिनिधि के रूप में गए थे, लेकिन आनेवाले सभी दिनों में उन्हें अंतिम वक्ता के रूप में इसलिए रखा गया ताकि धर्मसभा के बीच से लोग भाषण छोड़कर नहीं जाएँ और स्वामी विवेकानन्द का भाषण सुनने के लिए आखिरी समय तक रुके रहें। यह एक लक्ष्य के प्रति व्यक्ति की निष्ठा और मेहनत और उसके सरोकारों का परिणाम था। बाद में तीन वर्ष तक स्वामी विवेकानन्द ने दुनिया के कई देशों में भ्रमण किया और वहाँ सनातन धर्म के बारे में अपनी व्याख्या रखी।

ये तीन वर्ष पूरी दुनिया में सनातन धर्म की अलख जगाने के वर्ष थे, क्योंकि जब लोग भारत को अति पिछड़ा मानकर धर्म प्रचार के जरिए भारत के लोगों को शिक्षित करने की बात कहते थे, तभी सनातन धर्म के एक वक्ता ने दुनिया का सनातन धर्म की असलियत से परिचय कराया और दुनिया को यह बताया कि सनातन धर्म वह नहीं है जिसे दुनिया समझती है, बल्कि वह है जिसने दुनिया को समग्र भाव से देखा है। सभी धर्मों का सार इस धर्म में समाया है।

जब स्वामी विवेकानन्द शिकागो के धर्म सम्मेलन में भाषण देने के लिए गए थे, तब उनकी अवस्था तीस वर्ष थी और ये तीस वर्ष उन्होंने पूरी तरह धर्म के प्रति समर्पित होकर बिताए थे। उन्होंने इन तीस वर्षों में भी दुनियादार व्यक्ति होने की नहीं सोची। पिता की तरह अंग्रेजीदाँ होकर भी उन्होंने अपने ज्ञान को धन कमाने की मशीन में तब्दील नहीं होने दिया और अपने ज्ञान को सनातन धर्म के प्रचार के ईंधन के रूप में खर्च करने का फैसला किया। पिता की मंशा के अनुरूप उन्होंने पाश्चात्य सभ्यता को समझा लेकिन अपनाया नहीं। अंग्रेजीदाँ

लोगों की तरह उन्होंने ज्ञान प्राप्त किया और भारतीय गुरुओं की तरह भी ज्ञान की गंगा में गोते लगाए लेकिन ये गोते लगाने का काम आसान नहीं था।

पिता के स्वर्गवासी होने के बाद परिवार की जिम्मेदारियाँ स्वामी विवेकानन्द पर ही थीं और उन्हें तो परिवार के इतर कहीं ज्यादा बड़े काम करने थे। ऐसे में उन्होंने परिवार की जिम्मेदारियों से मुँह नहीं मोड़ा और अपने लक्ष्य की प्राप्ति के लिए भी कार्य किया। उन्होंने ऐसा सन्तुलन बैठाया जो उनके व्यावहारिक जीवन और आध्यात्मिक जीवन दोनों में सटीक बैठता था। साधनहीन संन्यासी के रूप में शिकागो तक जाना और वहाँ सनातन धर्म का प्रचार करना उनका सपना था और इस सपने को पूरा करने के लिए वे प्रतिबद्ध थे। कोई एक साल पहले से उन्होंने अपनी इस यात्रा की भूमिका बना रखी थी। शिकागो जाने का खर्च काफी था और समाज में यह माना जाता था कि समुद्री यात्रा करना पाप है। यह भी धारणा थी कि विदेशी अन्न-जल ग्रहण करना धर्म के लिए ठीक नहीं है लेकिन ऐसे विचारों को बदलने के लिए और नए कीर्तिमान स्थापित करने के लिए स्वामी विवेकानन्द शिकागो जाना चाहते थे। यात्रा के खर्च की व्यवस्था के दौरान निराशा के क्षण भी आए, जब स्वामी विवेकानन्द ने अपने साथियों से कहा कि अगर उनके पास समुद्र मार्ग से शिकागो जाने के लिए धन उपलब्ध नहीं हुआ तो वे अफगानिस्तान के मार्ग से पहाड़ों, नदियों, जंगलों को पार करते हुए भी शिकागो जाना चाहेंगे क्योंकि उनका एक ही लक्ष्य है कि वे सनातन धर्म की ध्वजा विश्व धर्म सम्मेलन में फहराएँ।

प्राणिमात्र की सहायता ही ईश्वर पूजा

स्वामी विवेकानन्द को गर्मी का मौसम सहन नहीं होता था। ऐसे में जब किसी ने उन्हें सलाह दी कि वे राजस्थान जाकर अपने शिष्यों से शिकागो यात्रा के लिए चर्चा करें और सम्भव हो तो सहयोग राशि या दक्षिणा प्राप्त करें तो उन्होंने इस पर असमर्थता जताई लेकिन उन्होंने अपने इस काम की शुरुआत दक्षिण भारत से की। हैदराबाद, सिकन्दराबाद और मैसूर में उन्होंने अनेक व्याख्यान दिए। उनके व्याख्यान संस्कृत के साथ ही अंग्रेजी में भी होते थे। फरवरी, 1893 में उन्होंने अपने व्याख्यानों का विषय 'मेरी पाश्चात्य यात्रा का उद्देश्य' रखा और लोगों को समझाया कि उनका विश्व धर्म सम्मेलन में जाने का उद्देश्य क्या है। दक्षिण भारत के शहरों के अलावा पश्चिम भारत के अनेक शहरों से स्वामी विवेकानन्द को अनेक आमंत्रण प्राप्त हुए, जिसमें उनके शिष्य अनुरोध करते थे कि वे अपनी बात कहने के लिए उनके शहर पधारें।

ऐसा कहा जाता है कि उनके एक शिष्य आलासिंगा पेरूमल उनसे खास लगाव रखते थे और अपने गुरु के उद्देश्य की पूर्ति के लिए उन्होंने अनेक स्थान पर अभियान चलाए। यह धन संग्रह मुख्य रूप से मध्य वर्ग के लोगों से भिक्षा के रूप में लिया गया। स्वामी विवेकानन्द का कहना था कि यदि माँ की इच्छा होगी तो मुझे जाना होगा, लेकिन इसके लिए आवश्यक धन यहाँ की जनता से ही आना चाहिए क्योंकि मैं भारत की जनता और दरिद्रों के लिए ही विदेश गमन कर रहा हूँ। विदेश यात्रा के प्रयोजन और उसके लिए संसाधनों का संग्रह करने में काफी वक्त लगा लेकिन स्वामी विवेकानन्द अपने विचार पर अडिग रहे। वे कहते थे कि जिस तरह लोगों का सहयोग प्राप्त हो रहा है, उससे लगता है कि मेरी शिकागो यात्रा के लिए माता का आशीर्वाद प्राप्त है और माँ की इच्छा से ही मेरी विदेश यात्रा का प्रयोजन पूर्ण होगा और माता की इच्छा से ही मैं अपने लक्ष्य में सफल होऊँगा।

स्वामी विवेकानन्द की शिकागो यात्रा में उनके पुराने मित्रों का भी योगदान काफी था। इनमें से एक मित्र और शिष्य खेतड़ी के राजा भी थे। 1891 के अक्टूबर में स्वामी विवेकानन्द खेतड़ी के राजभवन में मेहमान थे, तभी खेतड़ी के राजा ने

स्वामीजी से आशीर्वाद की याचना की और राजवंश को आगे बढ़ाने के लिए पुत्र की कामना की थी। स्वामीजी ने उन्हें आशीर्वाद दिया था और राजा की मनोकामना पूरी हुई थी। खेतड़ी के राजा ने उन्हें पुत्र-जन्म उत्सव में शामिल होने के लिए स्वामीजी से आशीर्वाद की याचना की थी। जब स्वामीजी के पास इस आनन्दोत्सव में शामिल होने का आमंत्रण पहुँचा, तब उन्होंने कहा कि मैं एक महीने बाद ही अमेरिका जाने की तैयारी में व्यस्त हूँ, ऐसे में खेतड़ी आना सम्भव कैसे होगा, फिर मैं ठहरा स्वामी और यह है पुत्र-प्राप्ति का आनन्दोत्सव लेकिन स्वामी विवेकानन्द के शिष्य जगमोहन ने उनके सामने जिद की और कहा कि कम से कम एक दिन के लिए ही सही, आप खेतड़ी अवश्य जाएँ क्योंकि आपके आशीर्वाद से ही यह आनन्दोत्सव सम्भव हो पाया है। अगर आप खेतड़ी नहीं गए तो वहाँ के राजा को बहुत निराशा होगी। हो सकता है कि खेतड़ी के राजा स्वयं ही आपके अमेरिका प्रवास की तैयारी में मदद करें। शिष्यों के आग्रह के बाद स्वामी विवेकानन्द मुम्बई, जयपुर, आबू होते हुए 21 अप्रैल, 1893 को खेतड़ी पहुँचे। खेतड़ी में राजकुमार के जन्मोत्सव का माहौल था, आमोद-प्रमोद के कार्यक्रम चल रहे थे और खेतड़ी के राजा ने उन सब को छोड़कर स्वामी विवेकानन्द का भव्य स्वागत किया और दो सप्ताह से भी ज्यादा समय तक उन्हें अपने राज्य से नहीं जाने दिया।

कोई भी महान कार्य बिना त्याग व समर्पण के पूरा नहीं हो सकता है। मनुष्य ही नहीं वरन् प्राणिमात्र के कल्याण के लिए त्याग व सहायता करने पर विवेकानन्द जोर देते थे। उन्होंने कहा था कि हम धन्य हैं, जो हमें यह सौभाग्य प्राप्त है कि हम उनके लिए कर्म करें, उनको सहायता देने के लिए नहीं। इस 'सहायता' शब्द को मन से सदा के लिए निकाल दो। तुम किसी की सहायता नहीं कर सकते। यह सोचना कि तुम सहायता कर सकते हो, महापातक है—ईश्वर की घोर निन्दा है। तुम स्वयं उनकी इच्छा से यहाँ पर हो। क्या तुम्हारे कहने का यह तात्पर्य है कि तुम उनकी सहायता करते हो ? नहीं, सहायता नहीं, तुम उनकी पूजा करते हो। जब तुम कुत्ते को एक ग्रास खाना देते हो, तब तुम कुत्ते की ईश्वर रूप से पूजा करते हो। भगवान उस कुत्ते में है—कुत्ते के रूप में प्रकट हुए हैं। वे ही सर्वस्व हैं, सर्वभूतों में हैं।

उनका आशय था कि प्राणिमात्र का कल्याण करना एक पूजा है। प्रत्येक प्राणी में भगवान का अंश विद्यमान है। जब हम किसी प्राणी की सहायता करते हैं, तो परोक्ष रूप से हम भगवान की प्रार्थना ही करते हैं। इसलिए हमें यह सोचकर आत्मसंतुष्टि नहीं करनी चाहिए कि हमने किसी की सहायता की, वरन् सहायता के बजाय हमने पूजा की है और वह पूजा भगवान के उन विभिन्न अंशों में विद्यमान है, जो विभिन्न प्राणी के रूप में इस धरती पर अस्तित्व में हैं।

त्रुटि हो तो सुधार लो

खेतड़ी की एक घटना ने स्वामीजी के जीवन को बदलने में महत्त्वपूर्ण भूमिका निभाई और इस घटना को स्वामी विवेकानन्द आजीवन स्मरण करते रहे। उन्होंने इस घटना का विवरण अपने व्याख्यानों में भी किया तथा धर्म को पुनर्जीवित करने के अभियान का एक बड़ा हिस्सा बनाया। जब स्वामी विवेकानन्द खेतड़ी पहुँचे तो वहाँ के राजा ने उन्हें चरण वन्दन किया और प्रणामी के रूप में पच्चीस रुपए (जो कि उस समय के मान से बहुत बड़ी राशि होती थी) प्रदान किए।

इसके बाद राजा ने स्वामीजी को हाथी पर सवारी प्रदान कर अपने भव्य महल के छवि निवास में लेकर गए और वहाँ राजप्रासाद में उन्हें ठहराया। अगले दिन शाम को नर्तकी के गीत-संगीत का आयोजन था। राजा ने उस गीत-संगीत के कार्यक्रम में आने के लिए स्वामी विवेकानन्द को बुलावा भेजा। प्रतिउत्तर में स्वामी विवेकानन्द ने सन्देश दिया कि मैं एक संन्यासी हूँ और ऐसी आमोद-प्रमोद की सभा में जहाँ नर्तकी का नृत्य और गायन-वादन हो, मेरा जाना ठीक नहीं होगा। इस सन्देश से वह नर्तकी व्यथित हो गई और उसने राजप्रासाद में भजन गाया :

प्रभु मेरे अवगुण चित्त न धरो!
समदर्शी है नाम तिहारो!
अब मुझे पार करो।

इक लोहा पूजा में राखत!
इक घर बधिक परो!
पारस गुण अवगुण नहीं चित्तवे,
कंचन करत खरो!!

इस भजन का अभिप्राय यह था कि हे ईश्वर, मेरे अवगुणों पर ध्यान न दें, आप तो सभी को समान दृष्टि से देखने वाले हो। मेरी भवलीला भी आप ही पार

लगाओ। जैसे कि लोहे से बना एक दीपक पूजा के लिए रखा जाता है और उसी लोहे से बना एक हथियार कसाईखाने में रखा जाता है लेकिन लोहा किसी से भेदभाव नहीं करता। पारस के लिए दोनों ही लोहे समान हैं और वह दोनों को ही सोने में बदल देता है।

इस भजन से स्वामी विवेकानन्द व्याकुल हो गए और उन्हें लगा कि उस गणिका ने उनके सम्पूर्ण ज्ञान को चुनौती दे डाली है। अपने भजन से उसने स्पष्ट कर दिया कि संसार में ब्रह्म के अतिरिक्त और कोई दूसरी वस्तु नहीं है और ब्रह्म ही सभी वस्तुओं में विराजमान है—चाहे वह नारी हो या नर, साधु हो या गणिका। इस घटना का उल्लेख करते हुए स्वामी विवेकानन्द ने कहा कि यह भजन सुनकर मेरे मन ने प्रतिप्रश्न किया कि क्या यही मेरा संन्यास है? मैं संन्यासी हूँ तो क्या मुझे इस नारी से कोई भेद करना चाहिए? मेरी आँखें खुल गईं। जब सभी वस्तुओं में एक शब्द (प्रभु) की अभिव्यक्ति है तो फिर मैं किसी को त्याज्य या छोटा क्यों मानूँ। स्वामी विवेकानन्द उस गणिका के कार्यक्रम में गए और उन्होंने उनके चरण छूकर अपने भावों के लिए माफी माँगी।

खेतड़ी की घटना ने स्वामी विवेकानन्द के जीवन में एक नया परिवर्तन ला दिया। उसके बाद उन्होंने यह निश्चय किया कि संसार में कोई भी वस्तु अथवा प्राणी छोटा-बड़ा नहीं है, सभी समान हैं और सभी का अलग-अलग महत्त्व है। अपने इसी महत्त्व के कारण वे धरती पर हैं; अर्थात् धरती पर कोई भी वस्तु अथवा प्राणी बिना महत्त्व के नहीं है। स्वाभाविक है कि किसी भी वस्तु का अस्तित्व भगवान की कृपा के बिना सम्भव नहीं है।

खेतड़ी में गणिका के नृत्य व उसके गाने ने स्वामी विवेकानन्द को मंत्रमुग्ध कर दिया। गणिका ने जब यह सुना कि स्वामी विवेकानन्द उसका नृत्य नहीं देखना चाहते हैं, तो उसकी भावनाएँ बहुत आहत हुईं। गणिका ने जो गीत गाया, उसने भारतीय दर्शन व अध्यात्म की ओर स्वामी विवेकानन्द का ध्यान न केवल आकृष्ट किया वरन् उन्हें यह सोचने पर मजबूर कर दिया कि प्राणिमात्र से भेद-भाव करना किसी भी दृष्टि से उचित नहीं है।

गणिका का भजन सुनकर उन्हें अच्छा लगा और उन्होंने उसके गाए गए भजन के एक-एक शब्द को अपने जीवन में आत्मसात् किया। यही वजह है कि 40 वर्ष से भी कम उम्र में स्वामी विवेकानन्द एक महान सन्त बन गए और उनके द्वारा किए गए कार्य भारतवर्ष के लिए एक धरोहर बन गई। खेतड़ी में गणिका के नृत्य को देखने से पहले स्वामी विवेकानन्द नृत्यांगनाओं के प्रति हेय दृष्टि रखते थे। शायद इसीलिए वह गणिका के नृत्य को देखने के लिए नहीं

गए, लेकिन गणिका के भजन ने उन्हें व्याकुल कर दिया और वह उसके द्वारा गाए गए भजन के एक-एक शब्द पर ध्यान देने लगे। उन्हें महसूस हुआ कि उन्होंने नृत्यांगना के प्रति भेद कर अच्छा नहीं किया। इस त्रुटि को सुधार कर उन्होंने गणिका से मिलकर उसके प्रति पूरा समान प्रदर्शित किया।

उनका स्पष्ट संदेश था : ''जीवन में अज्ञानतावश की गई गलतियों को स्वीकारने में कोई हर्ज नहीं है।''

बड़ी ही सहजता और साफगोई से अपनी त्रुटियों को स्वीकार करने की क्षमता अपने में विकसित करनी चाहिए।

आत्मसम्मान की रक्षा जरूरी

खेतड़ी से लौटते वक्त आबू रोड स्टेशन पर एक ऐसी ही घटना हुई, जहाँ स्वामीजी का एक अलग ही रूप लोगों ने देखा। स्वामी विवेकानन्द के साथ उन्हीं के एक भक्त यात्रा कर रहे थे। तभी वहाँ एक अंग्रेज टिकिट परीक्षक आए। उस टिकिट परीक्षक ने स्वामीजी के साथ यात्रा कर रहे उनके शिष्य से विवाद किया और हिन्दी में कहा–तुम यहाँ से उठ जाओ।

उस अंग्रेज की बात स्वामी विवेकानन्द को नागवार गुजरी और उन्होंने उससे कहा कि आप इस तरह 'तुम' कहकर किसे सम्बोधित कर रहे हैं? क्या आपको 'आप' कहना नहीं आता? क्या आपको भाषा की तहजीब नहीं है? उस अंग्रेज टिकिट परीक्षक को अपनी सफाई में कहना पड़ा कि मैं हिन्दी भाषा अच्छी तरह नहीं जानता हूँ, इसलिए मैंने उस आदमी को 'तुम' कह दिया।

यहाँ स्वामी विवेकानन्द फिर उद्वेलित हो उठे और उन्होंने कहा कि क्या आप अपनी भाषा भी नहीं जानते? स्वामी विवेकानन्द ने अंग्रेजी में उस टिकिट परीक्षक को समझाया और कहा कि क्या आप उस सहयात्री को आदमी के बजाय जेंटलमैन या सज्जन नहीं कह सकते थे? क्या उच्च श्रेणी यात्रा नहीं करने वाले यात्रियों के साथ ऐसी ही बदसलूकी करना सिखाया जाता है? क्यों नहीं उस कर्मचारी की शिकायत वरिष्ठ अधिकारियों से की जाए?

स्वामी विवेकानन्द की बातें सुनकर उस अंग्रेज कर्मचारी ने वहाँ से खिसक जाने में ही भलाई समझी। स्वामी विवेकानन्द ने इस पर टिप्पणी की कि इन आंग्ल लोगों के साथ जब भी बर्ताव किया जावे, हमें अपने आत्मसम्मान को पीछे नहीं छोड़ना चाहिए। अंग्रेजी में मर्यादा का इस्तेमाल अलग तरीके से होता है लेकिन इसका अर्थ यह नहीं है कि वे हमारा अपमान करें। शिक्षा और सफलता के मामले में हम सनातन धर्म के लोग संसार के किसी भी वर्ग के लोगों से कम नहीं।

स्वामी विवेकानन्द ने सनातन धर्म की रक्षा को बहुत महत्त्वपूर्ण माना और यह कहा कि आत्मसम्मान के साथ कहीं भी, कभी भी कोई समझौता किया ही

नहीं जा सकता। यदि हमने अपने आत्मसम्मान से समझौता कर लिया तो हमारी धर्मध्वजा अपने देश में ही फहराना मुश्किल होगा। अपनी विरासत का ज्ञान हमें स्वाभिमान से भर सकता है। हमारी विरासत की कमजोरियाँ हमें भविष्य में और बेहतर कुछ करने की प्रेरणा दे सकती हैं। इसलिए विरासत को अपनाना और समझना तो जरूरी है ही, उसी के अनुसार आचरण करना भी अनिवार्य है। हमारे सम्मान की यात्रा की शुरुआत वास्तव में हमारे भीतर से ही प्रारम्भ होती है। यदि हम अपने आत्मसम्मान की रक्षा नहीं कर पाए तो अपने धर्म की और देश के आत्मसम्मान की रक्षा कैसे कर पाएँगे? स्वामी विवेकानन्द का मत था : "हमें अपने आत्मसम्मान से समझौता किसी भी कीमत पर नहीं करना चाहिए। अपने आत्मसमान व आत्मगौरव के कारण ही भारतवर्ष सदियों तक विश्व गुरु के अलंकरण से महिमामण्डित रहा। संसार हमारी भारत माता का बहुत ऋणी है। यदि भिन्न-भिन्न जातियों की पारस्परिक तुलना की जाए तो मालूम होगा कि सारा संसार सहिष्णु एवं 'निरीह' हिन्दू का जितना ऋणी है, उतना और किसी का नहीं। ग्रीस का अस्तित्व नहीं था, रोम भविष्य के अंधकार गर्भ में छिपा हुआ था। जब आधुनिक यूरोपियनों के पुरखे जर्मनी के घने जंगलों के अन्दर छिपे रहते थे और जंगली लोगों की तरह अपने शरीर को नीले रंग से रंगा करते थे, तब भी भारतवासी कितने क्रियाशील थे, इस बात की गवाही हमें इतिहास दे रहा है। उससे भी पहले, जिस समय की कोई स्थिति इतिहास नहीं बता सकती, जिस सुदूर अतीत की ओर नजर दौड़ाने का साहस किंवदन्ती को भी नहीं होता, उस अत्यन्त प्राचीन काल से लेकर अब तक न जाने कितनी ही भाव-तरंगें भारत से प्रसूत हुई हैं; पर वे सब तरंगें अपने आगे शान्ति तथा पीछे आशीर्वाद लेकर अग्रसर हुई हैं।"

अपने आत्मगौरव व आत्मसमान के कारण सैकड़ों वर्षों तक भी विदेशी आक्रमणकारियों का गुलाम रहने के बावजूद भारतीय सभ्यता व संस्कृति जीवित रही, अन्यथा विश्व के इतिहास में अनेक ऐसी जातियाँ नष्ट हो गईं, जिनका अपना कोई आत्मगौरव व आत्मसमान नहीं था। इस देश पर हूण, मुगलों, अंग्रेजों ने शासन किया, भारतीयों पर अत्याचार-अनाचार किए, लेकिन अगर हम जिन्दा रहे तो केवल अपने आत्मसमान के कारण।

सकारात्मक सोचो, आगे बढ़ो

स्वामी विवेकानन्द कई मामलों में अपने गुरु श्री रामकृष्ण परमहंस से अलग थे। वे अपने गुरु के सच्चे शिष्य थे लेकिन कई बातों में उनकी तुलना अपने गुरु से नहीं की जा सकती। श्री रामकृष्ण परमहंस बहुत ज्यादा संवेदनशील थे और किसी का भी दिल दुखाने में उन्हें खुद भी बहुत ज्यादा पीड़ा होती।

स्वामी विवेकानन्द भी अपने गुरु की तरह किसी को पीड़ा पहुँचाने में कष्ट महसूस करते थे लेकिन मौका पड़ने पर वे परम्परा से अलग हटकर भी संवाद कायम कर देते थे। गुरु श्री रामकृष्ण जहाँ दूसरों के बारे में बहुत स्पष्ट रूप से कड़वा बोलने से बचते थे, वहीं स्वामी विवेकानन्द सच्चाई कहने से कभी डिगते नहीं—चाहे वह कितनी भी कड़वी क्यों न हो। श्री रामकृष्ण परमहंस बहुत कोमल प्रवृत्ति के थे। शरीर भी उनका बलवान नहीं था और कठोर श्रम वे नहीं कर पाते। इसके विपरीत स्वामी विवेकानन्द काफी हृष्ट-पुष्ट थे। उन्हें कुश्ती, मुक्केबाजी, तैराकी, घुड़दौड़ आदि का अच्छा शौक था। उनके स्वभाव में उदारता और अतिशय विनम्रता थी। श्री रामकृष्ण परमहंस सहज प्रवृत्ति के थे और यही उनकी विशेषता थी, दूसरी तरफ स्वामी विवेकानन्द संस्कृत और अंग्रेजी के विद्वान और तार्किक दृष्टिकोण के मालिक थे। वे हमेशा निरन्तर खोज और सत्त अनुसन्धान में लगे रहते। दुनियाभर में हुई क्रान्तियों का उन्होंने अध्ययन किया था। श्री रामकृष्ण परमहंस हिन्दू धर्म के ऐसे प्रतिनिधि थे, जिन्हें ईसाई धर्म प्रचारक पसन्द नहीं करते थे। कई बार स्वामी विवेकानन्द ऐसी बातें कहते थे, जिसके गूढ़ अर्थ सामान्य अवस्था में लोगों को समझ में नहीं आते थे। जैसे उनका यह कहना यदि आप धर्म की रक्षा करना चाहते हैं तो आप अपने शरीर को बलिष्ठ बनाइए क्योंकि एक स्वस्थ शरीर में ही स्वस्थ दिमाग और स्वस्थ मन रह सकता है। इसलिए अगर आप अपने शरीर की सेवा करते हैं या शरीर का सौष्ठव करते हैं तो यह भी धर्म का ही कार्य है। उनके विचारों में यह व्यापकता ही उन्हें विशिष्ट बनाती है।

स्वामी विवेकानन्द की शिक्षा यह थी कि ज्ञान का स्रोत कोई भी हो सकता है। ज्ञान प्रभु की तरह कहीं से भी निर्गमित हो सकता है। ज्ञान के स्रोत को

स्वीकारना और अपने हिस्से का ज्ञान पा लेना हमारे अपने पर निर्भर है। यदि हम इसमें मौका चूक गए तो हमारे लिए ज्ञान-प्राप्ति की सम्भावनाएँ कम हो जाती हैं। अपने गुरु से सीखी गई यह बात स्वामीजी ने कभी नहीं भुलाई, वह यह थी कि समय आने पर कुसुम सी कोमलता तो रखें ही किन्तु जब जरूरत पड़े, तब वज्र सी कठोरता को भी अपनाना अनुषांगिक होता है।

एक बार एक नौजवान स्वामी विवेकानन्द के पास पहुँचा और कहने लगा कि मैं धर्मशास्त्र का अध्ययन करना चाहता हूँ।

स्वामी विवेकानन्द ने सामने मैदान में फुटबॉल खेलते हुए कुछ युवकों की तरफ इशारा किया और उस नौजवान से कहा : "यदि तुम धर्म की शिक्षा और सेवा करना चाहते हो तो वहाँ मैदान में जाकर फुटबॉल खेलो। इससे तुम्हारी धर्म की शिक्षा और सेवा अपने आप हो जाएगी।"

स्वामी विवेकानन्द की यह बात उस नौजवान को तत्काल समझ में नहीं आई लेकिन बाद में जब इस दृष्टान्त की व्याख्या की गई तो उन्होंने सही पाया। स्वामी विवेकानन्द देश के नौजवानों को स्वयं बलिष्ठ और ऊर्जावान देखना चाहते थे। वे खुद भी इन्हीं बातों के प्रतीक थे। किसी भी तरह के भय से रहित, निडर और निर्विरोध उनका जीवन था। निर्विरोध इसलिए कि वे अपने मार्ग में आने वाले विरोधों को नष्ट करने की क्षमता रखते थे। इसीलिए उन्होंने सनातन धर्म के प्रचार-प्रसार और उद्धार में वे बातें कहीं, जो उनके पहले कोई और नहीं कह पाया।

स्वामी विवेकानन्द की बातों को आज अनेक तरह से परिभाषित कर सकते हैं। इन्हें परिभाषित करने के लिए बहुत सामान्य से नियम देखे जा सकते हैं। जीवन के किसी भी क्षेत्र में आप इन दृष्टान्तों को लें तो पाएँगे कि वे हर जगह खरे उतरते हैं। अगर विद्यार्थी स्वस्थ नहीं होंगे तो वे पढ़ाई नहीं कर सकेंगे। यदि किसान और मजदूर बलशाली नहीं होंगे तो वे अपने कर्तव्यों का निर्वहन सुगमता से नहीं कर सकते। यदि हमारे शिक्षक और नीति नियामक स्वस्थ नहीं होंगे तो वे स्वस्थ समाज के लिए दिशा-निर्देश नहीं दे पाएँगे।

स्वामी विवेकानन्द का मानना था कि असली शक्ति हमारे अन्तर मन में छुपी होती है। यह अन्तर मन जो हमारे भीतर परमात्मा का प्रतिनिधित्व करता है, इसमें भेदभाव नहीं है। यह समाज में समरसता का पाठ पढ़ाती है और निर्देशित करती है कि हम उस परमात्मा की सार्वभौमिक सत्ता के अनुसार अपने जीवन का संचालन करें। जीवन के प्रति सकारात्मक रुख अपनाने पर स्वामी विवेकानन्द हमेशा जोर देते थे। उनका मानना था : "सकारात्मक सोच वाला व्यक्ति ही आगे बढ़ सकता है, नकारात्मक सोच रखने वाला आगे बढ़ ही नहीं सकता है।

सकारात्मक विचार जीवन में आशा का संचार करते हैं, व्यक्ति के मनोबल को बढ़ाते हैं, जबकि नकारात्मक विचार मनोबल घटाते हैं, उसकी अन्त:शक्तियों का ह्रास करते हैं। काम के प्रति नजरिए के बारे में स्वामी विवेकानन्द ने कहा कि उत्साह से हृदय भर लो और सब जगह फैल जाओ। काम करो, काम करो। नेतृत्व करते समय सब के दास हो जाओ, नि:स्वार्थ होओ और कभी एक मित्र को पीठ-पीछे दूसरे की निन्दा करते मत सुनो। अनन्त धैर्य रखो, तभी सफलता तुम्हारे हाथ आएगी। सतर्क रहो। जो कुछ असत्य है, उसे पास न फटकने दो। सत्य पर डटे रहो, बस तभी हम सफल होंगे-शायद थोड़ा अधिक समय लगे पर हम सफल अवश्य होंगे। इस तरह काम करते जाओ कि मानो मैं कभी था ही नहीं। इस तरह काम करो कि मानो तुममें से हर एक के ऊपर सारा काम निर्भर है। भविष्य की पचास सदियाँ तुम्हारी ओर ताक रही हैं-भारत का भविष्य तुम पर निर्भर है। काम करते जाओ। दूसरों के लिए रत्ती भर काम करने से भीतर की शक्ति जाग उठती है; दूसरों के लिए रत्ती भर सोचने से धीरे-धीरे हृदय में सिंह का सा बल आ जाता है। तुम लोगों से मैं इतना स्नेह करता हूँ, परन्तु यदि तुम लोग दूसरों के लिए परिश्रम करते-करते मर भी जाओ तो भी उसे देखकर मुझे प्रसन्नता ही होगी। काम में लग जा-कितने दिनों के लिए है यह जीवन? संसार में जब आया है तो एक स्मृति छोड़कर जा, वरना पेड़, पत्थर भी तो पैदा तथा नष्ट होते रहते हैं।''

मन और विचार से एक बनो

स्वामी विवेकानन्द मानते थे कि परमात्मा ने स्त्री और पुरुष, ऊँच-नीच, धनी और निर्धन नहीं बनाया। यही उसकी मंशा है और आदेश भी। इसलिए प्रभु की मंशा के अनुसार काम करते हुए हमें इन सभी बुराइयों को तज देना चाहिए। ऐसे प्रसंग भी आए, जब स्वामी विवेकानन्द ने इन मुद्दों पर खुलकर बोलने से भी परहेज नहीं किया। ईसा मसीह के बारे में टिप्पणी करने की हिम्मत उनकी ही थी, जिसमें उन्होंने कहा था कि ईसा मसीह अपूर्ण थे क्योंकि जिन बातों में उन्हें विश्वास था, उन्हें वे अपने जीवन में नहीं उतार पाए। उनकी अपूर्णता का सबसे पहला प्रमाण यह है कि उन्होंने नारियों को पुरुषों के समकक्ष नहीं माना। वास्तव में उनके संस्कार यहूदी धर्म से जकड़े हुए थे, इसलिए वे किसी भी नारी को अपनी शिष्या नहीं बना पाए। भगवान बुद्ध इस मामले में उनसे श्रेष्ठ थे क्योंकि उन्होंने नारियों को भी भिक्षुणी होने का अधिकार दिया था।

स्वामी विवेकानन्द का कहना था कि वेदान्त तो यही सिखाता है कि हम सब में एक ही आत्मा निवास करती है—चाहे हम नर हों या नारी, इसलिए नारी की निन्दा किसी पुरुष को नहीं करनी चाहिए।

एक अन्य प्रसंग में स्वामी विवेकानन्द ने महिलाओं की दशा के बारे में जो टिप्पणी की थी, वह आज भी सत्य प्रतीत होती है। उन्होंने कहा था कि विश्व में नारी की स्थिति सभी जगह एक जैसी है। फर्क है तो बहुत मामूली और वह यह कि हमारे देश में विधवाएँ रोती हैं और पश्चिमी देशों में कुमारियाँ। स्वामी विवेकानन्द की यह क्रान्तिकारी बातें ही उन्हें सबसे अलग बनाती हैं। अगर वे यह क्रान्तिकारी विचार केवल अपने मन में रखते और लोगों के सामने प्रकट नहीं करते तो समाज में कोई बदलाव इस गति से नहीं होना था। हिन्दू धर्म की व्याख्या उन्होंने बड़े ही सटीक शब्दों में की और ब्राह्मणों की तुलना सर्प से करने से भी नहीं चूके। उनका मानना था कि भारत के पतन के आर्थिक और राजनीतिक कारण थे। ब्राह्मणों ने भारतीय संस्कृति को अपनी थातीदार बना लिया था। उन्होंने संचित ज्ञान को अपने पास दबाए रखा। ज्ञान के भण्डार पर ताला मढ़

दिया। इस कारण समाज के सभी वर्गों का समुचित विकास नहीं हुआ है और इसी का नतीजा था कि विदेशी आक्रमणकारी भारत में आए और उन्होंने हमारी इन कमजोरियों का फायदा उठाया।

उनका मानना था कि ब्राह्मणों ने ज्ञान पर ताला लगाकर बहुत बड़ा पाप किया और इसका प्रायश्चित्त भी उन्हें ही करना होगा। उदाहरण देकर वे कहते थे कि यदि साँप का काटा आदमी अचेत हो जाए और उसे मृत होने से बचाना हो तो यह तभी सम्भव है, जब कि वह साँप फिर आए और अपना जहर चूस ले। यदि ब्राह्मण अपना जहर वापस ले लेते हैं तो यह समाज अवश्य जी उठेगा।

जाति-पाँति तोड़ने के बारे में स्वामी विवेकानन्द का बड़ा ही क्रान्तिकारी विचार था। वे कहते थे कि यदि ब्राह्मण जाति के लोग अपनी धर्मसभाओं में यह घोषणा कर दें कि भारत में जन्मे सभी लोग ब्राह्मण हैं और उन्हें सारे अधिकार प्राप्त हैं तो समाज में एकता का सूत्र बन सकता है। अथर्ववेद में भी यही मंत्र है, जिसका अर्थ यह है कि मन और विचार से एक बनो। जब से देवताओं का मन एक हुआ तभी वे नैवेद्य के अधिकारी बने। मन से एक होना ही समाज का सार है। जापानी लोगों के बारे में उनका कहना था कि वे एक मन से सोचते हैं और उसका नतीजा दुनिया देखती है।

स्वामी विवेकानन्द स्त्री-पुरुष की समानता के प्रबल पक्षधर थे और जाति-पाँति को तोड़ने के लिए उन्होंने हिन्दू समाज को हमेशा प्रेरित किया। उन्होंने कहा था कि मेरे जीवन का क्या व्रत है, यह मैं स्वयं जानता हूँ। किसी जाति विशेष पर न मेरा तीव्र अनुराग है और न घोर विद्वेष ही। मैं जैसे भारत का हूँ, वैसा ही समग्र जगत का भी हूँ। क्या तुम कहना चाहते हो कि मैं जातिभेद-जर्जर रहित, कुसंस्कारयुक्त, दयारहित, कपटी, नास्तिक कायरों में से एक बनकर जीने-मरने के लिए पैदा हुआ हूँ, जिन्हें तुम केवल शिक्षित हिन्दुओं में ही पाते हो? मैं कायरता को घृणा की दृष्टि से देखता हूँ। कायर तथा राजनीतिक मूर्खता के साथ मैं अपना सम्बन्ध नहीं रखना चाहता। किसी प्रकार की राजनीति में मुझे विश्वास नहीं है। ईश्वर तथा सत्य ही जगत् में एकमात्र राजनीति है, बाकी सब कूड़ा-करकट है।

माँगो मत, समर्पित रहो

स्वामी विवेकानन्द ने समर्पण को भक्ति योग के रूप में व्यक्त किया है। अगर हम धर्म में से भक्ति का भाव हटा लें तो धर्म, धर्म नहीं बचेगा। भक्ति क्या है? समर्पण का ही दूसरा नाम है। हम अपने दैनन्दिन जीवन में कई लोगों के लिए समर्पित रहते हैं। यह समर्पण ही प्रेम का एक प्रकार है।

स्वामी विवेकानन्द ने कहा है कि ईश्वर हर प्रकार से प्रेमप्रद है। हम अपने जीवन में कई तरह के प्रेम का अनुभव करते हैं। जैसे कोई बच्चा अपने भोजन, रक्षा आदि के लिए अपने पिता की ओर देखता है। यह प्रेम का प्रतीक है, लेकिन शांत प्रेम का। एक तरह का प्रेम है जो हममें सेवा-भाव जगाता है। हम ईश्वर की सेवा भी अपने स्वामी की तरह करते हैं। हम इस बात से बिलकुल अलग हो जाते हैं कि हमारे स्वामी कैसे हैं? बुरे हैं या भले? सहृदय हैं या निर्दयी? दूसरा प्रेम साथियों के बीच होता है। ईश्वर हमको सखा के समान अनुभव होते हैं। एक और प्रेम है—मातृत्व प्रेम। यहाँ ईश्वर को शिशु समझा जाता है, जैसे भगवान के बाल स्वरूप।

भारत में इस प्रेम को अत्यन्त उन्नत मान्यता है क्योंकि इस प्रेम में भय का कोई तथ्य नहीं होता है। एक और प्रेम है जो समानता के लिए होता है। प्रेम जो पति और पत्नी में आपस में होता है। ईश्वर सर्वत्र विद्यमान है और वह हमसे प्रेम करता है। एक परिभाषा है कि जब हम निर्गुण ब्रह्म को माया के कोहरे में से देखते हैं तो वही ईश्वर कहलाता है। जब हम उसे अपनी इन्द्रियों द्वारा पाने की कोशिश करते हैं, तब हम सगुण ब्रह्म के रूप में ही उसे देख सकते हैं। भक्तियोग के अनुसार आत्मा को दृश्यमान वस्तु नहीं बनाया जा सकता। आत्मा सर्वज्ञात है और उसे हम ज्ञेय रूप में ढालने का निरन्तर प्रयत्न कर रहे हैं।

वेदान्त के अनुसार जीवात्मा अपने को अभिव्यक्त करने का प्रयत्न कर रही है लेकिन संघर्ष के बाद जीवात्मा जान लेती है कि ज्ञात तो ज्ञात ही रहेगा, ज्ञेय नहीं हो सकता, तब उसे वैराग्य हो जाता है और वह मुक्त हो जाती है। मनुष्य जब पूर्णता प्राप्त कर लेता है, तब उसका स्वभाव ईश्वर जैसा हो जाता है। जैसे

ईसा मसीह ने कहा है कि मैं और मेरे पिता एक हैं तब जान लेते हैं कि ब्रह्म से निरपेक्ष सत्ता से अलग कोई एक रूप है, जो ईश्वर के समान लीलाएँ करता है।

कुछ ऐसी कल्पनाएँ मनुष्य करता है और यह बताता है कि यह संसार दुख और मृत्यु से भरा है लेकिन कुछ कल्पनाएँ ऐसी भी हैं जो बताती हैं कि तुम पवित्र हो, ईश्वर हो और दुख का अस्तित्व ही नहीं है। सबसे ऊँची कल्पना है, वही सगुण ब्रह्म या ईश्वर। जब हम प्रभु से कुछ माँगते हैं तो वह भक्ति नहीं है। वह तो धर्म का निम्नतम रूप होता है जैसे हम कहते हैं कि प्रभु, हमें मकान दे दो, हमें गाड़ी दे दो तो ये सारी बातें हम अपनी वासनाओं की पूर्ति के लिए करते हैं, इसलिए यह भक्ति नहीं कही जा सकती। भक्ति एक ऐसी कामना है जो स्वर्ग से भी ऊँची है और यह भक्ति हमें समर्पण भाव से भी प्राप्त हो सकती है। इन्द्रियों के साथ रहना बहुत आसान है। मौज उड़ाते हुए, खाते-पीते जीवन सामान्य ढर्रे से चलता रहे लेकिन केवल मूर्ख लोग ही इन इन्द्रिय सुख के पीछे दौड़ते हैं। आत्मा के स्तर पर तो जीवन सच्चा है लेकिन इन्द्रियों में ही मृत्यु है।

''यदि आप समर्पित भाव से जीवन जी रहे हैं, भक्ति योग के मार्ग पर चल रहे हैं, तो आप किसी की आलोचना नहीं करेंगे। हम हमेशा दूसरों की आलोचना करने में मूर्खताएँ करते हैं और मूर्खताएँ हम रोक सकते हैं, यदि हम आलोचनाओं से परे हों। आज धर्म के दो पक्ष होते हैं—एक, सकारात्मक और दूसरा, नकारात्मक। जब कोई कहता है कि मैं इसे ही सत्य मानता हूँ कि प्रभु ही हमें मुक्त कर सकते हैं तो यह सकारात्मक सोच है, लेकिन यदि कोई यह कहता है कि हमारे अलावा कोई और धर्म सच्चा नहीं है तो वह नकारात्मक बात हुई। समर्पण की बात करें तो मनुष्य का मन ही सबसे स्थूलतः रूप है, शरीर मन का ही एक बड़ा रूप है। मन सूक्ष्मतम स्तरों से बना हुआ है और शरीर अत्यन्त स्थूल स्तरों से।''

हम प्रतिदिन अनेक भावों से गुजरते हैं। जब हम किसी पर नाराज होते हैं तो कहने लगते हैं—गधे, मूर्ख आदि। वहीं अगर हम करुण होते हैं तो हम कोमल शब्दों का इस्तेमाल करते हैं और बोलते हैं—'हे प्रभु!' ये सब क्षणिक भाव हैं जो प्रेम, शान्ति, पवित्रता आदि को व्यक्त करते हैं। जब हम कुछ सोचते हैं तो उसे अभिव्यक्त करने के लिए शब्दों का प्रयोग करते हैं। ये शब्द हमारी मदद करते हैं। इसलिए कहा जाता है कि दूसरों के दोष कभी भी नहीं देखें क्योंकि आप किसी भी वस्तु को उसके दोषों से नहीं देख सकते हैं।

किसी इन्सान को अगर अपनाना चाहो तो उसे उसके अवगुणों से नहीं पहचान सकते, उसके गुणों से ही पहचान सकते हैं। जैसे आम के एक पेड़ के नीचे बहुत से सड़े कच्चे और अविकसित फल भी पड़े हो सकते हैं और उन सड़े, अविकसित और कच्चे फलों से उस वृक्ष की उत्तमता का पता नहीं चलता। इसी

तरह कोई भी व्यक्ति चाहे कितना भी क्रोध कर ले, असहयोग कर ले, उससे उसके गुणों का पता नहीं चलता। उसके गुणों का पता तो उसके कर्मों से ही चलता है।

एक और बात ध्यान रखें, पवित्र और शक्तिशाली जीवों में ही विविधता मिलती है। जो लोग अज्ञानी हैं, दुर्बल हैं, उनमें विविधता नहीं मिलेगी। बहुत कम लोग हैं जिन्हें अपनी इन्द्रियों से बाहर आनन्द आता है। वे प्रभु को देख सकते हैं, सोच सकते हैं और यह तभी सम्भव है, जब उनके मन में समर्पण की भावना हो। समर्पण के भाव को एक त्रिकोण के रूप में देखा जा सकता है, जिसका पहला गुण यह है कि वह कभी कुछ माँगता नहीं। जो व्यक्ति समर्पित है, वह कुछ माँगने के लिए तत्पर नहीं होगा क्योंकि उसे समर्पण में ही आनन्द की प्राप्ति होती है। जो व्यक्ति समर्पित भाव से जीवन जी रहा है, वह कभी किसी से भय नहीं खाता। उसे कोई भय नहीं सताता। किसी असफलता में भी नहीं। वह अपने समर्पण में तल्लीन रहता है और इस त्रिकोण का सबसे प्रमुख कोण है वह समर्पण, जो सिर्फ समर्पण की भावना से किया गया है, प्रेम की भावना से किया गया है, क्योंकि वही भाव पारस्परिक है, इसलिए कि कृपा भी उसी समर्पित भाव में बसी है।

मंजिल खुद चलकर आएगी

हम अगर मानव इतिहास को देखें तो पाएँगे कि जिन लोगों ने सफलता के शीर्ष को छुआ है, उन्होंने कभी सफलता की कामनाएँ लेकर कार्य आरम्भ नहीं किया। उन्होंने कार्य का श्रीगणेश किया और पूरी तरह उसमें समर्पित हो गए। वे उसमें ऐसे डूबे कि डूबते ही चले गए। कार्य करते-करते उन्होंने कब अपने लक्ष्य को प्राप्त कर लिया और लक्ष्य कब उनके पास पहुँच गया, यह पता ही नहीं चला।

स्वामी विवेकानन्द ने कहा था—

"यह संसार कायरों के लिए नहीं। पलायन की चेष्टा मत करो, सफलता अथवा असफलता की चिंता मत करो, पूर्ण निष्काम संकल्प में अपने को लय कर दो। कर्त्तव्य करते चलो। समझ लो कि सिद्धि पाने के लिए जन्मी बुद्धि अपने आपको दृढ़संकल्प में लय करके सतत कर्मरत रहती है। जीवन संग्राम के मध्य डटे रहो, सुप्तावस्था में अथवा एक गुफा के भीतर तो कोई भी शांत रह सकता है। कर्म के आवर्त और उन्मादन के बीच दृढ़ रहो। केन्द्र तक पहुँचो और यदि तुम केन्द्र पा गए तो फिर तुम्हें कोई विचलित नहीं कर सकता है।

"सफलता के लिए लक्ष्य के प्रति गंभीरता जरूरी है। इसके लिए सबसे आसान तर्क है कि हमें शुरुआत वहाँ से करना चाहिए, जहाँ से हमें लगे कि हम प्रकृति के सबसे निकट हैं। हमें उसके लिए योजना बनाकर काम नहीं करना पड़ेगा। हम सब अपने-अपने लक्ष्य के लिए समर्पित हों और उसे पाने के लिए कार्यरत हों। जैसे बच्चे अपने खिलौनों के प्रति दीवाने हैं, नौजवान अपने रोजगार और कारोबार के लिए प्रतिबद्ध हैं और वृद्ध अपने अतीत के वर्षों की जुगाली कर रहे हैं। मतलब वे सब अपने-अपने लक्ष्यों के लिए सोच रहे हैं और उनमें उस लक्ष्य को पाने की दीवानगी है, लेकिन क्या ये दीवानगी ईश्वर को पाने के लिए भी है? ऐसी दीवानगी अपने उस असली लक्ष्य को पाने के लिए हो, जो आपके जीवन को झंकृत कर दे। इसीलिए उपासना करने की सबसे अच्छी पद्धति यही है कि हम ऐसी उपासना करें, मानो वही हमारे लिए सबसे महत्त्वपूर्ण शक्ति हो।"

स्वामीजी उदाहरण देकर कहा करते थे कि मान लो, इस कमरे में सोने के सिक्कों से भरी एक थैली हो और दूसरे कमरे में एक चोर बैठा हुआ है। चोर को अगर यह पता चल जाए कि पड़ोस के कमरे में सोने के सिक्कों से भरी थैली है तो क्या वह चोर शांति से सो सकता है? चोर का अपने लक्ष्य के प्रति समर्पण या उसे पाने की जिज्ञासा एक ऐसी चीज है, जिसके बारे में हम कह सकते हैं कि वह अपने लक्ष्य के प्रति समर्पित है।

अगर हम ईश्वर के प्रति समर्पित हैं तो क्या हममें वैसी ही दीवानगी पैदा हो सकती है? अगर हमें प्रभु के प्रति समर्पित रहना है तो हमें उससे प्रेम करना होगा और यह साबित करना होगा कि हमें धन नहीं चाहिए, हमें सम्पत्ति नहीं चाहिए, हमें विद्वता नहीं चाहिए, हमें मुक्ति भी नहीं चाहिए, अगर तेरी इच्छा है तो यह वरदान दे कि मैं तुझे प्रेम कर सकूँ और प्रेम के लिए प्रेम कर सकूँ। जब हम किसी के प्रति समर्पित होते हैं तो प्रतीकों का महत्त्व बढ़ जाता है।

प्रतीक और प्रेम संस्कृत के ही शब्द हैं। प्रतीक का अर्थ है : 'की ओर पहुँचना' यानी करीब आना, जैसे दुनिया में बहुत से लोग हैं जो संतों की मूर्ति की पूजा करते हैं और बहुत से ऐसे लोग हैं जो किसी एक प्रतीक की पूजा करते हैं। जैसे कई लोग अपने पूर्वजों की छवि की पूजा करते हैं, इस आशा में कि उसे उनके आशीर्वाद से कुछ शक्ति प्राप्त हो जाएगी। उन लोगों का लक्ष्य कुछ वस्तु पा लेना होता है, ईश्वर को पाना नहीं। इसलिए प्रतीक की पूजा ईश्वर के रूप में नहीं की जा सकती। प्रतीक के लिए समर्पित नहीं हुआ जा सकता क्योंकि प्रतीक ईश्वर के समक्ष नहीं है। पूजा से या प्रार्थना से हम मुक्ति पा सकते हैं। यह भी सम्भव है कि हम इनसे कुछ शक्तियाँ पा लें लेकिन असली मुक्ति तो हमें ईश्वर ही दे सकता है।

भारत में ऐसे बहुत से लोग हैं जो मृत छोटे शिशुओं के शरीर को जलाते नहीं बल्कि गाड़ देते हैं और फिर वहाँ एक मन्दिर बना देते हैं। इस तरह छोटे शिशु उस मंदिर में देवता बन जाता है और हम उस देवता से मोक्ष की कामना करने लगते हैं, जो संभव नहीं है। प्रतीकों की पूजा में ही एक 'ग्रंथ पूजा' भी है। हर एक देश में हम पाते हैं कि कुछ लोगों ने ग्रंथ को ईश्वर के स्थान पर रख दिया। बुद्ध की पूजा हिन्दू भी करते हैं, परन्तु यदि उनसे कहा जाए कि अगर आप बुद्ध की पूजा करते हैं तो उनके उपदेशों का अनुपालन क्यों नहीं करते? अगर लोग ग्रंथ की पूजा करते हैं तो उस धर्म ग्रन्थ में जो बातें कही गई हैं, उन बातों का पालन क्यों नहीं करते? धर्मग्रंथ की एक खास बात यह है कि यह ग्रंथ बल देते हैं और इन ग्रंथों का महत्त्व शाश्वत है। अगर पादरियों के पास और यहूदियों के पास ग्रंथ नहीं होते तो ये कहाँ जाते। ये लोग अपने ग्रंथों के प्रति समर्पित हैं

लेकिन अगर इन ग्रंथों के बताए मार्गों पर चलें तो इनके जीवन की सार्थकता कहीं ज्यादा हो सकती है। जितना समर्पण इन ग्रंथों के प्रति उतना समर्पण ग्रंथों के सिद्धान्तों के प्रति होना जरूरी है।

कई लोग मूर्तियों के लिए समर्पित होते हैं, कई लोग भवनों के प्रति, कई लोग किसी पशु या देव पुरुष की छवि के प्रति, लेकिन समर्पण सभी धर्मों में जरूरी है। यदि यह समर्पण नहीं है तो आप जीवन में किसी लक्ष्य तक नहीं पहुँच सकते। यह प्रतीक हमें अपने मन को एकाग्र करने में मदद करते हैं, लेकिन हमारी एकाग्रता का महत्त्व ज्यादा है।

इच्छा जरूर करो

समर्पण में ईष्ट का बहुत महत्त्व है। ईष्ट का अर्थ है—इच्छा करना, पसन्द करना, चुन लेना। सभी धर्म, सम्प्रदायों और मानव जाति में ईष्ट एक ही है और वह है—दुखों से मुक्ति और लाभ की प्राप्ति। चाहे कोई भी धर्म हो, वहाँ ईष्ट है और ईष्ट के प्रति लोगों का समर्पण भाव।

हम सभी किसी न किसी रूप में अपने दुखों से, कष्टों से मुक्ति पाना चाहते हैं और अपने भौतिक और मानसिक कष्टों से मुक्ति के लिए छटपटा रहे हैं, इसलिए ईष्ट की आवश्यकता पड़ती है। उद्देश्य सब के एक ही हैं, भले ही मार्ग अलग-अलग हों। हर व्यक्ति अपने ईष्ट को पाना चाहते हैं यानी कष्टों से मुक्ति चाहता है, सुख-सुविधा का लक्ष्य चाहता है और निर्बाध जीवन की कामना चाहता है।

''अपनी वर्तमान अवस्था के जिम्मेदार हम ही हैं और जो कुछ हम होना चाहें उसकी शक्ति भी हममें है। यदि हमारी वर्तमान अवस्था हमारे ही पूर्व कर्मों का फल है, तो यह भी निश्चित है कि जो कुछ हम भविष्य में होना चाहते हैं वह हमारे वर्तमान कार्यों द्वारा ही निर्धारित किया जा सकता है। अतएव हमें यह जान लेना आवश्यक है कि कर्म किस प्रकार किए जाएँ।''

प्रेम और समर्पण को जीवन की सीढ़ी बताते हुए स्वामी विवेकानन्द ने कहा कि समर्पण और भक्ति प्रत्येक में है। प्राणिमात्र में किसी में अपने बच्चे के प्रति प्रेम है तो किसी में जीवन साथी के प्रति, किसी में अपने सखाओं के प्रति, लेकिन प्रेम विशाल मानवता का एक अंग है और इसी से आबद्ध होकर सभी लोग कार्य कर रहे हैं।

हिन्दू धर्म के बारे में स्वामी विवेकानन्द का कहना था :

''हिन्दू लोग अतीत के इतिहास की जितनी ही आलोचना करेंगे, उनका भविष्य उतना ही उज्ज्वल होगा; जो कोई इस अतीत के बारे में प्रत्येक व्यक्ति को विज्ञ करने की चेष्टा कर रहे हैं, वे ही स्वजाति के परम हितकारी हैं। भारत की अवनति इसलिए नहीं हुई कि हमारे पूर्व पुरुषों के नियम एवं आचार-व्यवहार

खराब थे, वरन् उसकी अवनति का कारण यह था कि उन नियमों और आचार-व्यवहारों का न्यायत: जो परिणाम होना चाहिए था, उसमें उनको परिणत नहीं होने दिया गया।''

''जिस तरह हिन्दू धर्म में भी अनेक शाखाएँ, प्रशाखाएँ हैं, वैसे ही ईसाई धर्म में भी बहुत सारी शाखाएँ हैं और वे सब अपने-अपने प्रभु को अलग-अलग तरीके से देखती हैं। ऐसे धर्म वाले भी हैं जो समझते हैं कि केवल उनका धर्म ही सही है और जो लोग उनके धर्म का पालन नहीं करते, वे जीने का अधिकार नहीं रखते। यह भी अपने ईष्ट के प्रति उनका समर्पण इसी तरह से परिलक्षित होता है।''

स्वामी विवेकानन्द कहते थे—जादूगरों और धोखेबाजों का शिकार होने से अच्छा है नास्तिक बनकर रहा जाए। हमारा समर्पण, समर्पण तो हो लेकिन धर्मान्धता की हद तक नहीं हो। हम गंगा के करीब रहे लोग हैं। गंगा के करीब रहकर कुआँ खोदने की जरूरत हमें क्यों हो? हीरे की खदान के पास रहते हुए हम काँच की गोलियों के लिए क्यों लड़ें? समर्पण और प्रेम यही दुनिया की ताकत है और इनके बिना दुनिया नहीं चल सकती।

गुरु सूर्य के समान

स्वामी विवेकानन्द ने अपने गुरु श्री रामकृष्ण परमहंस से गुरु की महत्ता समझी। उनकी राय के अनुसार गुरु वह होता है, जिसकी आत्मा से दूसरी आत्मा को शक्ति मिले। धर्म का उपदेश यदि कोई देता है तो वह आश्चर्यजनक शक्तिसम्पन्न होना चाहिए और श्रोता को भी उसमें निपुण होने की आवश्यकता है यानी धर्म का उपदेश देने वाला और धर्म के उपदेशों को ग्रहण करने वाला दोनों को ही आवश्यक रूप से शक्तिशाली होना चाहिए। यदि ऐसा नहीं है तो ऐसे गुरु-शिष्य धर्म के नाम पर खिलवाड़ करते हैं।

कभी-कभी ऐसे ही लोगों के कारण धर्मपीपासा जागती है यानी अगर खेत तैयार है तो उसे बीज कहीं न कहीं से तो मिल ही जाता है। यदि शिष्य तैयार है ग्रहण करने के लिए तो उसे गुरु भी मिल जाएगा और अगर गुरु चमत्कारिक है, ज्ञान-सम्पन्न है तो उसे शिष्य भी मिल जाएँगे लेकिन गुरु और शिष्य के इस मार्ग में समर्पण की राह में बहुत काँटें हैं, अस्थायित्व का भाव है और यही अस्थायित्व का भाव खतरनाक है।

"कई ऐसे अज्ञानी भी हैं जो अपने आपको सर्वशक्तिमान गुरु समझते हैं। यह वैसा ही है जैसा कि हर व्यक्ति गुरु बनना चाहता है, जैसे एक भिखारी लक्ष-लक्ष दान चाहता है। वैसे ही यह भिखारी हास्य के पात्र बनते हैं और गुरु भी। गुरु तो सूर्य के समान होता है। उसे प्रकाश में लाने के लिए मशाल की जरूरत नहीं, उसे देखने के लिए दीपक भी जलाना जरूरी नहीं। जिस प्रकार सूर्योदय अपने आप होता है, वैसे ही गुरु का आगमन भी अपने आप होता है। गुरु स्वयं ही प्रमाण होता है, वह खुद प्रकाशपुंज होता है। गुरु के लिए जरूरी है कि वह अपने शिष्यों की पड़ताल कर ले और शिष्यों के लिए जरूरी है कि अपने गुरु में सच्ची पवित्रता का दर्शन कर लें और उनके ज्ञान की झोली सच्चे ज्ञान से भरी हो। जो गुरु शब्दों के आडम्बर में फँस जाते हैं, वे न केवल शिष्यों का सम्मान खोते हैं, बल्कि खुद भी अपने लक्ष्य से भटक जाते हैं।"

श्री रामकृष्ण परमहंस एक कहानी सुनाया करते थे। एक बार दो व्यक्ति किसी बगीचे में गए। एक की बुद्धि तेज थी। उसने कुछ ही समय में पूरे बगीचे का हिसाब अपने दिमाग में लगा लिया। बगीचे में कितने पेड़ हैं, उन पर कितने फल लगते हैं, उन फलों की बाजार में क्या कीमत है, आदि। और दूसरा व्यक्ति उस बगीचे के मालिक के पास बैठकर फल खाने में व्यस्त हो गया। अब इनमें कौन ज्यादा बुद्धिमान है—वह व्यक्ति, जिसने फल खाए और अपना पेट भरा या वह व्यक्ति जिसने बगीचे में मौजूद वृक्षों की गणना की? उनका हिसाब लगाया? अतएव क्या ऐसे पेड़ गिननेवाले को आप सफल पुरुष मानेंगे? उन्हें आप आध्यात्मिक करार देंगे?

यदि तुम भक्त होना चाहते हो तो तुम्हारे लिए यह जानना कतई जरूरी नहीं है कि भगवान श्रीकृष्ण मथुरा में जन्मे थे या ब्रज में? उन्होंने क्या शिक्षा ली थी और कहाँ? यदि आप भक्त हैं तो आप यह जानना चाहेंगे कि गीता में कर्म और प्रेम के सम्बन्ध में भगवान श्रीकृष्ण ने जो उपदेश दिए हैं, उन्हें आप कितना अपने हृदय तक महसूस करते हैं। ऐसे गुरु के प्रति ही आप समर्पण भाव रख सकते हैं और ऐसा गुरु ही आपको तार सकता है। स्वामी विवेकानन्द गुरु के लिए दूसरी प्रमुख बात मानते थे कि गुरु को निष्पाप होना चाहिए। गुरु के मन में यदि कोई कपट आ जाए तो वह गुरु होने के लायक नहीं कहा जा सकता।

स्वामी विवेकानन्द ने गुरु के लिए एक और आवश्यक तत्त्व बताया था और वह तत्त्व था-उद्देश्य। गुरु को अपने निजी लाभ के लिए या अपने निजी यश के लिए शिक्षा नहीं देना चाहिए। यदि कोई गुरु यश या निजी लाभ की आशा में ज्ञान बाँटता हो तो यह ज्ञान उसके प्रेम को नष्ट कर देगा। हम कहते हैं कि पर्वत हमें उपदेश देते हैं, कल-कल बहते झरने विद्या का संगीत प्रवाहित करते हैं और सब जगह शुभ ही शुभ है लेकिन ये झरने और ये पर्वत केवल उन्हीं लोगों को उपदेश देते हैं, जिनका मन पवित्र हो और उनका हृदय कमल के समान खिला हुआ हो। यदि कोई अन्धा अजायबघर में जाए तो उसे क्या फायदा होगा? पहले उसे आँखें तो दो, तभी वह समझ सकता है कि भिन्न-भिन्न वस्तुओं से क्या शिक्षा मिल सकती है। इस तरह समर्पण का भाव ज्ञान के मार्ग से जुड़ा है और समर्पण के पहले यह देखना भी जरूरी है कि हम किसके प्रति समर्पित हो रहे हैं, वह समर्पण कितना उपयोगी है—समाज के लिए और स्वयं हमारे लिए भी।

स्वामी विवेकानन्द ने योग और आसनों के जरिए लोगों को भ्रमित करने वालों के खिलाफ बहुत खरी-खरी बातें कहीं। उन्होंने कहा : "धर्म की साधना

के नाम पर गुफा में बैठकर आँख-कान दबाने से कुछ नहीं होगा। हमसे आधे मील की दूरी तो पार नहीं होती परन्तु हम हनुमान की तरह समुद्र लाँघ जाने की बातें करते हैं। हर आदमी योगी नहीं हो सकता। हर आदमी समाधि में नहीं जा सकता। यह असम्भव जैसा है कि तुमने तीन बार नाक बजाई है या तीन बार अनुलोम-विलोम किया है तो क्या इससे ऋषि-मुनि और देवता सीधे आपके पास आ जाएँगे? तुम्हें जिस चीज की जरूरत है, वह है चित्त की शुद्धि, और चित्त की शुद्धि कैसे होगी? संसार में जितने भी मनुष्य और जीव-जन्तु हैं, सभी परमात्मा के रूप हैं। हमें इन सब को पूज्यनीय मानना चाहिए और सबसे पहले पूजा करनी चाहिए तथा अपने ही देशवासियों की हमें बगैर किसी से ईर्ष्या या द्वेष रखे एक-दूसरे से प्रेम करना चाहिए।''

दुनिया भारतीय संस्कृति की ऋणी

स्वामी विवेकानन्द कहते थे कि पूरे यूरोप को जगाने का काम भारत कर सकता है। यह जागरण भारत से ही जन्म लेगा। यह ठीक नहीं है कि हम सब कुछ पाश्चात्य देशों के चरणों में बैठकर ही सीखें। स्वामी विवेकानन्द पश्चिमी अंधानुकरण के खिलाफ थे। उन्होंने कहा था : ''संसार हमारी भारत माता का बहुत ऋणी है। यदि भिन्न-भिन्न जातियों की पारस्परिक तुलना की जाए तो मालूम होगा कि संसार सहिष्णु एवं निरीह हिन्दू का जितना ऋणी है, उतना और किसी का नहीं। जब ग्रीस अस्तित्व में नहीं था, रोम भविष्य के अंधकार गर्भ में छिपा हुआ था, जब आधुनिक यूरोपियनों के पुरखे जर्मनी के घने जंगलों के अन्दर रहते थे, तब भी भारतवासी कितने क्रियाशील थे, इस बात की गवाही हमें इतिहास दे रहा है।

''उससे भी पहले जिस समय की कोई स्थिति इतिहास नहीं बता सकती, जिस सुदूर अतीत की ओर नजर दौड़ाने का साहस किंवदंती को भी नहीं होता, उस अत्यन्त प्राचीन काल से लेकर अब तक न जाने कितनी ही भाव-तरंगें भारत से प्रसूत हुई हैं, पर वे सब तरंगें अपने आगे शांति तथा पीछे आशीर्वाद लेकर अग्रसर हुई हैं।''

हमें क्या धर्म सीखने के लिए उनसे प्रेरणा लेनी पड़ेगी? हम पश्चिम से विज्ञान सीख सकते हैं लेकिन धर्म और आध्यात्मिकता की शिक्षा तो हम ही दुनिया को देंगे। स्वामीजी ने भारतीय सभ्यता को विश्व की सबसे पहली उन्नत सभ्यता बताया और कहा कि हमें संकीर्णता छोड़नी चाहिए। इतना ही नहीं, हमें खुले दिल से पश्चिम के विचारों का ज्ञान प्राप्त करना चाहिए और जहाँ उन्हें ज्ञान की जरूरत हो, वहाँ उन्हें ज्ञान देना चाहिए। यदि हम पश्चिम को ज्ञान दें और वे हमें बदले में विज्ञान और भौतिक साधन दें तो इससे बढ़कर बात और कुछ नहीं हो सकती।

स्वामीजी का मानना था कि भारत की रीढ़ यहाँ का धर्म है और वह धर्म है हिन्दूत्व-सनातन धर्म। जिस दिन हम इसे पीछे कर लेंगे, उस दिन यूरोप के

उत्थान की बात खत्म हो जाएगी। स्वामी विवेकानन्द के गुरु श्री रामकृष्ण परमहंस ने छः महीने तक विधिवत् और परम्परा अनुसार इस्लाम धर्म की शिक्षा पाई थी। यह श्री रामकृष्ण परमहंस का प्रभाव ही था कि स्वामी विवेकानन्द में इस्लाम के प्रति कोई बुरी भावना नहीं आ पाई।

उनका मानना था कि पढ़े-लिखे मुस्लिम सूफियों जैसे होते हैं और वे हिन्दुओं के विश्वास से अलग नहीं होते। हमारे देश में इस्लाम संस्कृति के भीतर भी हिन्दू विचार शामिल होते हैं। जिस तरह मुगल सम्राट अकबर पर हिन्दुत्व का प्रभाव था, उसी तरह यूरोप के देशों में भी हिन्दुत्व और भारत का प्रभाव रहेगा। स्वामी विवेकानन्द ने एक चिट्ठी में लिखा था कि हमारी भारत की भूमि का कल्याण इसी में है कि हिन्दुत्व और इस्लाम मिलकर एक हो जाएँ। ईस्लामी शरीर में सनातन मस्तिष्क के संयोग से जो धर्म जन्म लेगा, वही भारत की आशा है।

हिन्दुत्व की खूबी यह है कि वह दूषित नहीं होता, उदार होता है। सभी को एक जैसे हाँकने में हिन्दुत्व का भरोसा नहीं है। स्वामी विवेकानन्द ने सनातन धर्म को और अधिक व्यापक विस्तार से देखा और धार्मिक एकता पर बल दिया। प्राचीनकाल में लोगों की यह मान्यता रही है कि जो धर्म सबसे अच्छा हो, पूरी दुनिया उसी का पालन करे। फिर हर धर्म के प्रतिनिधि अपने-अपने धर्म को सर्वश्रेष्ठ बताने लगे, जिस कारण साम्प्रदायिक सद्भाव खत्म हुआ। ऐसे मौके पर स्वामी विवेकानन्द ने धार्मिक एकता के लिए प्रयत्न किए। उन्होंने कहा कि सभी धर्म के लोगों को चाहे वह हिन्दू हो, बौद्ध हो, ईसाई हो या मुस्लिम हो, इन सभी को अपने-अपने धर्मों का सार ग्रहण करना चाहिए और उस सार की रक्षा करते हुए धर्म के मार्ग पर चलना चाहिए। जिस तरह हमारी भाषाएँ अलग-अलग होती हैं, उसी तरह हमारे धर्म भी अलग-अलग होते हैं लेकिन आत्मा की भाषा एक है और वह है—भगवान को प्राप्त करना। स्वामी विवेकानन्द ने भारतीयों के गिरते मनोबल को ऊँचा उठाने में बहुत बड़ी मदद की। उन्होंने सनातन धर्म की कमजोरियों को इंगित किया और लोगों को बताया कि प्रभु की प्राप्ति ही लक्ष्य है तो फिर आपस में विवाद क्यों?

स्वामी विवेकानन्द ने हताशा के दौर में चल रहे युवाओं को अपने लक्ष्य को पाने के लिए आगे बढ़ने की बातें कहीं। उनका साफ-साफ कहना था : "यदि आप दुनिया की इस प्रतिस्पर्धा वाले युग में हिचकने लगे तो पीछे रह जाओगे। अपना उद्धार करने के लिए जरूरी है कि आप कूदकर सबसे आगे पहुँच जाओ और अपने उद्धार और प्रगति का ऐसा शोरगुल मचाओ कि उसकी आवाज दुनिया के कोने-कोने में फैल जाए। कुछ लोग तो दूसरों की त्रुटियाँ देखने के

लिए बैठे हैं, उनकी चिन्ता मत करो, अपना कार्य करते चलो। उन्हें पता ही नहीं चलेगा कि आप कहाँ पहुँच गए। जुट जाओ और अपनी शक्ति के अनुसार आगे बढ़ो। मैं पूरे भारत में उत्साह की लहर फूँक दूँगा। डर किस बात का है? पूरी दुनिया का भ्रमण करो, वहाँ से नई बातें सीखो और अपनी दुनिया बदलने के लिए जुट जाओ।''

स्वामीजी ने कहा था : ''श्रेयांसी बहु विघ्नामि।' यानी अच्छे कर्मों में तो विघ्न आते ही रहते हैं, लेकिन भारत के नौजवानो, तुम्हें इसकी परवाह नहीं करनी चाहिए। तुम्हें इस तरह से अपने काम को अंजाम देना है कि पूरी दुनिया में उसका डंका बज जाए। ऐसी रुकावटों से ही व्यक्ति आगे बढ़ता है और सफलताएँ आ जाती हैं। किसी और का काम थोड़े ही है जो इस धक्के को सँभाल पाए। अपना काम करते जाओ। किसी की बात का जवाब देने से क्या लाभ? सत्य की ही विजय होती है, मिथ्या की नहीं और हाँ, एक दिन या एक साल में सिद्धि की आशा मत करो। उच्चतम आदर्श पर डटे रहो और ईर्ष्या और स्वार्थ से बचो।

सत्य, मानव जाति और देश के पक्ष में सदा अटल रहो, तभी तुम संसार को हिला सकोगे। याद रखो कि शक्ति का स्रोत केवल इन्सान और उसकी जिन्दगी है, इसके सिवा कुछ नहीं। मैं चाहता हूँ कि हमारी आने वाली पीढ़ी मुझसे भी सौ गुना ज्यादा उन्नत बने। प्रत्येक युवा को महान शक्तिशाली बनना होगा। ध्येय के प्रति अनुराग और ध्येय को कार्यरूप में बदलने की क्षमता, हमें इससे कोई भी विचलित नहीं कर सकता।''

भाषा को ढाल और तलवार बनाओ

कबीर दासजी की इस बात को विवेकानन्द बहुत याद करते थे कि लोगों की परवाह नहीं करें–हाथी चले बाजार, कुत्ते भौंके हजार। यानी साधु को दुर्भाव नहीं जो निन्दे संसार। ऐसे ही सोचना और दुनिया के लोगों की बातों को ध्यान नहीं देना। उनकी भली–बुरी बातें सुनने से जीवन में कोई बड़ा कार्य नहीं कर सकता। भाषा की महत्ता स्वामीजी बहुत पहले ही समझ चुके थे, इसलिए वे कहते थे कि संस्कृत और अंग्रेजी मन लगाकर पढ़ो। शत्रु को पराजित करने के लिए जैसे ढाल और तलवार की जरूरत पड़ती है, वैसे ही अंग्रेजी और संस्कृत हमारे लिए ढाल और तलवार का काम करेंगे। कोई भी कार्य संयम, धर्म और अदम्य इच्छाशक्ति से ही सम्भव है। भगवान तब साथ हैं अगर आप में धैर्य, संयम और अदम्य इच्छाशक्ति है।

स्वामी विवेकानन्द ने अपने शिष्यों से हमेशा कहा कि जब तक जीना, तब तक सीखना। अनुभव ही सर्वश्रेष्ठ शिक्षक है। उन्होंने कहा कि जिस तरह आप अपना कार्य करते हैं, अगर उसमें निरन्तर कुछ न कुछ सुधार होता जा रहा हो तो इसमें कोई दो मत नहीं कि आप ही की जीत होगी। मैं आप में तीन गुण एक साथ देखना चाहता हूँ–पवित्रता, दृढ़ता और उद्यम।

याद रखो, ईश्वर केवल बहादुर और कर्मठ लोगों का ही साथ देता है। कभी पीछे मुड़कर मत देखो। लक्ष्य के प्रति दृढ़ता के बारे में स्वामी विवेकानन्द ने कहा : "अपने जीवन में मैंने जो एक श्रेष्ठतम पाठ पढ़ा, वह यह है कि किसी भी कार्य के साधनों के विषय में उतना ही सावधान रहना चाहिए जितना कि उसके लक्ष्य के विषय में। इस एक तत्त्व से मैं सर्वदा बड़े–बड़े पाठ सीखता आया हूँ, और मेरा यह मत है कि सब प्रकार की सफलताओं की कुंजी इसी तत्त्व में है—साधनों की ओर भी उतना ही ध्यान देना आवश्यक है, जितना कि साध्य की ओर।"

आगे बढ़ने के लिए चाहिए अपार शक्ति, अपरिमित उत्साह, अमिट साहस और बहुत–सा धीरज। हमें पूरे विश्व को अपने ज्ञान से उद्दीप्त करना है यानी

साहसी होकर काम करो, धीरज और स्थिरता से काम करो, आगे बढ़कर काम करो और अपने लक्ष्य और पवित्र भाव से अपने उद्देश्य को पाने के लिए डटे रहो। तब तक डटे रहो जब तक कि तुम सफल नहीं हो जाओ। जब तक आपका भक्ति और सत्य में विश्वास रहेगा, तब तक कोई भी तुम्हें नुकसान नहीं पहुँचा सकता।

स्वामीजी ने निःस्वार्थ होकर सभी की सेवा करने की बात कही : ''स्वभाव से नेक बनो और दूसरों पर शासन करने की कभी भी मत सोचो। कभी किसी से ईर्ष्या मत करो। यदि आप अपने भीतर से ही सहायता लेते हो तो आपको किसी और से सहायता की अपेक्षा नहीं करनी होगी। सफल होना है तो सबसे पहले अपने अहं का नाश करो। यदि आपके समीप ही कोई साथी किसी की निन्दा करना चाहे तो उसकी बातों पर बिलकुल भी ध्यान नहीं दें, क्योंकि इन बातों को सुनना भी पाप है, उससे भविष्य में विवाद का सूत्रपात होगा।''

स्वामी विवेकानन्द बहुत योजनाबद्ध तरीके से कार्य करने के पक्षधर थे। वे इस बात के भी समर्थक थे कि किसी भी दूसरे व्यक्ति को उसके लक्ष्य-प्राप्ति के मार्ग में हतोत्साहित नहीं करना चाहिए। आलोचना की प्रवृत्ति पूरी तरह से त्याग देनी चाहिए। यदि आपका कोई साथी गलती करे तो बहुत ही विनम्रता से उसकी गलती की तरफ उसको सजग करना जरूरी है। स्वामीजी मानते थे कि एक-दूसरे की आलोचना ही सभी दोषों की जड़ है, इसलिए अगर आपका कोई साथी गलती करता है तो उसे गलती का परित्याग करने के लिए प्रेरित करना जरूरी है लेकिन यह काम बहुत ही सावधानी से और गरिमामय ढंग से हो। इसलिए सिंह की शुभता और पुष्प की कोमलता के साथ काम करते रहो। दूसरों पर निर्भर रहना बुद्धिमानी नहीं है। बुद्धिमान व्यक्ति को अपने ही पैरों पर दृढ़तापूर्वक खड़े रहकर कार्य करना चाहिए तभी सब कुछ ठीक हो सकता है।

हममे से अधिकांश लोगों को नाम और यश की चाह है। हम दूसरों पर शासन करने की इच्छा भी रखते हैं। उन्होंने कहा कि प्रत्येक व्यक्ति हुकूमत जताना चाहता है पर आज्ञा पालन करने के लिए कोई भी तैयार नहीं है और यह सब इसलिए कि प्राचीनकाल के उस अद्भुत ब्रह्मचर्य आश्रम का अब पालन नहीं किया जाता। पहले आदेश पालन करना सीखो, आदेश देना फिर स्वयं आ जाएगा। पहले सर्वदा दास होना सीखो, तभी तुम प्रभु हो सकोगे। यदि हम इन बंधनों से मुक्त हों और काम, क्रोध और लोभ का त्याग कर दें तो सत्य हमारे साथ होगा। हमें कभी भी आपस में लड़े बिना सत्यनिष्ठा, पवित्र और निर्भय भाव से कार्य करना चाहिए, ईर्ष्या ही मानव जाति की सबसे बड़ी बीमारी है।

स्वामी विवेकानन्द ने कहा था कि मेरा अनुसरण कितने लोग करते हैं, यह मेरे लिए महत्त्वपूर्ण नहीं है। भले ही एक ही आदमी हो, जो मेरा अनुसरण करे लेकिन मैं चाहूँगा कि वह अपनी मौत तक सत्य और निष्ठावान रहे। सफलता और असफलता की चिन्ता करना हमारा काम नहीं है। हमारा काम है अपने आन्दोलन को पवित्र भाव से आगे बढ़ाना। साधु होते हुए भी स्वामी विवेकानन्द में दुनियादारी के यथार्थ का ज्ञान था। दुनियादारी का नियम है कि आप किसी पर कितना भी बड़ा उपकार करो, वह आपकी ओर ध्यान नहीं देगा लेकिन यदि आपने उस पर उपकार करने का कार्य बन्द कर दिया तो वह व्यक्ति आपको बदमाश और दुष्ट बताने में भी नहीं हिचकिचाएगा।

वे कहते थे : ''संसार में आप जिसकी सबसे अधिक सहायता करते हैं और जिससे सर्वाधिक प्रेम रखते हैं, वही लोग आपको धोखा देते हैं। ऐसे कपटी लोगों के कार्यों से सामना पड़ने पर मैं अपना धैर्य खोने लगता हूँ, लेकिन मुझे धैर्य नहीं खोना चाहिए और आप लोगों को भी बिलकुल नहीं। मुझे मुक्ति या भक्ति की चाह नहीं। लाखों नरकों में जाना मुझे स्वीकार है लेकिन मैं चाहता हूँ कि मैं बसंत की तरह लोगों के हित में कार्य करते हुए इस दुनिया से विदा लूँ क्योंकि यही मेरा धर्म है।''

बाधाओं को ठोकर मारो

स्वामी विवेकानन्द दुनिया को अलग नजरिए से देखते थे। चीन और जापान के बारे में उनकी धारणा स्पष्ट थी। उनका कहना था : "हमारे देश के नौजवानों को बड़ी संख्या में इन देशों में जाना चाहिए। जापान के लोगों के मन में भारत के प्रति अच्छी धारणा है। हम जापान के लोगों को और उनकी कार्यप्रणाली को देखें तो कई बार लज्जा से मुँह छुपाने की इच्छा होती है। यदि हम देश के बाहर जाते हैं, तो जाते ही एक परिवर्तन यह आता है कि हमारे दिमाग से जाति की भावना बाहर चली जाती है क्योंकि दुनिया के और देशों में जाति की भावनाएँ नहीं हैं। सैकड़ों साल से हम अपने दिमाग में जाति, छुआछूत और अनेक सामाजिक अत्याचारों का कूड़ा-करकट भरकर बैठे हैं। हम भारतीय 30-30 रुपए की नौकरी के लिए मुंशीगीरी या वकील बनने के लिए तड़प रहे हैं। क्या हमें इसके लिए लज्जित नहीं होना चाहिए? यदि हमारी महत्त्वाकांक्षा यही है कि हम 30 रुपए की मुंशीगीरी करें तो इससे तो बेहतर है कि हम अपने विश्वविद्यालय की डिग्री, गाउन और पुस्तकों समेत समुद्र में डूब मरें।"

सबसे पहले मनुष्य बनो और उन पाखण्डी पुरोहितों को, जो हमारी उम्मीदों के मार्ग में बाधा बने हुए हैं, ठोकर मारकर बाहर निकाल दो क्योंकि वे सुधरने के लिए तैयार नहीं हैं। उनका हृदय हमारे हृदय जितना विशाल नहीं हुआ कि वे परिवर्तन को सह सकें। ऐसे पाखण्डी पुरोहितों का तो जन्म ही सैकड़ों साल के अंधविश्वास और अत्याचार से हुआ है। पहले उनके पाखण्ड को जड़-मूल से उखाड़ फेंको। कूपमण्डुकता छोड़ो और दुनिया के बाहर दृष्टि डालो।

अपने आपसे पूछो कि क्या हमें सचमुच मानव से प्रेम है? यदि है तो वास्तव में हम लोग उन्नति के मार्ग के लिए प्रयत्नशील हैं। पीछे मुड़कर नहीं देखो। यदि हमारे निकट और प्रिय सम्बन्धी रोते हैं तो उन्हें रोने दो, पीछे देखो ही मत, केवल आगे बढ़ते चलो। भारत माता कम-से-कम एक हजार युवकों का बलिदान चाहती है। ऐसे युवकों का जिनके पास मस्तिष्क है। वे युवक

पशुवत् नहीं, विचारवान हों। हो सकता है, परमात्मा ने इसी निश्चेत सफलता को तोड़ने के लिए अंग्रेजों को भारत भेजा हो!

युग प्रवर्तक पतंजलि का उदाहरण देते हुए स्वामी विवेकानन्द ने कहा था कि जब मनुष्य सभी अलौकिक शक्तियों के लोभ का त्याग करता है, तभी उसे धर्म की समाधि प्राप्त होती है, तभी उसे अपनी आत्मा का दर्शन होता है और वह खुद परमात्मा बन जाता है। इसके बाद वह दूसरों को भी तद्रूप बनने में सहायता करता है। धर्म के नाम पर लाखों पुस्तकें हैं परन्तु उनके अंश का भी कोई आचरण नहीं करता।

स्वामीजी का नजरिया बहुत स्पष्ट था। वे कहते थे कि जो लोग धर्म की बातें ही करते हैं, उनसे मुझे कोई भय नहीं है और जो लोग सत्य के समान महात्मा हैं, वे मुझसे कभी भी बैर नहीं करते। जो लोग वाचाल हैं, उन्हें वाचाल ही रहने दो। वे इससे अधिक और कुछ नहीं जानते। ऐसे वाचाल लोगों को नाम, यश, स्त्री से संतोष पा लेने दो। हम अपने धर्म पर ब्रह्म लाभ के लिए दृढ़ रहेंगे। हम जन्म-जन्मान्तर और आमरण सत्य का ही आन्दोलन करेंगे। हम सिर्फ सत्य और सत्य के लिए कार्य करेंगे। यदि हमारा आजन्म प्रयत्नों के बाद केवल एक आत्मा ही संसार के बंधनों को तोड़कर मुक्त हो सके तो समझें, हमने अपना काम कर दिया।

समस्त स्वस्थ सामयिक परिवर्तन अपने भीतर काम करने वाली आध्यात्मिक शक्तियों के व्यक्त रूप होते हैं; और यदि ये बलशाली और सुव्यस्थित हों, तो समाज अपने आपको उसी तरह से ढाल लेता है। हर व्यक्ति को अपनी मुक्ति की साधना स्वयं करनी होती है; कोई दूसरा रास्ता नहीं है—और यही बात राष्ट्रों के लिए भी सही है। संस्थाओं के दोष दिखाना आसान होता है, चूंकि सभी संस्थाएँ थोड़ी बहुत अपूर्ण होती हैं, लेकिन मानव जाति का सच्चा कल्याण करने वाला तो वह है, जो व्यक्तियों को, वे चाहे जिन संस्थाओं में रहते हों, अपनी अपूर्णताओं से ऊपर उठने में सहायता देता है। व्यक्ति के उत्थान से देश और संस्थाओं का भी उत्थान अवश्य होता है। स्वामी विवेकानन्द ने कहा कि मैं इस सिद्धान्त से असहमत हूँ कि प्रकृति के नियमों का पालन ही मुक्ति है। मैं नहीं समझता कि इसका क्या अर्थ हो सकता है। मनुष्य की प्रगति के इतिहास के अनुसार, प्रकृति के उल्लंघन से ही उस प्रगति का निर्माण हुआ है।

सब कुछ तुम्हारे भीतर है

स्वामी विवेकानन्द अपने प्रवचनों में यह बात अक्सर कहा करते थे कि हमें अपना सारा फोकस अपने सामान्य व्यवसाय या घर-परिवार का त्याग किए बिना अपने व्यावसायिक जीवन को सुंदर ढंग से गठित करने पर केन्द्रित करना चाहिए अर्थात् हमारा सामान्य व्यवसाय या घर-परिवार का काम जरा भी प्रभावित नहीं हो और हम अपने व्यावसायिक जीवन को सुंदर बना सकें, इसकी कोशिश करनी चाहिए।

''यदि हम ज्ञान के साथ जीवन के व्यावसायिकता का तालमेल बैठा लें तो हम असली मनुष्य में परिणित हो सकते हैं। आपके जीवन का लक्ष्य कितना भी ऊँचा क्यों न हो, आपको अपने परिवार के किसी भी सदस्य के विचारों की उपेक्षा नहीं करनी चाहिए। अपने परिवारजनों की समझ को बहुत ही दोस्ताना और सकारात्मक ढंग से बेहतर बनाने की कोशिश करना चाहिए। याद रखो कि तुम गुरु नहीं हो, न ही यहाँ गुरु बनने आए हो बल्कि तुम भी एक विद्यार्थी हो, जैसे कि दूसरे विद्यार्थी हैं।''

स्वामी विवेकानन्द ने कहा था कि ''ज्ञान मनुष्य में अन्तर्निहित ही है, कोई भी ज्ञान बाहर से नहीं आता, सब अन्दर ही है। हम कहते हैं, न्यूटन ने गुरुत्वाकर्षण का अविष्कार किया, तो क्या वह आविष्कार कहीं एक कोने में बैठा हुआ न्यूटन की प्रतीक्षा कर रहा था? नहीं, वह उसके मन में ही था, जब समय आया तो उसने उसे ढूँढ़ निकाला। संसार ने जो कुछ ज्ञान-लाभ किया है वह मन से ही निकला है। विश्व का असीग पुस्तकालय तुम्हारे मन में ही विद्यमान है। बाह्य जगत तो तुम्हें अपने मन को अध्ययन में लगाने के लिए उद्‌दीपक तथा सहायक मात्र है, परन्तु प्रत्येक समय तुम्हारे अध्ययन का विषय तुम्हारा मन ही है।

हम तमाम पुस्तकों का अध्ययन और पठन-पाठन उनमें वर्णित नव अभिनव विचारों को आत्मसात् करने के उद्‌देश्य से कर रहे हैं इसलिए हमें हमेशा लोगों से उसी भाषा में बात करनी चाहिए जिसे वे आसानी से समझ सकते हों। कठिन-कठिन शब्दों का बहुत ज्यादा उपयोग करके न.युवकों के मन में कोई बोझिल

संदेश देने की जरूरत नहीं। अपने कार्य व कर्तव्यों के प्रति जागरूक करते हुए स्वामी विवेकानन्द ने कहा था कि जिन कष्टों को हम अभी झेल रहे हैं, वे हमारे ही किए हुए कर्मों के फल हैं।

यदि यह मान लिया जाए, तो यह भी प्रमाणित हो जाता है कि वे फिर हमारे द्वारा नष्ट भी किए जा सकते हैं। जो कुछ हमने स्पष्ट किया है, उसका हम ध्वंस भी कर सकते हैं; जो कुछ दूसरों ने किया है, उसका नाश हमसे कभी नहीं हो सकता। अतएव उठो, साहसी बनो, वीर्यवान होओ। सब उत्तरदायित्व अपने कन्धे पर लो–यह याद रखो कि तुम स्वयं अपने भाग्य के निर्माता हो। तुम जो कुछ बल या सहायता चाहो, सब तुम्हारे ही भीतर विद्यमान है।

सफलता के बारे में स्वामी विवेकानन्द ने कहा : "दुनिया के महान पुरुषों ने समय के कुशल प्रबन्धन के बल पर ऊँचाइयाँ अर्जित की हैं। संसार के सभी महापुरुष, साधु और सिद्ध पुरुषों ने क्या किया है ? उन्होंने एक जन्म में ही, समय को कम करके, उन सब अवस्थाओं का भोग कर लिया है, जिनमें से होते हुए साधारण मानव करोड़ों जन्मों में मुक्त होता है। एक जन्म में ही वे अपनी मुक्ति का मार्ग तय कर लेते हैं। वे दूसरी कोई चिन्ता नहीं करते, दूसरी बात के लिए एक निमिष मात्र भी समय नहीं देते। उनका पल भर भी व्यर्थ नहीं जाता। इस प्रकार उनकी मुक्ति का समय घट जाता है। एकाग्रता का यही अर्थ है कि शक्तिसंचय की क्षमता को बढ़ाकर समय को घटा लेना।"

"याद रखो, हम जो कुछ भी कहते हैं, उसका अर्थ समाज के लोग अपने-अपने तरीके से निकाल लेते हैं। ऐसे लोगों की संख्या बहुत ज्यादा है जो मूल बातों पर तो ध्यान नहीं देते लेकिन अर्थ का अनर्थ करने में उनकी दिलचस्पी बहुत ज्यादा होती है। सभी बातों को भूलकर हमें अपने शरीर, मन और हृदय को विकसित करना है, मनुष्य जीवन के उद्देश्य को अपनाने वाला नीतिपरायण और चरित्रवान मनुष्य बनाना है और ऐसा समाज बनाना है, जहाँ आमूलचूल परिवर्तन लाना सम्भव हो।"

हृदय सत्य के प्रतिबिम्ब का दर्पण

सत्य यही है कि हम सब एक 'वस्तु' से उत्पन्न हुए हैं। यह कहना मिथ्या होगा कि मैं पुरुष हूँ या स्त्री हूँ। मैं अमुक देश का निवासी हूँ। वास्तव में सभी देश मेरे हैं, सारा विश्व मेरा है। हम देखते हैं कि ऐसी बातें कहने पर कई लोग नाराज हो जाते हैं और उनका अशुभ वेग समाप्त नहीं हो पाता। वास्तव में जिन लोगों ने आत्मा को प्राप्त कर लिया है और सत्य से साक्षात्कार कर लिया है, उनके लिए जीवन के शुभ संस्कार यही है कि वे हमेशा सत्कर्म करते रहते हैं। उनके हाथ केवल सत्य कार्यों के लिए चलते हैं, मन केवल सत्य चिन्तन में लगा रहता है और उनके मन में सभी के प्रति आशीर्वाद और शुभकामनाएँ होती हैं।

आप देखते हैं कि समाज में ऐसा वर्ग भी है जो किसी भी बात पर प्रतिहिंसात्मक रूप से गाली-गलौच करने लगता है। ये लोग भीड़ में बदल जाते हैं और मतांध और कट्टरता से शोर मचाने लगते हैं। ऐसे लोगों को आसानी से अनुयायी भी मिल जाते हैं। हमें ऐसे लोगों के सुधार के लिए कार्य करना चाहिए, जड़ तक जाकर देखना चाहिए कि उन लोगों में क्या कमी है। यह सत्य है कि ऐसे लोगों को अनुयायी मिल जाते हैं क्योंकि तोड़ना बहुत आसान है लेकिन किसी वस्तु को गढ़ना बहुत कठिन। ऐसी प्रतिहिंसात्मक गतिविधियों को रोकने का एक ही तरीका है कि हम चरित्र-निर्माण की शिक्षा उन्हें दे पाएँ। यदि वे लोग मन से शुद्ध हुए और पवित्र आचरण करने लगें तो यही हमारी सफलता होगी। हमारा हृदय हमें वहाँ ले जा सकता है, जहा बुद्धि कभी नहीं पहुँच सकती।

"केवल बुद्धिमान लेकिन हृदयशून्य मनुष्य कभी भी अन्तःस्फूर्त नहीं हो सकता। यदि योग्य संस्कार दिए जाएँ तो हृदय परिवर्तन सम्भव है। अन्ततः हम सभी को बुद्धि से परे जाकर हृदय से काम करना ही पड़ेगा क्योंकि यदि हृदय का अंतिम ध्येय सत्य है और निर्मल हृदय ही सत्य के प्रतिबिम्ब के लिए सर्वोत्तम दर्पण है। दुख की समस्या बुद्धि से हल नहीं हो सकती, वह केवल हृदय से हल हो सकती है इसलिए हृदय का ही संस्कार करो, उसे अधिकतम पवित्र बनाओ क्योंकि हृदय के माध्यम से ईश्वर बोलता है और बुद्धि के माध्यम से तुम स्वयं बोलते हो।"

विश्व बन्धुत्व और साम्य के बारे में स्वामीजी का कहना था कि जो लोग विश्व बन्धुत्व की खोज में सारी पृथ्वी पर घूमते फिरते हैं, उनमें वे लोग जो वास्तव में विश्व बन्धुत्व का अनुभव करते हैं, वे कभी भी लम्बी-चौड़ी बातें नहीं करते। वे अपने-अपने सम्प्रदाय भी नहीं गढ़ते। उनके क्रियाकलाप, गतिविधि और सारे जीवन के ऊपर ध्यान देने से यह साफ नजर आता है कि उनके मन में ही मानव जाति के लिए बन्धुता का भाव है। वे सबसे प्रेम और सहानुभूति रखते हैं। वे वास्तव में आदर्श के अनुसार जीवन व्यतीत करते हैं। हमें बातें कम बनानी हैं और यथार्थ में काम अधिक करने हैं। मनुष्यों के साम्य के सिद्धान्त को स्वामीजी ने बड़ी बेबाकी से नकार दिया।

हम सभी लोग मनुष्य तो अवश्य हैं किन्तु हम सभी समान हैं? निश्चय ही नहीं। जो लोग ये कहते हैं कि हम सब समान हैं, वे केवल पागल हैं। क्या हम बल, बुद्धि और शरीर से समान हैं? पुरुष होने से तुम स्त्री से भिन्न हो किन्तु मनुष्य होने के नाते स्त्री और पुरुष एक ही हैं। बहुत्व में एकत्व का होना सृष्टि का विधान है। हमें आकारयुक्त बनाया है तो किसने? इसलिए दुख, मृत्यु और इस संसार में मनुष्य के मिलने वाले अनेक जोरदार झटकों से केवल वही मनुष्य पार पा सकता है, जिसने सत्य जान लिया हो। सत्य क्या है? सत्य वह है जिसमें कोई विकार उत्पन्न नहीं होता।

मनुष्य की आत्मा, विश्व की आत्मा ही सत्य है जो अनेकता में एकत्व है और शाश्वत शांति की अधिकारी है। हमारे पास जो कुछ भी है या जो भी तुम आवश्यक समझते हो, वह सब अपने पास रखो। यहाँ तक कि वे अतिरिक्त वस्तुएँ भी अपने पास रखो जिससे तुम्हें कोई हानि नहीं हो परन्तु याद रखो, तुम्हारा पहला और प्रमुख कर्तव्य है—सत्य को जान लेना और उससे सरोकार कर लेना।

"यदि तुममें वह आत्मनियन्त्रण है तो इन्द्रियों को नियन्त्रित करने में समर्थ बनकर इसे सिद्ध करके दिखा दो। सत्य है कि तुम चेतन हो, तुम पार्थिव नहीं हो। एक वस्तु है भ्रम, इसमें एक दूसरी वस्तु दूसरी जान डाल देती है। पदार्थ को चेतन तत्त्व या शरीर को आत्मा समझ लिया जाता है। यह बहुत बड़ा भ्रम है, यह भ्रम नहीं होना चाहिए। जिन्हें हम पंचभूत कहते हैं-पृथ्वी, जल अग्नि, वायु और आकाश—इससे परे सत्ता की अवस्था मानसिक है और उसके परे है आध्यात्मिकता। ऐसा नहीं है कि आत्मा एक हो, मन दूसरा हो, आकाश उससे भिन्न हो, आदि। सत्ता एक ही है जो इन सब विविधताओं में भी दिखाई देती है। ध्यान के अभ्यास से कोई भी व्यक्ति परम सत्य आत्मा में झाँक सकता है।"

दुश्मन है साम्प्रदायिकता

स्वामी विवेकानन्दजी कहते थे कि मैं किसी भी धर्म का विरोधी नहीं हूँ। मैं व्यक्ति को पुनर्जीवित करने की ओर विशेष ध्यान देता हूँ, उसे तेजस्वी बनाने की कोशिश करता हूँ। मैं यह शिक्षा देता हूँ कि प्रत्येक व्यक्ति खुद साक्षात् ब्रह्म है और सबको उनके उसी आंतरिक ब्रह्म भाव से सम्बन्ध रखने का आह्वान करता हूँ। संसार के सभी धर्म एक हैं। यही केन्द्रीय सत्य है और दूसरा प्रमुख सत्य यह है कि हम सब के भीतर ईश्वर का वास है। प्रत्येक व्यक्ति चाहे वह कितना भी पतित हो, ईश्वर की ही एक अभिव्यक्ति है। ईश्वर का दिव्यत्व आने पर व्यक्ति एक आवरण में आ जाता है। दुनिया का कोई भी धर्म सदाचरण की ही शिक्षा देता है।

स्वामी विवेकानन्द का स्पष्ट मत था कि "धर्म का रहस्य आचरण से जाना जा सकता है, कर्म के मतवादों से नहीं। भला बनना तथा भलाई करना इसमें ही समग्र धर्म निहित है।

एक बार मौन रहने वाले एक साधक पर एक अन्य धर्म के व्यक्ति ने छुरा मार दिया, लोग हत्यारे को खींचकर ले आए और स्वामीजी से पूछा कि क्या हम इसे ठिकाने लगा दें? स्वामीजी ने उन लोगों को कहा कि मेरे बच्चो, तुम भूल रहे हो कि यह मनुष्य स्वयं साक्षात् ईश्वर है। हम सब के पीछे वही एक ईश्वर है। मैं चाहता हूँ कि सभी व्यक्ति ऐसी स्थिति को प्राप्त करें कि जघन्य से जघन्य पुरुष भी उनकी बाहरी दुर्बलताओं की ओर नहीं देखे बल्कि उनके हृदय के भगवान को देख सके और यह कह सके कि हे ईश्वर, मुझे जाग्रत् करो।

स्वामी विवेकानन्द भविष्य के प्रति बहुत आशावान थे और हमेशा यह मानते थे कि एक समय ऐसा भी आएगा, जब हममें से प्रत्येक व्यक्ति जब भी कभी अतीत में देखेगा तो अपने पुराने कुसंस्कारों पर जो और शुद्ध नित्य आत्मा को ढँके हुए थे, वे प्रेम से भरकर सत्य में स्थित मन को कहेंगे कि मैं सदैव सत्य रहूँगा क्योंकि सत्य सनातन है और सत्य ही यह शिक्षा है कि सत्य किसी व्यक्ति विशेष की सम्पत्ति नहीं है।

स्वामीजी कहते थे कि हम सब भौतिकवाद के शिकार हो रहे हैं और इन्द्रिय सुख की सस्ती वस्तु ने हमें अपना शिकार बना लिया है। भले ही उससे हमारा सर्वनाश क्यों न हो रहा हो। हमने यह भुला दिया कि जीवन में इन्द्रिय सुख से बढ़कर भी बहुत-सी वस्तुएँ हैं, जिनकी ओर हमें ध्यान देना चाहिए।

एक किस्सा है—ईश्वर ने एक बार धरती पर बराह अवतार लिया। उनकी एक शुकरी भी थी। कालान्तर में उनसे कई शुकर संतानें हुईं। अपने परिवार वालों के बीच वे बड़े चैन से रह रहे थे। कीचड़ में लोटते हुए बहुत मस्त थे। वे अपनी दिव्य महानता और प्रभुता तक भूल गए।

उनके इस व्यवहार से देवतागण चिन्तित हुए और वे धरती पर उतर आए। उन देवताओं ने ईश्वर से अनुरोध किया कि वे अपने शुकर शरीर को त्याग दें और देवलोक की तरफ लौट चलें। शुकर बने हुए ईश्वर ने उनकी एक न सुनी और उन सब को दुत्कार कर जाने के लिए कहने लगे। ईश्वर ने कहा, मैं तो इसी योनि में बहुत प्रसन्न हूँ और इस रंग में भंग नहीं देखना चाहता। कोई चारा न देखकर देवताओं ने ईश्वर के शुकर शरीर को नष्ट कर दिया।

नश्वर शरीर के नष्ट होते ही ईश्वर की दिव्य भव्यता लौट आई और वे बहुत विस्मित हो गए कि शुकर जन्म में भी वे इतने प्रसन्न कैसे रहे। मानवीय आचरण भी कुछ इसी प्रकार का है। जब कभी भी हम निर्गुण ईश्वर की बातें सुनते हैं तो पहली प्रतिक्रिया यह होती है कि इस व्यक्तित्व का क्या होगा? क्या मेरा व्यक्तित्व ही मुक्त हो जाएगा? ऐसे विचार करने मात्र से व्यक्ति की दशा उस शुकर जैसी हो जाती है और मनुष्य यह जान लेता है कि मैं वही हूँ। वह ईश्वर में विश्वास करने लगता है। उसके पास अगर धन-सम्पदा नहीं है, तब भी वह प्रसन्न रहता है। प्रभु की शरण में गया दास सत्य की खोज करने के लिए जाता है और दासता से मुक्त होकर स्वतंत्र होकर लौटता है।

स्वामी विवेकानन्द कहते थे कि प्राणिमात्र के अंदर ईश्वर का वास है, ईश्वर हर जीव के अंदर है। वेदांत कहता है कि ईश्वर के सिवाय दूसरा कोई भी नहीं है, जीवित ईश्वर तुम्हारे भीतर रहते हैं। तब भी तुम मन्दिर, गिरिजाघर आदि बनाते हो और सब प्रकार की काल्पनिक झूठी चीजों में विश्वास करते हो। मनुष्य देह में मानवात्मा ही एक मात्र उपास्य ईश्वर है। हाँ, पशु आदि भी भगवान के मन्दिर हैं, किन्तु मनुष्य सर्वश्रेष्ठ मन्दिर है—ताजमहल जैसा, यदि मैं उनकी उपासना नहीं कर सका तो किसी भी मन्दिर से कुछ भी उपकार नहीं होगा।

प्रलोभनों से दूर रहें

स्वामी विवेकानन्द ने हमेशा वीरता को अपनाने और वीर बनने की बातें कहीं। वे कहते थे कि हमें वीर बनना चाहिए और किसी भी कारण से चाहे कितना भी बड़ा लालच ही क्यों न हो, छोटी से छोटी बात पर भी समझौता नहीं करना चाहिए। अपने को इन्द्रियों का गुलाम मत समझो। मुक्त होकर यह घोषणा करो कि मैं प्रभु का अंश हूँ। यदि तुम लालच या प्रलोभनों को ठुकराकर सत्य के सेवक बनोगे तो तुममें भी दैवीय शक्ति आ जाएगी। इसके बाद लोग तुमसे उन बातों को कहने में डरेंगे, जिन्हें तुम सत्य नहीं समझते।

स्वामी विवेकानन्द सत्य के अर्थ को हमेशा वैज्ञानिक उदाहरण देकर समझाते थे। उन्होंने कहा कि जिस तरह सत्य शाश्वत है, वह तीनों कालों में एक जैसा ही रहेगा यानी जो था, वही है और वही रहेगा। जैसे सोने की डली अगर आभूषण नहीं बने तो भी उसका सत्ता भाव निरपेक्ष होता है। सत्य उसी सोने के समान है जो किसी भी रूप में रहे, उसका महत्त्व कभी भी कम नहीं हो सकता। आदि शंकराचार्य ने जिस अद्वैतवाद की परिभाषा की है, उसके अनुसार सम्पूर्ण जगत में जो कुछ भी इन्द्रियों के द्वारा गृहीत है, अर्थात् जो कुछ भी दिखाई, सुनाई, सुंघाई या स्पर्श आदि में आता है, वह सभी ब्रह्म है। जिस प्रकार मिट्टी से निर्मित पात्रों को अलग-अलग नाम और रूप देने के बाद भी मूल तत्त्व मिट्टी ही होती है, चाहे वह दीपक हो, चाहे घड़ा।

इसी प्रकार जड़ और चेतन तत्त्व विभिन्न नाम रूप से ज्ञात होते हैं, वे भी मूल रूप से ब्रह्म हैं। आइंस्टीन के नियम के अनुसार इस पूरे ब्रह्माण्ड में जो कुछ भी है, वह द्रव्य या ऊर्जा से निर्मित हैं और सभी ठोस पदार्थ अन्ततः ऊर्जा में ही परिवर्तित हो जाते हैं। इसलिए पूरे ब्रह्माण्ड में ऊर्जा के अतिरिक्त और कुछ भी नहीं है। आध्यात्मिक विज्ञान में यही ऊर्जा ब्रह्म है। हम ब्राह्मण शब्द का प्रयोग भी इसलिए करते हैं कि यह सर्वत्र व्याप्त है, ब्रह्म से परिपूर्ण हैं और अण्डाकार है। स्वामीजी कहा करते थे कि खगोल विज्ञानियों के अनुसार ब्राह्मण की उत्पत्ति ऊर्जा और धूल के कणों में महाविस्फोट से हुई। बाद में इसी से आकाशगंगाएँ,

नक्षत्र, तारे और ग्रह, उपग्रह बने। पूरे सौरमण्डल का अस्तित्व ही सूर्य के खण्डन से आया है।

आध्यात्मिक विज्ञानी इस सृष्टि की उत्पत्ति नाद से मानते हैं कि इस सृष्टि का निर्माण विस्फोट से हुआ यानी सभी ग्रहों पर या पृथ्वी पर जो कुछ भी जड़ चेतन तत्त्व है, वह सब सूर्य या ब्रह्माण्ड के मूल तत्त्वों से ही बने हैं। नाम और रूप में विविधता होने के कारण उसे भले ही हम कुछ और समझें, उसका मूल तत्त्व यही है कि वह ब्रह्म है।

दर्शनशास्त्र में कहा गया है कि जब हम मृत्यु का वरण कर लेते हैं, तब चेतन तत्त्व शरीर से प्रस्थान कर जाता है और जो तत्त्व जड़ है, वह प्रकृति में विलीन हो जाता है। इसे कहा गया है—एको ब्रह्म द्वितीय नास्ति। अध्यात्म के जानकारों ने इस ब्रह्माण्ड की ऊर्जा के तीन तत्त्व बताए हैं। ये तीन तत्त्व हैं—सत्य, जो सत का प्रतीक हैं। दूसरा तत्त्व है—चेतन, जो चित्त का प्रतीक है और तीसरा तत्त्व है—आनन्द, जो ब्रह्मा का स्वरूप है। संत-महात्माओं ने इसीलिए इस पूरे जगत को नाशवान कहा है। हमारा शरीर नश्वर है यानी नष्ट हो जाता है। शरीर के सम्बन्धी भी नाशवान हैं और सम्बन्धित पदार्थ भी नाशवान है। हम जो कुछ भी देखते, सुनते, महसूस करते हैं, वह सब मिथ्या है, यानी नाशवान है। इसीलिए बोलचाल की भाषा में श्मशान घाट जाते वक्त 'राम नाम सत्य है' कहा जाता है; अर्थात् केवल राम का नाम ही सत्य है, बाकी सभी कुछ मिथ्या है। अब यह राम का नाम क्या है? नाम दो तरह से वर्णित किया जा सकता है। एक तो है वह नाम जो वाणी द्वारा बोला जा सके, लिखने-पढ़ने में आए। इसे हम कह सकते हैं वर्णनात्मक नाम—जैसे राम, कृष्ण, गोविन्द, गोपाल आदि।

जब कोई वर्णमाला नहीं थी, कागज, स्याही मनुष्य नहीं था, चौरासी लाख योनियाँ थीं, कोई अवतार नहीं था, ब्रह्मा, विष्णु, महेश नहीं थे, कोई पैगम्बर नहीं थे, तीर्थंकर नहीं थे, स्वर्ग-नर्क नहीं थे, तीन लोक चौदह भुवन नहीं थे, तब परमात्मा का क्या स्वरूप था? रचना की उत्पत्ति कैसे हुई? यह सब हाल देखने और समझने के लिए सत्य की आवश्यकता है। अभी तक हम वर्णनात्मक नाम के बारे में बात कर रहे हैं, जो नाम का पहला प्रकार है। नाम का दूसरा प्रकार है ध्वन्यात्मक नाम, जो परम प्रकाश के रूप में है, जिसे हम लिख नहीं सकते, बोल नहीं सकते। वह नाम जो हमारे शरीर के घट में विराजमान है। यही नाम संत-महात्माओं के अनुसार ध्वन्यात्मक नाम है। इसलिए इसकी महिमा गाई गई है। कई लोगों ने इस नाम को वर्णनात्मक नाम तक ही सीमित रखा और भगवान राम का रूप इसके आगे भी बहुत है।

यह नाम भाषारहित है। यह नाम इन्द्रियों से परे है और सारे नाम का सार भी यही है। यह नाम देह से हटकर विदेह है। संतों ने इसी नाम की महिमा गाई है। जिन लोगों को अपने गुरु नहीं मिले, वे वर्णनात्मक नाम तक ही सीमित रह गए, ध्वन्यात्मक नाम तक नहीं पहुँच पाए। यदि आप वास्तव में सत्य को जानना चाहते हों तो आपस में प्रेम और सद्भाव रखो। सत्य का मार्ग यहीं से होकर गुजरता है। सभी मनुष्यों के अन्तर्मन का मार्ग भी यही है।

स्वामी विवेकानन्द के अग्निमंत्र

स्वामी विवेकानन्द ने सत्य की खोज में जो बातें कही हैं, वे हर व्यक्ति के जीवन में अब भी महत्त्व रखती हैं। हालात से डरकर भागना स्वामीजी ने कभी नहीं सीखा। वे हमेशा ही हालात का मुकाबला करने की प्रेरणा देते थे। विषम से विषम और दुरूह से दुरूह परिस्थिति में भी व्यक्ति को अपना सम्मान नहीं खोना चाहिए। उनका मानना था कि हर व्यक्ति जो ब्रह्म का प्रतीक है, अदभुत, अलौकिक शक्तियों का स्वामी है। अगर कोई व्यक्ति ठान ले तो कितने भी खराब हालात क्यों न हों, उन पर नियन्त्रण रख सकता है और हालात को अपने पक्ष में ढाल सकता है। अलग-अलग मौके पर स्वामी विवेकानन्द ने अपने शिष्यों को भी ऐसे मंत्र दिये जो उन्हें पराजय के भय से दूर होकर आगे बढ़ने की सत्त प्रेरणा देते रहे।

अग्निमंत्र-1

"हे सखे। तुम क्यों रो रहे हो ? विश्व की हर एक शक्ति तो तुम्हीं में है। भगवन्, आप खुद अपने स्वयं को विकसित तो करो। देखो, तीनों लोक तुम्हारे पैरों के नीचे हैं। तुम्हारे पास आत्मा की प्रबल शक्ति है, इसलिए डरो मत। तुम्हारा नाश नहीं हो सकता। तुम्हें कोई भी नष्ट नहीं कर सकता, इसलिए बिलकुल भी डरो मत। इस संसार से, इस भवसागर से पार उतरने का एक ही उपाय है और वह उपाय यही है कि जिस पर तुम चल रहे हो, उसी पथ पर चलकर संसार के सभी लोग भवसागर को पार करते हैं। यही श्रेष्ठतम पथ है। यही श्रेष्ठ पथ मैं तुम्हें दिखाता हूँ।"

अग्निमंत्र-2

"यदि तुम लोग कमर कसकर अपने लक्ष्य को पाने के लिए जुट जाओ तो छोटे-मोटे की तो बात ही क्या, बड़े से बड़े दिग्गज बह जाएँगे। तुम केवल एक हुंकार मात्र से इस दुनिया को पलटने का सामर्थ्य रखते हो। आप जो भी कर रहे हो,

यह तो उसका केवल प्रारब्ध है इसलिए किसी के साथ विवाद नहीं करो। हिल-मिलकर रहना सर्वोत्तम है। यह दुनिया भयावह है और किसी पर भी विश्वास नहीं है, ऐसा सोचना उचित नहीं। डरने का भी कोई कारण नहीं है। आप जिस दिशा में जा रहे हो, इस दृढ़ संकल्प के साथ जाओ कि माँ काली मेरे साथ है। इस संकल्प मात्र से ऐसे कार्य होंगे कि तुम खुद चकित हो जाओगे। फिर भय किस बात का? किसका भय? वज्र जैसा हृदय बनाओ और अपने कार्य में जुट जाओ।''

अग्निमंत्र-3

अपने लक्ष्य की ओर हमेशा बढ़ते चलो। तुमने बहादुरी का काम किया है। शाबाश! आगे बढ़ते ही चलो। हिचकने वाले पीछे रह जाएँगे और अगर तुम बिना हिचके आगे बढ़े तो एक ही छलाँग में सब के आगे पहुँच जाओगे। जो केवल अपने हित में लगे हुए हैं, वे न तो अपना हित कर पाएँगे और न ही दूसरे का। इसलिए ऐसा शोरगुल मचाओ कि आपकी आवाज दुनिया के कोने-कोने में फैल जाए। कुछ लोग ऐसे हैं, जिन्हें अपना काम करने के लिए तो समय का अभाव रहता है लेकिन दूसरों की त्रुटियाँ खोजने में इनके पास समय की कोई कमी नहीं होती। ऐसे लोगों की परवाह किए बिना अपने लक्ष्य को पाने में जुट जाओ। अपनी शक्ति के अनुसार आगे बढ़ो। 'नहीं है, नहीं है' कहने से तो सांप का विष भी नहीं रहता। नहीं, नहीं कहने से तो नहीं हो जाना पड़ेगा, इसलिए मैं कहता हूँ कि आगे बढ़ो और तूफान मचा दो।

अग्निमंत्र-4

यदि तुम अपनी अंतिम साँस भी ले रहे हो तो भी किसी से न डरना। जब तक ईश्वर की कृपा हम पर है, इस धरती पर हमारी उपेक्षा कौन कर सकता है? इसलिए किसी भी बात से तुम उत्साहहीन नहीं होना। इसलिए लोग तुम्हारी स्तुति करें या निन्दा, जय-जयकार के नारे लगाए या हाहाकार के, तुम पर लक्ष्मी की कृपा बनी हो या नहीं बने, तुम्हारा देहान्त आज होने वाला हो या एक युग के बाद, कभी भी किसी भी अवस्था में अपने न्याय के पद से विचलित नहीं होना।

अग्निमंत्र-5

क्या इस तरह का दिन कभी आएगा कि परोपकार के लिए जान चली जाएगी? यह दुनिया कोई बच्चों का खिलवाड़ नहीं। बड़े आदमी वे हैं जो अपने हृदय से दूसरों का रास्ता तैयार करते हैं। यही हमेशा-हमेशा से होता आया है। अपना पूरा

जीवन समर्पित करके कोई व्यक्ति सेतु का निर्माण करता है और हजारों आदमी उस सेतु के ऊपर से नदी पार करते हैं।

अग्निमंत्र–6

प्रेम की ही विजय होती है। अधीर होने से काम नहीं चलेगा। ठहरो, धीरज रखो, विजय अवश्यम्भावी है। हो सकता है कि आपको सार्वजनिक हित की रक्षा के लिए अपना सब कुछ छोड़ना पड़े। बड़े से बड़े जहाज भी छोटी-छोटी त्रुटियाँ करने पर डूब जाते हैं, इसलिए सावधान रहना। कभी भी दूसरों के अत्यन्त छोटे अधिकारों में भी हस्तक्षेप नहीं करना। दूसरों के धर्म से कभी भी द्वेष नहीं करना। हम सब लोग सब धर्मों को सत्य समझते हैं और उन धर्मों का सत्य भी समझते हैं इसलिए पूरी शक्ति से और धीरज से अपने लक्ष्य की ओर बढ़े चलो।

अग्निमंत्र–7

तुम्हारे लिए नीतिपरायणता और साहस को छोड़कर और कोई धर्म नहीं है। कोई भी धार्मिक मत-मतांतर तुम्हारे लिए नहीं है। पूर्ण नीतिपरायण और साहसी बनो। प्राणों के लिए भी कभी न डरो। कायर लोग ही पापाचरण करते हैं, वीर पुरुष कभी भी पापानुष्ठान नहीं करते। वीर पुरुष तो कभी अपने मन में भी पाप का विचार नहीं लाते, इसलिए प्राणिमात्र से प्रेम करने का प्रयास करो। तुममें कभी भी कायरता, पाप, असदाचरण और कमजोरी नहीं आनी चाहिए। कभी पीछे मुड़कर मत देखो। भाग्य बहादुर लोगों का ही साथ देता है। हमेशा अपार शक्ति, अपरिमित उत्साह, अमिट साहस और असीम धैर्य से आगे बढ़ो। तुम सभी महत्त्वपूर्ण कार्य सम्पन्न कर सकते हो।

अग्निमंत्र–8

बिना पाखण्डी और कायर बने सबको प्रसन्न रखो। पवित्रता और शक्ति के साथ अपने आदर्श पर दृढ़ रहो। चाहे तुम्हारे सामने कैसी भी बाधाएँ क्यों न हों, कुछ समय बाद संसार तुमको मानेगा ही।

अग्निमंत्र–9

धीरज रखो और मृत्युपर्यंत विश्वासपात्र रहो। आपस में न लड़ो। रुपए-पैसे का व्यवहार शुद्ध भाव से करो। बिना ईमानदारी, भक्ति और विश्वास के महान कार्य नहीं किए जा सकते, इसलिए प्रत्येक कार्य में सफलता के लिए ईमानदारी, शक्ति और विश्वास का पथ चुनो।

अग्निमंत्र–10

किसी काम को न टालो। कोई भी चुनौती आने पर उसे टालने की कोशिश न करो क्योंकि अगर आपने उस काम को टाला तो उससे आप किसी बड़ी उपलब्धि से वंचित रह सकते हैं, इसलिए टालने की प्रवृत्ति छोड़ो और प्रत्येक कार्य में ईश्वर को खोजने की कोशिश करो। वह आपके इर्द–गिर्द ही कहीं नजर आएगा।

अग्निमंत्र–11

परावलंबी न रहो, दूसरों पर निर्भर रहना कभी भी बुद्धिमानी नहीं होती। बुद्धिमान व्यक्ति को अपने ही ऊपर दृढ़ता से खड़े रहकर कार्य करना चाहिए। यही लक्ष्य–प्राप्ति का एक प्रमुख मंत्र है।

अग्निमंत्र–12

सभी के लिए सहयोगी बनो। किसी को उसकी योजनाओं में हतोत्साहित नहीं करो। आलोचना की प्रवृत्ति को पूरी तरह छोड़ दो। यदि कोई सही मार्ग पर अग्रसर हो रहा है तो उसकी आलोचना नहीं करो बल्कि सहायता करो और यदि उस मार्ग में या उस कार्य में कोई गलती नजर आए तो नम्रतापूर्वक उस गलती के प्रति उसे सजग करो। दूसरों की आलोचना ही सब दोषों की जड़ है।

भारत का आदर्श है कला

स्वामी विवेकानन्द ने 25 वर्ष की अवस्था में भगवा वस्त्र धारण किया था। 12 जनवरी, 1863 को वे नरेन्द्र दत्त से स्वामी विवेकानन्द हो गए। इसके बाद के 14 वर्षों तक उन्होंने भारतीय नवजागरण का कार्य किया। दुर्भाग्यवश उनका देहावसान बहुत कम उम्र में मात्र 39 साल में ही हो गया। इस तरह उनको भारतीय नवजागरण के लिए केवल 14 साल ही मिले थे। इन 14 वर्षों में उन्होंने नवजागरण के लिए भारत का भ्रमण किया और पतन के कारणों को समझने की कोशिश की।

उन्होंने पतन के सभी पक्षों और समस्याओं पर गंभीरता से चिन्तन किया। शिक्षा के बारे में उनका दर्शन बहुत स्पष्ट था और उन्होंने अपने गुरु गृहवास में ही कठोर ब्रह्मचर्य, एकाग्रता और विषयों से अनासक्ति की शिक्षा पा ली थी। वे मानते थे कि विद्यार्थियों को कठोर ब्रह्मचर्य का पालन करना चाहिए और एकाग्रता से अपना कार्य करना चाहिए। तत्कालीन शिक्षा के बारे में उनका साफ कहना था कि यह शिक्षा प्रणाली रहे या बन्द हो जाए, इससे क्या बनना-बिगड़ना है। क्या यह बेहतर नहीं है कि लोगों को थोड़ी तकनीकी शिक्षा मिल जाए तो ये नौकरी में यहाँ-वहाँ भटकने के बजाय अपनी जीविका अच्छी तरह से चला पाएँगे? उन्हें लगता था कि अनावश्यक उपाधियाँ संगृहीत करने से अच्छा है, व्यावहारिक ज्ञान प्राप्त किया जाए और उसे ही रोजगार का जरिया बना लिया जाए।

स्वामी विवेकानन्द ने कहा था : "शिक्षा का मतलब यह नहीं है कि तुम्हारे दिमाग में ऐसी बहुत-सी बातें इस तरह ठूंस दी जाएँ, जो आपस में लड़ने लगे और तुम्हारा दिमाग उन्हें जीवनभर में हजम न कर सके। जिस शिक्षा से हम अपना जीवन निर्माण कर सकें, मनुष्य बन सकें, चरित्र गठन कर सकें और विचारों का सामंजस्य कर सकें, वही वास्तव में शिक्षा कहलाने योग्य है। यदि तुम पाँच ही भावों को हजम कर तद्नुसार जीवन और चरित्र गठित कर सके तो तुम्हारी शिक्षा उस आदमी की अपेक्षा बहुत अधिक है, जिसने एक पूरी की पूरी लाइब्रेरी ही कंठस्थ कर ली है।"

तकनीकी शिक्षा के प्रति उनके मन में आदर का भाव था और देश के विकास के लिए वे विज्ञान की शिक्षा बहुत जरूरी मानते थे और उनका मानना

था कि विज्ञान के साथ वेदान्त का समन्वय करना जरूरी है। स्वामीजी ने तकनीक और विज्ञान के साथ ही कला की शिक्षा को भी अनिवार्य माना था। हमें जीवन की जटिलताओं और अवसादों में पड़कर कला को भूलना नहीं चाहिए। हम एशिया के लोग किसी भी कलारहित वस्तु का उपभोग नहीं करते।

"भारत का आदर्श है कला। पश्चिम का आदर्श है उपयोगिता। भारतवासियों को दोनों के बीच समन्वय का काम करना चाहिए।"

युवकों से वे साफ-साफ कहते थे कि यदि उनका शरीर दुर्बल है तो वे कभी भी आत्म साक्षात्कार नहीं कर पाएँगे। उनमें इतनी योग्यता ही नहीं होगी कि वे आत्मसाक्षात्कार कर सकें। इसलिए शरीर से सबल होना पहली प्राथमिकता है, इसके बाद ही धर्म का मार्ग चुनना बेहतर है। विवेकानन्दजी स्वयं के स्वास्थ्य के लिए सजग थे और वे कुश्ती, मल्लखंब, घुड़सवारी आदि में तो प्रवीण थे ही, संगीत में भी उनकी गहरी रुचि थी। प्रादेशिक भाषाओं के उत्थान के साथ ही वे मातृभाषा में शिक्षा के प्रबल समर्थक थे। उनका कहाना था : "संस्कृत की ध्वनि मात्र ही हमें शक्तिवान, क्षमतावान और प्रतिष्ठा दिलाने वाली अनुभूत होती है।"

संस्कृत के माध्यम से ही हम अपनी प्राचीन महानता का ज्ञान पा सकते हैं। संस्कृत के माध्यम से ही हममें आत्मविश्वास और श्रद्धा का भाव पैदा हो सकता है। यह आत्मविश्वास हमने विदेशी शासन और राष्ट्रविरोधी शिक्षा-प्रणाली के कारण गँवा दिया है। संस्कृत ही है जो हमारी संस्कृति की रक्षक है और संस्कृत ही है जो हमारी संस्कृति का पर्याय है। हमें अपनी संस्कृति की रक्षा करने के लिए संस्कृत भाषा और उसके ग्रन्थों का अध्ययन कर आचरण में लाना चाहिए।

स्वामीजी का स्पष्ट मानना था कि शिक्षा का कार्य मात्र रोजगार देना नहीं बल्कि जीवन-निर्माण, मनुष्यता का विकास और चरित्र का गठन भी है। उनका कहना था कि जो शिक्षा साधारण व्यक्ति को जीवन संग्राम में समर्थ नहीं बना सकती जो मनुष्य में चरित्र बल, परहित भावना तथा सिंह के समान साहस नहीं ला सकती, वह भी कोई शिक्षा है? जिस शिक्षा के द्वारा जीवन में अपने पैरों पर खड़ा हुआ जाता है, वही है शिक्षा। हमें चरित्रवान बनाने के लिए भी शिक्षा आवश्यक है। उन्होंने धर्म-निरपेक्षता की शिक्षा का विरोध किया था और कहा कि हमें धर्म की उपेक्षा नहीं करनी चाहिए क्योंकि हमारा प्राणकेन्द्र तो धर्म ही है। उनका कहना था : "शिक्षा का अर्थ है—गुरुग्रहवास, क्योंकि गुरु के पास जाकर ही छात्र शिक्षा प्राप्त कर सकता है। गुरु के व्यक्तिगत जीवन से बढ़कर कोई शिक्षा नहीं हो सकती। वे गुरु जिनका चरित्र अग्नि की तरह पवित्र है, उनके साथ रहने मात्र से शिष्यों को सजीव आदर्श के दर्शन हो सकते हैं।"

दूसरों से सीखें

स्वामीजी हमेशा इस बात पर जोर देते थे कि हमे दूसरों के दृष्टान्तों से सीखना चाहिए। यदि किसी दूसरे देश या समाज के लोगों की कोई विशेष बात हो तो हमें उसकी उपेक्षा नहीं करनी चाहिए बल्कि उससे शिक्षा प्राप्त करनी चाहिए।

"यदि हम भारतीयों की तुलना फ्रांसीसी और अंग्रेजों से करें तो पाएँगे कि सबकी अपनी-अपनी खूबी है। राजनीतिक स्वाधीनता फ्रांसीसियों की जीवनरेखा है। फ्रांस में करों के भार से दबे लोग कोई आवाज नहीं करते। सेना में जबरदस्ती भर्ती किए जाने पर भी उनका विरोध नहीं होता लेकिन यदि कोई अन्य देश उनकी स्वाधीनता में हस्तक्षेप करता है तो पूरा फ्रांसिस समाज पागलों की तरह उसके विरोध में उठ खड़ा होता है। वहाँ कोई व्यक्ति किसी के ऊपर जबरदस्ती अपना हुक्म नहीं चला सकता। वहाँ सभी को सामाजिक स्वाधीनता के पूरे अधिकार हैं, चाहे वह धनी हो या निर्धन, शिक्षित हो या अशिक्षित हो, उनकी स्वाधीनता पर हाथ डालने वाले को बुरा अंजाम देखने के लिए बाध्य होना पड़ता है।"

अंग्रेजों के चरित्र में उनकी व्यावसायिक बुद्धि विशेष महत्त्व रखती है। अंग्रेजों की मूल खूबी है कि वे न्यायसंगत विभाजन करते हैं, समान भाग चाहते हैं। अंग्रेज लोग अपने राजा या महारानी के आगे नतमस्तक होना कबूल करते हैं लेकिन यदि उनकी गाँठ से पैसा जाता हो तो वे हिसाब माँगने से नहीं चूकते। वहाँ सत्ता जबरदस्ती रुपया वसूल नहीं कर सकती। ऐसे मौके भी आए जब भारी करों के खिलाफ या सरकारी वसूली के खिलाफ लोग हिंसक आन्दोलन पर उतारू हो गए और उन्होंने सत्ता परिवर्तन कर डाला।

हम भारतीय लोग कहते हैं कि राजनीतिक और सामाजिक स्वाधीनता बहुत छोटी बात है लेकिन सबसे बड़ी बात है आध्यात्मिक स्वाधीनता। यहाँ वैदिक, जैन, बौद्ध, द्वैत, अद्वैत—सभी इस बात से एक मत थे कि हमारी आध्यात्मिक स्वाधीनता को कोई ठेस नहीं पहुँचा सकता। जिस तरह विदेशी आक्रामक आते रहे और स्थिर होकर राज्य नहीं कर पाए, उससे यह बात साबित होती है, परन्तु जब मुगल राज्य स्थापित हुआ और उन्होंने हमारी आध्यात्मिक चेतना पर आघात

नहीं किया, तब उनका राज्य भी बलशाली हुआ। हिन्दू ही मुगलों की सत्ता के आधार थे। जहांगीर, शाहजहाँ, दारा शिकोह आदि की माताएँ हिन्दू थी। औरंगजेब ने जब हमारी आध्यात्मिक चेतना पर प्रहार किया, तभी मुगल राज्य भरभराने लगा।

अंग्रेजों के आने के बाद भी हमारी आध्यात्मिक स्वाधीनता पर कोई हमला नहीं हुआ। अंग्रेज समझते थे कि यदि हम सत्ता में बैठे रहे तो धीरे-धीरे धर्म का प्रचार भी कर ही लेंगे। अनेक विद्वानों ने कहा कि आखिर भारत भी आर्थिक गतिविधियों और व्यक्तिगत स्वाधीनता को महत्त्व क्यों नहीं देता, धर्म-कर्म में क्यों अटका है? स्वामी विवेकानन्द के पास इसका जवाब था और वह यह कि धर्म के अतिरिक्त किसी दूसरी चीज से भारत की पहचान मुश्किल है।

स्वामी विवेकानन्द का मानना था कि :

"आध्यात्मिक सत्ता के अलावा सभी जगह भेड़िया धसान चल रहा है। वास्तव में समाज के शक्तिशाली लोग जिनके हाथ में आर्थिक और सामाजिक सत्ता होती है, अपने प्रभामण्डल का उपयोग करते हैं और पूरे राज्य शासन को अपनी मुट्ठी में दबाकर रखते हैं। वे प्रजा को लूटते हैं और अपने ही सैनिकों को अन्य देशों में मरने के लिए भेज देते हैं। मनुष्य नियम को बनाता है या नियम मनुष्य को बनाते हैं? रुपया मनुष्य पैदा करता है या मनुष्य को रुपया पैदा करता है?"

इसलिए सबसे पहले इस बात पर ध्यान दें कि यदि आपने मनुष्य योनि में जन्म लिया है तो मनुष्य बनो। अपनी कृति यहीं छोड़ जाओ। तुमने इस धरती पर जन्म लिया था, इसे लोगों को याद करने दो। परस्पर घृणा का भाव छोड़ दो और प्रेमपूर्वक सत्य को प्राप्त करने का प्रयास करो।

"भारतीयों को अन्य जातियों से अवश्य बहुत कुछ सीखना है। जो मनुष्य यह कहता है कि उसने सब कुछ सीख लिया, समझो, उसका अन्त निकट है। जितने दिन जीना है, उतने ही दिन सीखना है। जो कुछ सीखना है, उसे अपने साँचे में ढाल लेना।"

स्वामीजी ने कहा था कि मुझे कई बार लगता है कि स्वास्थ्य के मामले में पाश्चात्य देशवासी हमसे ज्यादा सुखी हैं। वहाँ वे लोग अच्छा खाते हैं, अच्छा पहनते हैं। वहाँ 40 साल के पुरुष को भी जवान कहा जाता है। 50 वर्ष की स्त्री को भी युवती कहा जाता है क्योंकि वहाँ लोग बाल विवाह नहीं करते।

हमारे देश में अधिकतर लोग पेट और हृदय के रोगों से पीड़ित रहते हैं। एक बड़ी संख्या में इन रोगों से लोगों की मौत होती है। जब मैं विदेश गया तो एक डॉक्टर ने मुझसे पूछा कि क्या पेट की बीमारी वाले लोग निरुत्साही रहते हैं? उनके जीवन में कोई उत्साह नहीं, वैराग्य का भाव ही रहता है, हमारे देश में दाँत

और केश के रोग कम होते हैं और पाश्चात्य देशों में बहुत ही कम लोगों के स्वाभाविक दाँत होते हैं।

हम भारतीय अपनी पोशाक अलग तरह से पहनते हैं। हम कपड़े की कई परत ओढ़ते हैं—चाहे स्त्री हो चाहे पुरुष। पाश्चात्य देशों की पोशाक कामकाज के लिए उपयुक्त होती है। मुझे लगता है कि हमारे सभी कपड़े जो ढीले-ढाले और कलीदार होते हैं, काम करने में सहायक नहीं होते, थोड़ा भी काम करें तो वे नष्ट या गन्दे होने लगते हैं। वस्त्रों के मामले में भारतीयों ने फैशन को व्यापार विस्तार का हथियार बना लिया है। मुझे लगता है कि हमारी पगड़ी, अचकन और चोगा का कोई जवाब नहीं लेकिन फिर भी हमें कई बार मौलिकता की कमी नजर आती है। हम अन्य चीजों के लिए उतना आकर्षित नहीं हैं।

"हमारे देश के व्यापारी भी लकीर के फकीर हैं। वे समय के अनुसार किसी अन्य फैशन का अविष्कार कर बाजार पर कब्जा नहीं जमा सकते। नेपोलियन के पतन के बाद फैशन बदल गया और हमारी कश्मीरी शॉलों की खपत यूरोप में रुक गई। नेपोलियन के समय फ्रांस की सम्राज्ञी यू जेनी वहाँ फैशन की महारानी मानी जाती थीं। उन्हें कश्मीरी शॉल बहुत पसन्द थी और यूरोप में हर साल लाखों रुपए की शॉल खरीदी जाती थी तथा व्यावसायिक जागरूकता के बिना हमारा व्यापार बहुत ज्यादा प्रभावित हुआ जिसका असर हमारे लोगों को आर्थिक हानि होकर उठाना पड़ा।"

यहाँ फैशन की बात इसलिए कर रहा हूँ कि हममें मौलिकता की थोड़ी कमी है। हम नए-नए प्रयोगों से कतराते हैं। पाश्चात्य देशों के लोग लाभ के हालात में 10-10 आँखों से देखते हैं और 200-200 हाथों से काम करते हैं और हम वे लोग हैं, जो वह काम कभी कर ही नहीं सकते जो शास्त्रों में नहीं लिखा है। शास्त्रों के कारण हम नया काम करने से चूक जाते हैं। हमारे शास्त्रों में नएपन को लेकर कोई रुकावट नहीं है। नवीन कार्य करने से हमें कभी किसी ने नहीं रोका। हम अपनी झोपड़ी से बाहर निकलकर यह बात क्यों नहीं देखते कि दुनिया के बाहरी लोग क्या कर रहे हैं? हमें लगता है कि यदि हमने अपने शरीर के सुख और भोगविलास में समय लगाया तो यह असुरों का जीवन होगा लेकिन इसी भय से हमने नई वस्तुओं को अपनाना बन्द कर दिया।

आचार और जीवन-शैली

स्वामी विवेकानन्द स्वयं चेतना के हर पहलू पर ध्यान देते थे। उनका कहना था कि हम भारतीय अपने शरीर को लेकर बहुत जागरूक हैं और शरीर की शुद्धि में आत्मा की शुद्धि समझते हैं। इसलिए हमारे देश के लोगों के शरीर शुद्ध रहते हैं। भारतीयों के जैसी साफ-सफाई अपनाने वाले लोग दुनिया में बहुत कम हैं।

हिन्दू धर्म एक महान धर्म है। उसके सभी धार्मिक कर्मकाण्डों का वैज्ञानिक आधार है। अब यही देखिए कि हिन्दू धर्म के लोग क्यों स्नान करते हैं। हम लोग धर्म के डर से स्नान करते हैं और पाश्चात्य लोग शरीर साफ करने के लिए हाथ-मुँह धोते हैं। हम स्नान करना बहुत जरूरी समझते हैं। अपने शरीर पर पानी डालना अनिवार्य समझते हैं, भले ही इस शरीर में मैल लगा रह जाए। हमारी स्नान करने की प्रथा सरल है। हम कहीं भी तीर्थ स्थान पर, नदी पर जाकर डुबकी लगा लेते हैं।

हमें शरीर दिखाने में कोई लज्जा नहीं आती लेकिन हमारे यहाँ स्त्रियों के सामने सिर से पैर तक कपड़े पहनने पड़ते हैं। पाश्चात्य देशों में लोगों के सामने थूकना भारी अशिष्टता है। भोजन के बाद सब के सामने मुँह धोना और कुल्ला करना लज्जा की बात मानी जाती है। यह अभद्रता का अतिरेक माना जाता है। इसलिए वे लोग खा-पीकर चुपचाप हाथ और मुँह पोछ लेते हैं, हो गया काम खत्म। हम लोग भोजन के उपरान्त हाथ धोए बिना उठ नहीं सकते। हम लोगों के सामने दाँत साफ करते हैं, कुल्ला कर लेते हैं। हमें यह सब काम खुले तौर पर नहीं करना चाहिए लेकिन हमारे यहाँ इसे बुरा नहीं माना जाता। हमारे यहाँ भोजन के उपरान्त लोग आधा घड़ा पानी पीने में संकोच नहीं करते। भोजन के बाद डकारना हमारे यहाँ बहुत बुरा नहीं माना जाता। पाश्चात्य देशों में भोजन के उपरान्त डकारना बड़ा असभ्य काम है लेकिन वहाँ भोजन करते-करते जेब से रूमाल निकालकर नाक साफ कर लेने में कोई हर्ज नहीं हैं। हमारे देश में यह बहुत घृणित बात है कि भोजन करते-करते कोई अपनी नाक पोछे। स्वामी विवेकानन्द कहते थे :

"हिन्दू लोग अपनी मर्यादाओं में चलते हैं और यूरोप के लोग अपनी मर्यादाओं में नहीं रहते, लेकिन इतना सब करने के बाद भी हम बहुत मैले कैसे रहते हैं? हमको मैले से इतनी घृणा है कि यदि किसी ने मैला छुआ तो उसे स्नान करना पड़ेगा और दरवाजे पर पड़े मैले के ढेर को हम सड़ने देते हैं। हमारा ध्यान सिर्फ इस बात पर रहता है कि हमने उसे छुआ तो नहीं। क्या हमें अपनी जीवन-शैली को बदलने की भी जरूरत है? हमारे रसोईघर जितने साफ होते हैं, उससे अलग है विलायती भोजन पद्धति का सफाई का तरीका। हमारे यहाँ रसोइया स्नान करता है, कपड़े बदलता है, फिर रसोई तैयार करता है। भोजन के उपरान्त बर्तन, चूल्हा-चौका सब धो-माँजकर साफ किया जाता है।"

"पाश्चात्य देशों में रसोइया नहाया हो, जरूरी नहीं। पकाते-पकाते ही वह खाने को चखता है और वही जूठा चम्मच बर्तन में डालता है। वहीं रूमाल निकालकर नाक साफ करता है और फिर उसी हाथ से मैदा सानता है। उसे शौच भी जाना हो तो भी वह कागज से काम चला लेता है, हाथ-पैर धोने का तो नाम तक नहीं लेता, उसी हाथ से खाना बनाने लग जाता है परन्तु वह पहनता है एकदम साफ कपड़े और टोपी। हम लोगों के यहाँ स्नान किए बिना ब्राम्हण देवता, धोए-माँजे हुए बर्तन में शुद्ध होकर पकाते हैं और गोबर से लीपी हुई जमीन पर थाली रखते हैं।"

हम लोग स्नान तो करते हैं परन्तु तेल लगे हुए मैले कपड़े पहनते हैं और यूरोप में मैले शरीर पर बिना स्नान किए बहुत साफ-सुथरी पोशाक पहनी जाती है। हिन्दुओं की जो अन्त:दृष्टि है, वह उनके सभी कार्यों में नजर आती है। हम फटी गुदड़ी में हीरा रखते हैं और वे सोने के बक्से में मिट्टी का ढेला रखते हैं। हिन्दुओं का शरीर साफ होने से भी काम चलता है। हमारे यहाँ तमाम नाले-नालियाँ खुले बहते रहते हैं। विलायत में बीमारी की जड़ ये नाले-नालियाँ जमीन के अन्दर होते हैं।

हम भारतीय हिन्दू अपना भीतर साफ रखते हैं और विलायत वाले अपना बाहर साफ रखते हैं। मेरा यह मानना है कि आचार ही पहला धर्म है। आचार भ्रष्ट होने से धर्म भ्रष्ट होता है। यदि हमारे देश में इतनी महामारियाँ हैजा, मलेरिया आदि रोग हैं तो इसके दोषी हम खुद हैं क्योंकि हम खुद महा अनाचारी हैं। वास्तव में आहार का अर्थ अलग-अलग रूप से देखते हैं। शंकराचार्य ने आहार शब्द का अर्थ इन्द्रिय-जन्य ज्ञान को माना है और रामानुजाचार्य ने कहा है कि आहार है—भोज्य द्रव्य। सिद्धान्त यही है कि दोनों ही अर्थ ठीक हैं। विशुद्ध आहार नहीं होने से सब इन्द्रिय कैसे ठीक-ठाक काम करेगी?

रामानुजाचार्य ने खाद्य पदार्थ के सम्बन्ध में तीन दोषों से बचने के लिए कहा है : जातिदोष अर्थात् जो खाद्य पदार्थ का जातिगत दोष है, जिसमें उत्तेजक पदार्थ आते हैं। ऐसे पदार्थ खाने से मन में अस्थिरता आती है। दूसरा दोष आश्रय दोष अर्थात् व्यक्ति विशेष के स्पर्श से आनेवाले दोष हैं। दुष्ट लोगों का अन्न खाने से दुष्ट बुद्धि होना और भले आदमी का अन्न खाने से भली बुद्धि होना। तीसरा है निमित्त दोष यानी मैला, दूषित, कीड़ेयुक्त अन्न खाने से मन भी अपवित्र होता है। इसमें जाति दोष और निमित्त दोष से तो बचने की चेष्टा सभी कर सकते हैं लेकिन आश्रय दोष से बचना सबके लिए सहज नहीं। अब आश्रय दोष को नहीं समझने के कारण जाति-पाँति फैल गई है।

सुपाच्य और पुष्टिकारक भोजन उत्तम

सामिष और निरामिष भोजन के बारे में भी स्वामी विवेकानन्द ने बहुत स्पष्ट विचार रखे। प्राचीनकाल से सामिष और निरामिष भोजन विवादों में रहा है। मांस का भक्षण उपकारक है या अपकारक ? इसके अलावा जीव हत्या न्यायसंगत है या अन्याय ? एक पक्ष कहता है कि किसी भी कारण से किसी भी प्राणी की हत्या करना पाप है। किसी प्राणी का जीवन लेना और उसका भक्षण करना अच्छी बात नहीं हो सकती। हमारे शास्त्र एक जगह पर कहते हैं कि यज्ञस्थल में हत्या करो और दूसरी जगह कहते हैं कि जीव-हत्या मत करो ! यानी यज्ञ करके आनन्दपूर्वक मांस भक्षण किया जा सकता है। ऐसी धारणाएँ भी फैलाई गई हैं कि यदि श्रद्धा से मांस भक्षण नहीं किया हो तो पशु जन्म होगा।

बुद्ध का चरित्र बताता है कि ऐसा व्यक्ति भी, जो नास्तिक है जिसका किसी दर्शन में विश्वास नहीं, जो न किसी सम्प्रदाय को मानता है और न किसी मन्दिर-मस्जिद में ही जाता है, जो घोर जड़वादी है, परमोच्च अवस्था प्राप्त कर सकता है। जगत में वे ही एक मात्र ऐसे थे जो यज्ञों में पशुबलि-निवारण के हेतु, किसी प्राणी के जीवनरक्षार्थ अपना जीवन भी न्यौछावर करने को तत्पर रहते थे। एक बार उन्होंने एक राजा से कहा : 'यदि किसी निरीह पशु के होम से उच्च फल की प्राप्ति होगी, राजन, उस पशु के पास काटकर मेरी आहुति दे दो, शायद तुम्हारा अधिक कल्याण हो सके।'' राजा स्तब्ध हो गया।

जैन, बौद्ध और वैष्णव धर्म के लोग मानते थे कि हत्या किसी भी प्रकार नहीं की जानी चाहिए। बौद्ध सम्राट अशोक की तो आज्ञा ही थी कि यदि कोई, यज्ञ का आमंत्रण देकर मांस खिलाएगा तो उसे दण्डित किया जाएगा। पाश्चात्य देशों में आज केवल यह विवाद हो रहा है कि मांस खाने से बीमारियाँ बढ़ती हैं और निरामिष (शाकाहारी) भोजन करने से शरीर नीरोग रहता है, अतः मांसाहार को लेकर मतभेद है। एक पक्ष कहता है कि मांसाहारी रोगी होते हैं, दूसरा कहता है कि ऐसा होता तो सभी हिन्दू नीरोगी होते और पाश्चात्य देशों के सभी लोग जो मांसाहारी हैं, बीमारियों से ग्रसित होते। एक पक्ष कहता है कि बकरा खाने से

बकरे जैसी बुद्धि हो जाती है, सुअर खाने से सुअर जैसी बुद्धि हो जाती है, मछली खाने से मछली जैसी बुद्धि हो जाती है। दूसरा पक्ष कहता है कि गोभी खाने से गोभी जैसी बुद्धि हो जाती है, आलू खाने से आलू जैसी बुद्धि हो जाती है।

"हमारे देश में लाखों सिपाही हैं, उनमें कितने निरामिष भोजन करते हैं? गोरखा, सिख, राजपूत आदि में से कितने निरामिषभोजी हैं? कुल मिलाकर लोगों के अपने-अपने तरीके हैं। भोजन के बारे में सर्वसम्मत सिद्धान्त यही है कि पुष्टिकारक और शीघ्र हजम होने वाला भोजन खाना चाहिए। कम आयतन का पुष्टिकारक और सुपाच्य भोजन करना चाहिए जिससे खाने में पुष्टि यानी मोटापा कम होता है, उसे अधिक परिमाण में खाना चाहिए। हमें कोई ऐसा भोजन नहीं करना चाहिए कि उसे पचाने में ही पूरी शक्ति खप जाए। यदि हमारे शरीर को भोजन पचाने में ही बहुत शक्ति व्यय करनी होगी तो दूसरा काम करने की शक्ति हम कहाँ से लाएँगे?"

ब्रह्मचर्य और मोक्ष

दुनिया की प्रत्येक जाति का अपना नैतिक उद्देश्य है। सभी जातियों के लोग अपने-अपने हिसाब से आचार-व्यवहार करते हैं। पृथ्वी के सभी देशों में किसी पुरुष का दूसरी स्त्री के साथ सम्पर्क रखना अच्छा नहीं माना जाता है। यूरोपीय समाज में इस विषय पर बड़ी लापरवाही है। वहाँ अविवाहित के साथ सम्बन्ध रखना उतना बड़ा मुद्दा नहीं होता। हमारे यहाँ ब्रह्मचर्य का बहुत महत्त्व माना जाता है। खासकर विद्यार्थियों के लिए ब्रह्मचर्य की महत्ता बहुत अधिक कही जाती है।

आदिम अवस्था में कोई विवाह नहीं करता था। धीरे-धीरे वैवाहिक सम्बन्ध स्थापित होने लगे। पहले सभी राजाओं के वैवाहिक सम्बन्ध माता के ऊपर निर्भर रहते थे। पिता का उसमें कोई निश्चय नहीं होता था। बच्चों के नाम माता के नाम के अनुसार होते थे। सारी सम्पत्ति महिलाओं के हाथ में रहती थी। वे ही बच्चों का लालन-पालन करतीं।

फिर धीरे-धीरे सम्पत्ति पुरुषों के हाथ में आ गई और महिलाएँ पुरुषों की सम्पत्ति समझी जाने लगीं। पुरुषों ने कहा था कि यह धन-धान्य और सम्पत्ति हमारी है क्योंकि हमने इसे खेती-बाड़ी करके या लूटकर प्राप्त किया है। यदि इसमें से कोई हिस्सा लेना चाहेगा तो हम इसका विरोध करेंगे। इस तरह धीरे-धीरे स्त्रियों के अधिकार पुरुषों के पास आ गए। शुरुआत में एक दल का पुरुष दूसरे दल की स्त्री से ब्याह रचाता था। बाद में जाकर स्वयंवर की पद्धति आई। पहले जबरदस्ती विवाह का चलन था इसलिए वर के ऊपर आक्रमण करने की नकल कई समाजों में होती है। कई जातियों में वर के ऊपर चावल फेंके जाते हैं तथा कुछ समाज में वधू की सखियाँ बारातियों को गाली देकर आक्रमण करती हैं।

अपने व्याख्यानों में कई बार स्वामी विवेकानन्द ने छोटी-छोटी कहावतों, घटनाओं और कहानियों का उल्लेख किया और यह बताया : ''ईश्वर-प्राप्ति का मार्ग, अपने लक्ष्य को पाने का मार्ग उतना आसान नहीं है, जितना आसान

आप समझते हैं। विश्वास, विश्वास—अपने आप पर विश्वास, परमात्मा के ऊपर विश्वास, यही उन्नति करने का एक मात्र उपाय है। यदि पुराणों में कहे गए तैंतीस करोड़ देवताओं के ऊपर और विदेशियों ने बीच-बीच में जिन देवताओं को तुम्हारे बीच घुसा दिया है, उन सब पर भी तुम्हारा विश्वास हो और अपने आप पर विश्वास न हो तो तुम कदापि मोक्ष के अधिकारी नहीं हो सकते।''

वहीं दूसरी ओर उन्होंने छोटी-छोटी कहानियों के माध्यम से यह भी बताया है कि यदि कोई भी काम विधिवत् तरीके से किया जाए तो प्रभु को पाना आसान हो सकता है।

स्वामी विवेकानन्द ने एक किस्सा सुनाया, वह यह है कि एक सज्जन भगवान के दर्शन करने के लिए मन्दिर पहुँचे। भगवान की प्रतिमा देखकर उनके मन में अपार श्रद्धा और शक्ति का संचार हुआ। इससे प्रसन्न होकर उन्होंने वहीं पर राग अलापना शुरू कर दिया। इसी मन्दिर के कोने में एक चौबे जी ऊँघ रहे थे, जो उस मन्दिर के पुजारी थे। वे पहलवान भी थे और सितार वादक भी। सुबह-साम शंकरजी को एक लोटा भाँग चढ़ाने में उन्हें बहुत आनन्द आता था। चौबे जी के कानों में भी भक्त की आवाज गूँज पड़ी जो अजीबोगरीब थी और जोरशोर से ध्वनियाँ कर रही थी।

जब चौबेजी को पता चला कि ठाकुरजी (भगवान की प्रतिमा) के सामने वह व्यक्ति लोटे में कंकर भरकर हिलाने जैसी आवाज कर रहा है और अपने कटु स्वर में हनुमानजी से लेकर नारद मुनि सभी का ऐसा उच्चारण कर रहा है जैसे कि वह पिण्डदान दे रहा हो। भाँग के आनन्द में डूबे चौबेजी को उस भक्त की बात बहुत ही नागवार गुजरी जो उनके आनन्द में खुलेआम विघ्न डाल रही थी।

चौबेजी ने परेशानी से भरकर उस व्यक्ति से पूछा, 'अरे भाई, इतने बेसुरे होकर चिल्ला क्यों रहे हो?'

उस कथित भक्त ने कहा, 'सुर और ताल की किसको परवाह! मैं तो भगवान के मन को तृप्त कर रहा हूँ।'

इस पर चौबेजी ने कहा कि अरे बेवकूफ, तूने क्या ठाकुरजी को बेवकूफ समझ रखा है? जब तेरे शोरगुल से मैं ही तृप्त नहीं हो पा रहा हूँ तो क्या ठाकुरजी मुझसे भी अधिक मूर्ख हैं।

इस घटना के माध्यम से स्वामी विवेकानन्द ने अपने शिष्यों को संदेश दिया कि जीवन में कोई भी काम करो, उसे मधुरता से और निष्ठापूर्वक करो। वह सभी को अच्छा लगे, ऐसा करो। मन्दिर में जाकर भक्त अगर जोर-जोर से

चिल्लाकर भगवान को पुकारेगा तो भगवान तो उसकी बात सुनेंगे या नहीं, कहा नहीं जा सकता, लेकिन मन्दिर में उपस्थित अन्य सभी लोगों को भारी असुविधा होगी। ऐसा हमारे मन्दिरों में अक्सर होता है कि लोग बड़े-बड़े ध्वनि विस्तारक यन्त्र लगा देते हैं और ध्वनि विस्तारक यन्त्रों से कानफोड़ू भजनों का आयोजन करते हैं, इससे वे प्रभु के कितने करीब पहुँचते होंगे, यह तो पता नहीं, लेकिन यह जरूर है कि उससे लोगों की परेशानी बढ़ जाती है और लोगों के मन में ऐसे भक्त से नाराजगी का भाव पैदा हो जाता है।

स्वामी विवेकानन्द ने कहा कि यदि आप मन्दिर में मौजूद भक्तों को ही खुश नहीं कर पाए तो भगवान तक कैसे पहुँचोगे?

अपना लक्ष्य पाओ, अपनी कीमत पर

स्वामी विवेकानन्द इस बात को बहुत गंभीरता से लेते थे कि आप अपने लक्ष्य को पाने के लिए जो भी काम करो, उसमें दूसरों के लिए परेशानी न बनो। हम क्यों न लक्ष्य की ओर अग्रसर होने का प्रयत्न करें? असफलताओं से ही ज्ञान का उदय होता है। अनन्तकाल हमारे सम्मुख है फिर हम हताश क्यों हों? दीवाल को देखो, क्या वह कभी मिथ्या भाषण करती है? पर उसकी उन्नति भी कभी-कभी नहीं होती। वह दीवाल, दीवाल ही रहती है। मनुष्य मिथ्या भाषण करता है, किन्तु उसमें देवता बनने की भी क्षमता है। नर नारायण भी बन सकता है। इसलिए हमें सदैव क्रियाशील-प्रयत्नशील बने रहना चाहिए। कोई परवाह नहीं, यदि हम गलत रास्ते पर जा रहे हैं, कुछ न करने से यह अच्छा ही है। गाय कभी झूठ नहीं बोलती पर वह सदैव गाय ही बनी रहती है। इसलिए क्रियाशील बनो, कुछ न कुछ करते रहो।

एक अन्य किस्से में स्वामी विवेकानन्द ने भोला चाँद नाम के एक व्यक्ति की कहानी बताई। एक संन्यासी गीता पर प्रवचन दे रहा था। उन्होंने कहा कि भगवान ने अर्जुन से कहा कि तुम मेरी शरण में आ जाओ और तुम्हें कुछ करने की आवश्यकता नहीं है। अब तुम्हारा उद्धार करना मेरा काम है।

संन्यासी की यह बात सुनते ही भोला चाँद बहुत खुश हो गया और जोर-जोर से चिल्लाने लगा कि मैं तो भगवान की शरण में आ गया हूँ। अब मुझे किसी बात का डर नहीं है और न ही कुछ करने की जरूरत है।

वह बीच-बीच में यह भी कहता जाता था कि यदि प्रभु चाहें तो वह प्रभु के लिए प्राण देने को भी तत्पर है। ऐसे भोला चाँद लोगों पर मुझे बहुत तरस आता है कि यदि उनके मन में प्रभु के प्रति प्रेम है तो इसके लिए इतना हो--हल्ला करने की क्या जरूरत? प्रभु के कहने का आशय यह है कि तुम सभी लोभ और लालच को छोड़कर मेरी शरण में आ जाओ तो दुनिया के पापों से तुम्हें मुक्ति मिलेगी, क्योंकि तुम उन पापों के बारे में निर्लिप्त हो जाओगे।

स्वामीजी ने अपने शिष्यों से कहा : ''यदि आपमें कोई भी भोला चाँद जैसी हरकत करेगा तो उससे बड़ा अहंकारी कोई नहीं होगा। भगवान की बातों को

ग्रहण करने के लिए विशेष बुद्धि की आवश्यकता नहीं है, लेकिन सहज बुद्धि बहुत जरूरी है।''

स्वामी विवेकानन्द ने उन लोगों को भी समझाया और अपने किस्से-कहानियों के माध्यम से बताने की कोशिश की कि जो लोग अपने रिश्तेदारों से किसी भी कारण से असंतुष्ट या दुखी होते हैं, वे दूसरों पर प्रभु कृपा नहीं होने की बात कर डालते हैं और कहते हैं कि प्रभु उनसे प्रसन्न नहीं हैं अथवा ऐसे लोग अन्य को बद्दुआएँ देने लगते हैं।

जीवन की रक्षा करना परम कर्तव्य

एक बड़े वेदान्ती भोलापुरी का किस्सा स्वामी विवेकानन्द सुनाते हैं। भोलापुरी किसी भी बात का अनर्थ करने में माहिर थे। वे किसी परेशानी से विचलित नहीं होते थे और अपनी तरह से उसकी व्याख्या करने बैठ जाते थे। भगवान कृष्ण ने गीता में जो उपदेश दिए हैं, उन उपदेशों का ऐसा कचूमर बनाते थे कि भोलापुरी की बुद्धि पर तरस खाए बिना नहीं रहा जा सकता। यदि भोलापुरी के आसपास लोग भोजन के अभाव में चीत्कार कर रहे हों तो भोलापुरी बिना विचलित हुए कहते कि यह संसार तो सुख-दुख का लेना-देना है। इसमें किसी बात से विचलित क्यों होना? क्योंकि भगवान श्रीकृष्ण ने गीता में कहा है कि आत्मा ही अमर है, आत्मा नहीं मरती है, न ही मारती है। इसलिए अगर कोई बलवान किसी दुर्बल को तंग करे और मार भी डाले तो इसमें विचलित होने जैसी कोई बात नहीं।

भोलापुरीजी एक नंबर के कामचोर थे।

जब भी उन्हें कोई काम करने के लिए दिया जाता, वे नाराज हो उठते थे। बार-बार कहने पर वे नाराज हो उठते और जवाब देते कि मैंने जो भी पुण्य करना था, मैं पिछले जन्म में कर चुका हूँ। मुझे जो भी कार्य करना था, वह मैं पूर्व जन्म में सम्पन्न कर चुका हूँ, अब इस जन्म में उन्हें तंग नहीं किया जाए। यदि कोई व्यक्ति भोलापुरीजी को भिक्षा नहीं देता तो वे उसे संसार का सबसे घृणित व्यक्ति समझते। एक गाँव में यात्रा करने पर भोलापुरीजी को दान-दक्षिणा में धेला भी नहीं मिला। इससे भोलापुरीजी नाराज हो गए और कहने लगे कि यह गाँव ही पृथ्वी पर बोझ के समान है क्योंकि यहाँ दान-पुण्य करनेवाला कोई व्यक्ति ही नहीं है।

इस घटना का वर्णन करते हुए स्वामी विवेकानन्द लोगों को कहते थे कि गीतासार का किस तरह गलत अर्थ निकाला जाता है। ऐसे अज्ञानी भोलापुरी इस धरती पर बहुत सारे हैं, जो भगवान श्रीकृष्ण के इस उपदेश को नहीं समझते कि कर्म ही सबसे प्रबल है।

स्वामी विवेकानन्द ने कहा था : "एक शब्द वेदान्त का अर्थ मनुष्य के सच्चे स्वरूप को जानना है। वेदान्त का यही संदेश है कि यदि तुम व्यक्त ईश्वर-रूपी अपने भाई की उपासना नहीं कर सकते तो तुम उस ईश्वर की कैसे उपासना करोगे जो अव्यक्त है?"

"पुनर्जन्म का अर्थ यह नहीं कि हम इस जन्म में कर्म ही न करें। आत्मा न ही मरती है, न मारती है। श्रीकृष्ण के इस वचन का अर्थ यह नहीं है कि कोई भी, किसी को मार डाले। जीवन-मुक्ति प्रभु के हाथ में है लेकिन जीवन की रक्षा करना मनुष्य का परम कर्तव्य है।"

स्वामी विवेकानन्द उन लोगों की खिल्ली उड़ाया करते थे और हमेशा उपहास का पात्र समझते थे जो कोई रोजगार, मेहनत-मजदूरी या कारोबार करने के बजाय बैठे-बैठे खुराफात किया करते थे। खुराफात के साथ ही कई लोग ऐसे भी थे जो नशाखोरी करने से भी बाज नहीं आते थे। स्वामी विवेकानन्द ने ऐसे साधु-संन्यासियों का भी बहुत मजाक उड़ाया और कहा कि दूसरों को उपदेश देने से पहले खुद इस योग्य तो बनो कि तुम्हारा उदाहरण देकर अच्छी बातें सीखी जा सकें। उपदेश देने वालों की तो धरती पर कोई कमी ही नहीं है।

जो लोग एक धर्म के होकर दूसरे धर्म का उपहास उड़ाते हैं, उनके बारे में स्वामी विवेकानन्द ने एक घटना सुनाई। इससे यह शिक्षा मिलती है कि व्यक्ति को दूसरे धर्म का उपहास नहीं करना चाहिए और स्थिर मति होकर भगवान से प्रार्थना करनी चाहिए। लखनऊ में मोहर्रम का यह किस्सा सुनाते-सुनाते स्वामी विवेकानन्द हँस पड़ते थे। मोहर्रम पर बड़ी मस्जिद में मेले का नजारा था। बेशुमार लोग आ और जा रहे थे। हिन्दू, मुस्लिम, ईसाई सभी धर्म के लोग मोहर्रम पर एकत्र हुए थे। लखनऊ शिया लोगों का मुख्य केन्द्र है। मोहर्रम पर, 'हुसैन, या हुसैन,' का स्वर आकाश में गूँज रहा था। लोग जोर-जोर से मरसिया पढ़ रहे थे। ऐसा लग रहा था मानो पुरानी कर्बला की कथा फिर से जीवित हो उठी है। वहाँ मौजूद भीड़ में दूर गाँवों से आए दो भद्र राजपूत तमाशा देख रहे थे। लखनऊ की सभ्यता, लिबास, जुबान आदि उन ग्रामीण लोगों तक नहीं पहुँच पाई थी। दोनों ठाकुर द्वार पर आकर मस्जिद के अंदर प्रवेश करने वाले थे कि वहाँ जाने के लिए एक नौजवान ने मना कर दिया।

जब उन्होंने इसका कारण पूछा तो नौजवान ने कहा कि दरवाजे के पास आप जिस मूर्ति को देख रहे थे, उसे पहले पाँच जूते मारो, तभी भीतर जा सकते हो। दोनों ग्रामीणों ने पूछा-यह किसकी मूर्ति है? तो उन्होंने जवाब दिया कि यह मूर्ति एक महापापी येजिद की है। उसने ही हजरत हसन हुसैन का कत्ल किया था, इसीलिए हम यहाँ अफसोस जाहिर कर रहे हैं।

उस नौजवान ने यह व्याख्या अपने मन से की थी और उसे लगा कि कर्म उसके लिए पुण्य की राह होगी। उस नौजवान की बात सुनकर दोनों ग्रामीण बाहर गए। उन्होंने उस मूर्ति का साष्टांग प्रणाम किया और उसके चरणों में लोट लगाने लगे। उनके मुँह से निकला कि अब अन्दर के देवता के पास जाने की क्या जरूरत है, जब बाहर ही मूर्ति उपलब्ध है।

इस घटना को सुनाकर स्वामी विवेकानन्द कहते हैं कि अज्ञानी लोगों के सामने किसी भी घटना की गलत व्याख्या अर्थ का अनर्थ कर सकती है। हमारे धर्मगुरुओं ने जो बातें कहीं हैं, उनका पालन अगर हमने गलत इरादे से किया तो हँसी के पात्र बन सकते हैं।

लघुमार्ग से ईश्वर प्राप्ति नहीं

स्वामी विवेकानन्द लोकाचार के महत्त्व को हमेशा समझाते थे। उनका कहना था कि बगैर लोकाचार के हम जितनी भी पूजा करें अथवा प्रभु को पूजें, पुण्य नहीं मिल सकता। ऐसे में धर्म के कुछ दलालनुमा लोग जनभावनाओं से खिलवाड़ करते हैं और अपना उल्लू सीधा करते हैं। ऐसे ही एक हिन्दू मन्दिर के भीतर जाने के कई रास्ते थे। उस मन्दिर में अनेक देवताओं की प्रतिमाएँ विराजित थीं। ब्रह्मा, विष्णु, महेश, शक्ति, सूर्य, गणेश, काली, वेद, वेदान्त, दर्शन, तंत्र, पुराण सभी कुछ उस मन्दिर समूह में थे। हजारों लोग उस मन्दिर में प्रतिदिन दर्शन करने के लिए आते थे।

स्वामी विवेकानन्द ने जब उस मन्दिर की ख्याति सुनी तो वे भी वहाँ भगवान की प्रतिमाओं के दर्शन करने से अपने आपको रोक नहीं पाए। मन्दिर में प्रवेश करने के पहले ही स्वामी विवेकानन्द ने देखा कि एक विशाल प्रतिमा मन्दिर के द्वार पर ही लगी है, जो पचास सिर वाली, सौ हाथ वाली और सौ पाँव वाली एक विहंगम प्रतिमा है और सारे भक्त उसी प्रतिमा के आगे दण्डवत् प्रणाम कर रहे हैं। स्वामीजी ने पूछा कि यह प्रतिमा किसकी है तो वहाँ मौजूद एक भक्त ने कहा कि मन्दिर के भीतर जो सैकड़ों भगवान विराजित हैं, उनकी पूजा करने से जितना पुण्य मिलता है, उतना ही पुण्य और पूजा का फल इस प्रतिमा के सम्मुख दण्डवत् करने और दो फूल चढ़ाने मात्र से मिल जाता है।

स्वामीजी ने आश्चर्य से पूछा कि आखिर यह मूर्ति है किसकी? तो भक्त ने कहा कि यह मूर्ति लोकाचार की है। स्वामी विवेकानन्द को उस मन्दिर के कर्ता-धर्ताओं की बुद्धि पर तरस आया और वहाँ मौजूद उन लोगों की बुद्धि पर भी जो किसी के कहने पर कहीं भी फूल चढ़ाने लगते हैं और मान लेते हैं कि यह फूल चढ़ाने से ही सभी देवी-देवताओं की पूजा हो जाएगी और उन्हें अथाह पुण्य मिलेगा। ऐसे लघुतम मार्ग ईश्वर तक पहुँचने की राह में बड़े रोड़े हैं। उन मार्गों पर चलने से प्रभु नहीं मिलने वाले। हाँ, ऐसा जरूर है कि ऐसे मन्दिर बनाने वालों को इससे अथाह धन की प्राप्ति सम्भव हो।

धर्म के नाम पर अपनी जुगाड़ करने और अपनी व्यावसायिक आशाएँ पूरी करने वालों पर भी स्वामी विवेकानन्द बहुत ही नाराज रहते थे। उन्होंने कहा था : ''धर्म का रहस्य आचरण से जाना जा सकता है, व्यर्थ के मतवादों से नहीं। भला बनना तथा भलाई करना इसमें समग्र धर्म निहित है।'' वे हमेशा कहते थे कि ऐसे पण्डों और पुजारियों से सावधान रहें जो अपनी बात को ही ब्रह्म समझते हैं। ऐसे पण्डे–पुजारी अतार्किक बातें करते हैं, स्वयं को भगवान का प्रमुख सेवक बताते हैं।

ऐसे ही एक कृष्ण व्याल भट्टाचार्य महापण्डित की स्वामी विवेकानन्द ने खिल्ली उड़ाई। कृष्ण व्यालजी को यह भ्रम था कि संसार का ऐसा कोई ज्ञान नहीं है जो उन्हें नहीं आता। वे विद्युत प्रवाह से लेकर चुम्बक की शक्ति तक हर बात के ज्ञाता हैं। उन्हें लगता है कि धर्म को उनसे ज्यादा कोई नहीं जानता और वे ऐसे प्रमाण देने में सक्षम थे, जिन्हें और कोई समझ नहीं पाए। धर्म के नाम पर कृष्ण व्याल भट्टाचार्य महज अपना व्यवसाय करते थे और यह कहते थे कि भारत के अलावा कहीं धर्म नहीं है। भारत में ब्राह्मणों में भी कृष्ण व्याल खानदान के लोग ही सबसे ऊँचे हैं। किसी भी बीमारी में वे कोई भी चिकित्सा बता देते थे और अपनी दक्षिणा ले लेते थे। ऐसे हजारों कृष्ण व्याल भारत भर में फैले हुए थे जिनकी सोच तनिक भी वैज्ञानिक नहीं थी। स्वामी विवेकानन्द की बातों से यह कृष्ण व्याल चिन्तित और परेशान थे।

माँ का स्थान सर्वोपरि

अमेरिका के पेसाडोना केलिफोर्निया में 18 जनवरी, सन् 1900 को स्वामी विवेकानन्द ने शेक्सपियर क्लब हाउस में भारतीय नारी की स्थिति पर चर्चा की। स्वामी विवेकानन्द से वहाँ उपस्थित लोगों ने कहा कि आप किस धर्म का प्रचार करने आए हैं और हमसे क्या अपेक्षा करते हैं? इस पर स्वामीजी ने कहा कि मैं यहाँ हिन्दू धर्म और दर्शन का प्रचार करने नहीं, उसकी जानकारी देने आया हूँ। इसलिए मैं हिन्दू धर्म के किसी विशेष सिद्धान्त को अपनाने की बात नहीं कर रहा।

स्वामी विवेकानन्द ने स्पष्ट कहा कि मैं हिन्दू मिशनरी नहीं हूँ और न ही धर्मान्तरण के लिए व्याख्यान दे रहा हूँ। हमारे कुछ विचार आपके देश के लोगों को अच्छे लग सकते हैं, जिन्हें आप अपनाना चाहें, अपना लें। हमारे देश में भी बहुत से लोग ऐसे हैं जिन्हें आपके विचार अच्छे लगते हैं और वे उन सिद्धान्तों को अपनाते हैं। स्वामीजी की इस बात पर वहाँ उपस्थित एक श्रोता ने पूछा कि आप तो अविवाहित हैं। हम लोग यह जानना चाहते हैं कि आपके धर्म और दर्शन में महिलाओं की स्थिति क्या है? क्या आप भारत और पश्चिमी देशों की महिलाओं की स्थिति के बारे में कुछ बता सकते हैं?

भारतीय नारी के बारे में चर्चा करते हुए स्वामीजी ने सबसे पहले स्पष्ट किया कि मैं आश्रम में रहता हूँ, जहाँ विवाह नहीं किया जाता। इसलिए महिलाओं के प्रत्येक दृष्टिकोण से हो सकता है कि मैं परिचित नहीं होऊँ, लेकिन फिर भी मैं, बहन, कन्या और स्त्री के रूप के बारे में मेरे दृष्टिकोण की कुछ बातें विश्वासपूर्वक कह सकता हूँ।

स्वामीजी ने अपने भाषण में यह बात भी कही कि चूँकि मैं संन्यासी हूँ और हमारे यहाँ धार्मिक प्रवचनों में सभी वर्ग के लोग आते हैं। भारतीय महिलाएँ भी जो आमतौर पर पुरुषों के साथ सार्वजनिक समारोह में नहीं जातीं, धार्मिक आयोजनों में अवश्य जाती हैं। मैं यह बात दावे से कह सकता हूँ, कि जो महिलाएँ उपदेश सुनने के लिए हमारे समारोह में आती हैं, उनके बारे में, मैं बहुत-सी बातें आपको बता सकता हूँ। स्वामी विवेकानन्द ने कहा कि भारत एक बहुधर्मी

बहुभाषिक देश है, जहाँ हिन्दू, बौद्ध, मुस्लिम, ईसाई आदि धर्म के लोग रहते हैं। बहुत से लोग ऐसे हैं जो एक से अधिक भाषाएँ जानते हैं क्योंकि भारत में अनेक भाषाएँ प्रचलित हैं। लगभग एक-तिहाई देश में हिन्दी बोली जाती है और भाषा और क्षेत्र के अनुसार लोगों का रहन-सहन और बोली आम बात है। भारत को निकट से समझने वाला व्यक्ति केवल वेशभूषा देखकर बता सकता है कि सामने बैठा पुरुष या महिला किस क्षेत्र के प्रतिनिधि होंगे।

भारत में कुछ चीजों को बहुत अच्छा समझा जाता है, जिन्हें आपके यहाँ अच्छा नहीं माना जाता और भारत में कुछ चीजें बहुत बुरी मानी जाती हैं जो आपके यहाँ नहीं मानी जाती। जैसे भारत में चचेरे भाई-बहनों का विवाह व्यभिचार के समान माना जाता है, हालाँकि भारत में यह गैर-कानूनी नहीं है। भारत में विधवा विवाह को बहुत अहमियत नहीं है, जब कि पश्चिम में विधवा विवाह सामान्य घटना है। यहाँ एक बात जानना जरूरी है कि हम किन आदर्शों के लिए कार्य कर रहे हैं या हम किन आदर्शों को अपना प्रेरणास्रोत मानते हैं। हमारे प्रेरणास्रोत अलग हैं, आपके प्रेरणास्रोत अलग हैं।

भारत में महिला के जीवन का आदर्श और अन्त उसका मातृत्व माना जाता है। हमारे यहाँ स्त्री शब्द के उच्चारण में मातृत्व का स्मरण हो आता है। हमारे देश में ऐसी परम्परा है कि बाल्यावस्था में प्रत्येक हिन्दू बालक एक कटोरी में जल भरकर अपनी माता के पास लाता है और माता उसमें अपने पैर का अँगूठा डुबो देती है और पुत्र उस जल का पान करता है।

पश्चिम में इससे उल्टा है। महिलाओं का केन्द्रीय भाव पत्नी का है यानी भारत में मातृत्व प्रमुख है और पश्चिम में पत्नी। पश्चिम में महिला गृह की स्वामिनी और शासिका है। भारतीय गृहों में स्वामिनी और शासिका माता है। पश्चिमी देशों में यदि घर में माता और पत्नी दोनों हों तो माता को पत्नी के अधीन रहना होता है। हमारे देश में माताएँ तो रहती ही हैं और पत्नियाँ उनके अधीन मानी जाती हैं।

आप मुझसे पूछ सकते हैं कि पत्नी के रूप में भारतीय स्त्री का क्या स्थान है तो जवाब में मैं आपसे पूछ सकता हूँ कि माता के रूप में अमेरिकन स्त्री कहाँ है? उस तेजस्विनी और ओजस्विनी माता का जिसने तुम्हें जन्म दिया है, तुम्हारे जीवन में क्या स्थान है? वह माँ जो वक्त आने पर अपने प्राणों की आहुति देने से भी नहीं चूकती, जिसका प्रेम कभी नहीं मरता, उस माता का स्थान आपके देश में कहाँ है?

साधारण-सी बात को लेकर न्यायालय का द्वार खटखटाने वाली तुम्हारी पत्नी के सामने तुम्हारी माता का स्थान क्या है? हे अमेरिकी महिलाओ वह माता

कहाँ हैं, क्या मैं उसे आपके देश में पा सकता हूँ? हमारे यहाँ मृत्यु के उपरान्त भी कोई पुरुष यह नहीं चाहेगा कि उसकी पत्नी और उसकी संतान उसकी माता की जगह ले लें, यदि वह जीवित हो तो। हमारे देश में यदि हमारी मृत्यु हमारी माँ के पहले हो तो हम चाहेंगे कि मृत्यु के समय पुनः एक बार हमारा सिर उसकी गोद में हो। भारत में हम समझते हैं कि माँ के नाम से पवित्र और निर्मल कोई और नाम नहीं है और यही भारत का आदर्श है।

माँ घर और परिवार

स्वामी विवेकानन्द ने अपने उपदेश में लोगों को बताया कि मैं जिस आश्रम में रहता हूँ, वहाँ की बहुत-सी बातें केथोलिक चर्च के धर्मगुरुओं से मिलती-जुलती है। हमें भारत में बगैर सामान लिये आना-जाना होता है और हम लोग दरवाजे-दरवाजे भिक्षाटन करके अपना गुजर-बसर करते हैं। हमें जहाँ स्थान मिलता है, वहीं सो जाते हैं और हम आश्रम में प्रत्येक स्त्री को माँ कहते हैं। हर स्त्री हमारे लिए माँ के समान है, चाहे वह छोटी लड़की ही क्यों न हो। पाश्चात्य देशों में आने पर भी हमारे वही संस्कार बने रहते हैं। यहाँ मैं किसी स्त्री को यदि माँ कह दूँ तो मुझे उनके कोप का भाजन बनना पड़ता है क्योंकि यहाँ के अर्थ में माता का अर्थ हुआ कि वह वृद्ध है। भारत में स्त्री का अर्थ है माँ। मातृत्व हमारे लिए महानता का बोधक है।

मातृत्व में स्वार्थ शून्यता है, निष्कपट, सहिष्णुता और क्षमाशीलता का एक भाव है। हमारे यहाँ पत्नी छाया की तरह पीछे चलती है और उसे माता के जीवन का अनुसरण करना पड़ता है। यही उसका कर्तव्य है। हमारे यहाँ माता प्रेम का आदर्श होती है, वह परिवार का शासन करती है और उस पर अधिकार रखती है। भारत में कहा जाता है कि कुपुत्र तो हो सकता है, कुमाता कभी नहीं हो सकती। भारत में पुत्र की पत्नी आने पर माता की दृष्टि में पुत्री का स्थान ले लेती है। जो विवाहित होकर अपनी माता के घर से किसी दूसरे के घर में गई है, उसे घर की सम्राज्ञी माता के अनुसार चलना आवश्यक है। मैंने संन्यास ग्रहण कर लिया है, इसलिए मैं विवाह नहीं कर सकता लेकिन कल्पना कीजिए कि यदि मैं विवाह करता और यदि मेरी पत्नी मेरी माता को किसी कारण अप्रसन्न रखती तो ऐसी पत्नी से मुझे बड़ी ग्लानि होती क्योंकि यदि मैं अपनी माता की पूजा करता हूँ तो मैं चाहता हूँ कि मेरी पत्नी भी उनकी पूजा करे। मैं जिसकी आराधना करता हूँ, वह भी उसकी आराधना क्यों न करे ? मेरी पत्नी को क्या अधिकार कि वह मेरे सिर पर चढ़कर मेरी माता पर शासन करे ? जब पुत्रवधू मातृपद पर पहुँच जाती है, उसके बाद उसका अधिकार होता है अपने घर पर शासन करने का।

भारत में यह माना जाता है कि जो संतान ईश्वर से याचना करने के बाद जन्म लेती है, वही सच्ची सन्तान होती है। जिसके लिए व्रत रखा गया हो, प्रभु से प्रार्थना की गई हो, उसके बिना अगर सन्तान जन्म ले तो उसे प्रभु की सन्तान नहीं कहा जाएगा। क्या अमेरिका में स्त्रियाँ माँ बनने के लिए भगवान से प्रार्थना करती हैं? और सन्तान होने के बाद ईश्वर को धन्यवाद देती हैं?

भारत में हम मानते हैं कि बालक के जन्म लेने के पूर्व माता के संस्कार ही महत्त्वपूर्ण होते हैं। माता ने अपने आपको पवित्र बनाए रखा, कठोर तपस्याएँ कीं, इसीलिए माता का स्थान बहुत प्रमुख है। यदि आप माता के गर्भ से ही बीमारियाँ लेकर आएँगे तो इलाज बहुत मुश्किल है। भारत में माता की पूजा का मूल स्रोत यही है कि हम माँ के प्रति, उसके त्याग, प्रेम, सहिष्णुता के प्रति आभार व्यक्त करें। उस माँ के लिए जिसने मुझे इस संसार में लाने के लिए अनेक तपस्याएँ की हैं, बहुत आत्म त्याग किया है और बरसों तक अपने शरीर को, मन को, भोजन को और यहाँ तक कि अपनी कल्पनाओं को भी शुद्ध और पवित्र रखा। यही कारण है कि हम उसे पूज्य मानते हैं और इसीलिए मातृत्व की इतनी महत्ता है।

अब हम भारत में स्त्री के पुत्री रूप की चर्चा करेंगे। भारतीय घरों में कन्या को कई लोग एक समस्या समझते हैं क्योंकि कन्या का विवाह बहुत जटिल कार्य है। बेटी के विवाह के लिए तो कभी-कभी पिता को भिखारी जैसा होना पड़ता है। वर का पिता अपने पुत्र के लिए बहुत मूल्य माँगता है। भारत में कन्याओं के विवाह में बहुत धन खर्च करना पड़ता है। यह कतई उचित नहीं है लेकिन यह समस्या बहुत बड़ी है। संस्कृत में कन्या को दुहिता कहते हैं। इस शब्द की उत्पत्ति इस प्रकार हुई कि प्राचीनकाल में कन्याएँ ही गायों का दूध दुहा करती थीं, अर्थात् दूध दुहने वाली को दुहिता कहते थे। बाद में इस शब्द का बुरा अर्थ यह कहा जाने लगा कि जो घर का सारा धन दूह ले जाए, वही दुहिता।

पाश्चात्य देशों में बड़े लोगों को भी नाम लेकर पुकारा जाता है। भारत में हम इस बात की कल्पना भी नहीं कर सकते कि मैं अपनी माँ को उनका नाम लेकर पुकारूँ। माँ तो क्या, मैं अपनी बड़ी बहन को भी 'आप' कहे बिना सम्बोधित नहीं कर सकता हूँ। हमारे यहाँ नवविवाहित कन्या से उसका पति घर के वरिष्ठों के सामने बातचीत नहीं कर सकता। वह अपने छोटे भाई, भतीजे, भांजे, भांजियों के सामने अपनी पत्नी से चाहे जितनी बात कर ले। यह हमारी भारतीय समाज की व्यवस्था है। हमारे देश में बहुत से रीति-रिवाज विचित्र हैं।

मुझे लगता है कि रीति-रिवाज बदलने की आवश्यकता है, जैसे अगर मैं और मेरी बड़ी बहन भोजन कर रहे हों और बड़ी बहन के पति अचानक वहाँ आ जाएँ तो मेरी बड़ी बहन भोजन ग्रहण करना रोक देगी। हमारे यहाँ पति से पहले

पत्नी का भोजन करना भी उचित नहीं माना जाता क्योंकि यह हमारी जटिल सामाजिक व्यवस्था का अंग है। भारत में जहाँ–जहाँ पुरुष शिक्षित और सुसंस्कृत है, वहाँ महिलाएँ भी शिक्षित और अधिक सभ्य हैं। जहाँ पुरुष बहुत शिक्षित और सभ्य नहीं, वहाँ स्त्रियाँ भी ऐसी ही हैं। एक बात स्वामी विवेकानन्द ने जोर देकर कही और वह यह कि यह मिथ्या प्रचार है कि भारत में लड़कियों को शिक्षा के लिए प्रेरित नहीं किया जाता।

उन्होंने कहा कि मैं स्वयं ही इसका उदाहरण हूँ। जब मैंने कलकत्ता विश्वविद्यालय से बी.ए. पास किया, तब बहुत–सी लड़कियों ने सफलतापूर्वक यह परीक्षा उत्तीर्ण की। हमारे प्राचीन ग्रन्थों में भी लिखा है कि विद्यापीठों में लड़के और लड़कियाँ दोनों ही जाते थे। स्वामी विवेकानन्द ने इस बात का जोरदार तरीके से खण्डन किया और यह कहा कि भारत में बालिकाओं की दशा बालकों से अलग नहीं है। अगर आप लोग बालिकाओं के लिए आँसू बहाते हैं तो बालकों के लिए भी बहाइए। यदि आप कहते हैं कि बालिकाओं का विवाह वृद्ध लोगों से होता है तो मेरा सवाल है कि क्या भारत में सभी पुरुष वृद्ध हैं?

'अतिथि देवो भवः' हमारी सभ्यता

5 अप्रैल, 1894 को अमेरिका के डेट्रायट में स्वामी विवेकानन्द का एक भाषण पूरी दुनिया के लिए चर्चा का केन्द्र बना। डेट्रायट के आपेरा हाउस में स्वामी विवेकानन्द को सुनने के लिए बहुत बड़ी संख्या में लोग आए थे। स्वामी विवेकानन्द ने वहाँ जो भाषण दिया, वह पूरी दुनिया के लिए आँख खोल देने वाला था और भारतीयों के जीवन पर स्वामी विवेकानन्द की दृष्टि स्पष्ट नजर आती थी।

अमेरिकी अखबारों में स्वामी विवेकानन्द के भाषण की तारीफ के पुल थे। अखबारों में स्वामी विवेकानन्द की अंग्रेजी भाषा की भी तारीफ की गई और उनके व्यक्तित्व की भी। जो बातें उन्होंने कहीं थीं, उनका स्पष्ट तौर पर व्याख्यान भी अखबारों में छपा था। भारतीयों पर छींटाकशी करने वालों के लिए स्वामी विवेकानन्द का जवाब था। अमेरिकी अखबारों के अनुसार इस हिन्दू वक्ता ने असली ईसाई और नकली ईसाई के बीच एक साफ-साफ रेखा खींच दी थी, जब स्वामी विवेकानन्द ने यह कहा : ''हम अच्छे भाव से अपने हिन्दुत्व की भावना प्रकट करना चाहते हैं। हम चाहते हैं कि ईसा मसीह के सैकड़ों दूत भारत आएँ और वे ईसा मसीह को हमारे जीवन के करीब लाने में मदद करें। हम चाहते हैं कि वे लोग भारतीय समाज की आत्मा में ईसा मसीह को प्रविष्ट हो जाने दें। ईसा मसीह के उपदेशों का प्रचार भारत के कोने-कोने में और गाँव-गाँव में हो।''

जब स्वामी विवेकानन्द ने ये बातें कहीं तो अमेरिकी अखबार वालों के पास उनकी आलोचना करने का कोई बहाना नहीं बचा। जब स्वामी विवेकानन्द ने डेट्रायट में भाषण दिया, तब वे जानते थे कि भारत एक परतंत्र राष्ट्र है, इसलिए उन्हें जो कुछ कहना है, वह बात ऐसी होनी चाहिए कि सभी के लिए ग्राह्य हो और लोग उसमें विश्वास कर सकें। इसी को ध्यान में रखकर स्वामी विवेकानन्द ने वे बातें कहीं जो सभी को पसन्द आई। उन्होंने कहा :

''भारत में स्वहीनता यानी निःस्वार्थ रूप से काम करना ही पुण्य है और स्वार्थ के लिए कार्य करना भारत में पाप माना जाता है। भारत के लोग अपने लिए

घर नहीं बनाते, वे घरों का निर्माण इसलिए करते हैं कि वे ईश्वर की उपासना और अतिथि देव का सत्कार कर सकें। भारत के लोग अपने लिए भोजन नहीं बनाते, वे भोजन बनाते हैं दीन जनों के लिए। यदि कोई भूखा अतिथि आ जाए तो भारत में सबसे पहले अतिथि को भोजन परोसा जाता है और सबसे अन्त में घर का स्वामी भोजन ग्रहण करता है। यही भावना पूरे देश में एक जैसी है। कोई व्यक्ति कहीं भी जाकर भोजन और आश्रय के लिए याचना कर सकता है और सभी घरों के द्वार उसके लिए खुल जाते हैं।''

भारत में जाति प्रथा को लेकर चल रहे प्रचार पर स्वामी विवेकानन्द ने बहुत खरी-खरी बातें कहीं। उन्होंने दुनिया को यह बताने की सफल कोशिश की कि जाति प्रथा को जिस रूप में दुनिया के सामने बताया जा रहा है, वैसा कदापि नहीं है।

वास्तव में जाति प्रथा का भारत के धर्म से कोई लेना-देना नहीं। भारत में पैतृक व्यवसाय का चलन है। बढ़ई, बढ़ई के रूप में, सुनार, सुनार के रूप में, श्रमिक, श्रमिक के रूप में और पुरोहित, पुरोहित के रूप में जन्म लेता है। आमतौर पर लोग अपना पारम्परिक पेशा अपनाते हैं। आने वाली पीढ़ी भी उन पेशों सें काम चलाती है। जुलाहे का काम करने वाले के बच्चे उसी काम को और सेना में सैनिक बनने वाले योद्धाओं के बच्चे आमतौर पर उसी चीज को अपनाते हैं। अपनी अलौकिक तर्कशक्ति और स्पष्ट वक्तव्य से स्वामी विवेकानन्द ने भारत पर लांछन लगाने वालों को करारा झटका दिया।

उन्होंने यह बात भी साफ-साफ कही कि कहीं न कहीं इस प्रथा में कुछ गड़बड़ हो जाती है लेकिन इसका अर्थ यह नहीं कि पूरा भारतवर्ष इसी तरह का जीवन जीता है। कोई भी व्यवसाय भारत में बुरा नहीं माना जाता। यहाँ तक कि स्वच्छता का कार्य करने वाले को भी मेहत्तर अर्थात् श्रेष्ठतम काम कहा जाता है और समाज में उनका भी अपना महत्त्वपूर्ण स्थान है।

स्वामी विवेकानन्द ने हमारी संस्कृति के उस रूप को बखूबी बखान किया है जिसमें दो प्रकार के दान विशेष रूप से सम्मानित हैं। पहला दान है विद्या का दान। सदियों से यह माना जाता है कि विद्यादान सर्वश्रेष्ठ है। उससे बढ़कर अगर कोई दान है तो वह केवल एक ही है, यदि कोई किसी की जान बचा ले यानी जीवनदान। स्वामी विवेकानन्द ने यह बात अमेरिका में जोर-शोर से कही कि भारत वह देश है, जहाँ द्रव्य के लिए शिक्षा देना बुरा माना जाता है।

हम लोग विद्यादान को एक पुण्य कार्य मानते हैं। यदि कोई पैसे या धन के लिए विद्यादान करता है तो उससे बढ़कर कलंक की बात और कोई नहीं हो सकती। यही भारत की सभ्यता है। उपनिषदयुगीन सुदूर अतीत में हमने इस

संसार को एक चुनौती दी थी : 'न प्रजया धनेन त्यागेनैके अमृतावमनशु'—न तो सन्तति द्वारा और न सम्पति द्वारा वरन केवल त्याग द्वारा ही अमृत्व की उपलब्धि होती है।

स्वामी विवेकानन्द ने सभी भाषणों में यह बात जोर देकर कही कि यही हमारी सभ्यता है और भारत की सभ्यता ही उसकी शक्ति है। उन्होंने कहा कि कोई भी देश यह सोच ले कि उसने समुद्र की लहरों पर नियन्त्रण पा लिया है या उसने भौतिक तत्त्वों को अपने कब्ज़े में ले लिया है या फिर वह यह कहे कि उसने जीवन की उपयोगितावादी सभी वस्तुओं का उपयोग कर लिया है तो उसको मैं यही कहूँगा कि इसमें सर्वोच्च सफलता नहीं है। सर्वोच्च सफलता है अपने स्वार्थ को जीत लेना परन्तु किसी भी दूसरे देश की तुलना में भारत में यह बात सर्वाधिक उपलब्ध है क्योंकि यहाँ शरीर-सुख सम्बन्धी भौतिक स्थितियाँ आध्यात्मिकता के अधीन हैं। भारत में हम सजीव वस्तु में आत्मा का दर्शन करते हैं और परमात्मा का दर्शन करने के लिए ही प्रकृति का भी दर्शन करते हैं।

दुविधाओं का जवाब तार्किकता से

स्वामी विवेकानन्द को उलझाने के लिए श्रोता तरह-तरह के सवाल करते थे। श्रोताओं के सवाल आमतौर पर स्वामीजी की दुखती रग पर ही होते थे और स्वामी विवेकानन्द बड़ी तत्परता और चतुराई से उसका जवाब दे दिया करते थे। कई बार उनकी बातें प्रश्नकर्ताओं को चुभ भी जातीं लेकिन श्रोताओं के सवाल ही कुछ ऐसे होते थे कि उनका जवाब सीधे तरीके से देना सम्भव नहीं होता था।

एक श्रोता ने सवाल किया कि क्या यह बात सच है कि भारत में लोग अपने बच्चों को मगर के मुँह में डाल देते हैं? अब इस झूठे अनर्गल सवाल का क्या जवाब होता? स्वामी विवेकानन्द ने अपनी तर्कशक्ति से लोगों को यह कहा कि अगर मैं यह कहूँ कि आपके अमेरिका में रेड इण्डियनों के दौड़ लगाने की परम्परा क्यों है, या उनको सड़कों पर क्यों दौड़ाया जाता है तो क्या इसका कोई गम्भीर जवाब होगा? इस पर एक श्रोता ने प्रतिप्रश्न किया कि हमें पता है कि भारत में छोटी लड़कियों को मगर के मुँह में डाल दिया जाता है।

इसके जवाब में व्यंग्य से स्वामी विवेकानन्द ने कहा : ''जानते हैं, छोटी लड़कियों को ही क्यों डाला जाता है? क्योंकि नदियों में रहने वाले मगर को उन्हें खाने में सुविधा होती है।''

इसी तरह सती प्रथा के बारे में भी स्वामी विवेकानन्द को तीखे-तीखे सवालों का जवाब देना पड़ता, जिसे वे अपनी बुद्धिमत्तापूर्ण बातों से सन्तुष्ट करते। वे यह बात भी कहते थे कि भारत के बारे में बुरी धारणाएँ बहुत ज्यादा हैं और अपवादों को भी अमेरिकियों ने भारतीयों की जीवन-शैली मान लिया है। जैसे भारत में आप सती प्रथा की बात करते हैं, वैसे ही अगर मैं यह कहूँ कि अमेरिका में स्त्रियों को डायन बताकर गाड़ दिया जाता है, ऐसा क्यों, तो आपका जवाब क्या होगा?

महिलाओं की स्थिति पर बात करते वक्त स्वामी विवेकानन्द हमेशा यह बात कहते कि भारत के सामने नैतिक दृष्टि से दुनिया का कोई भी राष्ट्र बौना ही है।

"भारत ही एक ऐसा देश है, जहाँ एक राजा ने ईसा से भी 260 वर्ष पहले यह आदेश निकाला था कि अब युद्ध नहीं हो और उसने सैनिकों के स्थान पर धर्म-शिक्षकों की सेना तैनात की थी। भारत में हमेशा से सहशिक्षा का चलन रहा है। भारतीय ऋषियों के विवरण में भी महिला ऋषियों का स्थान है। ईसाई धर्म में सभी धर्मगुरु पुरुष हुए हैं जब कि भारत में महानतम स्त्रियाँ भी प्रमुख हुई हैं।"

भारत में गृहस्थ की उपासना के पाँच लक्ष्य होते हैं जिनमें से एक है विद्या का दान और दूसरा है मूक जीवों की सहायता। भारत में अहिंसा और अतिथि सत्कार का अपना महत्त्व है और व्यक्ति अपनी जान जोखिम मे डालकर भी इस धर्म का निर्वहन करता है जो दुनिया में और कहीं देखने में नहीं आता। ईसाई धर्मगुरुओं को स्वामी विवेकानन्द ने अपनी तर्कशक्ति से करारे जवाब दिए। उन्होंने कहा कि भारत का यह दर्शन है कि मेरा भले ही नुकसान हो जाए लेकिन दूसरे को हानि नहीं हो। संसार हमारी भारत माता का बहुत ही ऋणी है। यदि भिन्न-भिन्न जातियों की पारस्परिक तुलना की जाए तो मालूम होगा कि सारा संसार सहिष्णु एव निरीह हिन्दू का जितना ऋणी है, उतना और किसी का नहीं।

भगवान श्रीकृष्ण का उदाहरण देकर उन्होंने कहा कि वे हिन्दुओं के पहले पैगम्बर थे, जिन्होंने कहा कि मैं ही ईश्वर का अवतार हूँ और सभी धर्मो का प्रेरक हूँ। भारत में हम जो कुछ भी प्राप्त करते हैं, उसका एक हिस्सा प्रभु को समर्पित करते हैं जो निर्धनों और अन्य प्राणियों के काम आता है। ऐसा नहीं कि अपने स्वार्थ के लिए किसी निरीह प्राणी की जान ले लें। यहूदियों में एक भाव यह होता है कि वे कुछ समर्पित करते हैं तो उनका पाप उस प्राणी मेमने में चला जाता है और फिर उस प्राणी की बलि दे दी जाती है और खुद को सुरक्षित छोड़ दिया जाता है। हमने ऐसा कोई भाव विकसित नहीं किया है कि किसी मूक प्राणी की बलि दे दें।

"भारत की महानता इसी में है कि भारत के लोग किसी भी धर्म से नहीं लड़ते। हजारों साल के इतिहास में उन्होंने कभी भी किसी पर आक्रमण नहीं किया। उन्होंने कभी किसी की सत्ता पाने के लिए संघर्ष नहीं किया, क्योंकि भारतीय प्रत्येक देश में पवित्रतम मनुष्य, भले पुरुष और भली स्त्रियों को देखते हैं, चाहे वे हमारे धर्म के हों या किसी और धर्म के। हम मानते हैं कि केवल हमारा धर्म ही मुक्ति का मार्ग नहीं है। जैसे पहाड़ों से निकलकर अनेक नदियाँ मैदान में आती हैं और फिर समुद्र में जाकर एक हो जाती हैं, वैसे ही अनेक धर्म निकलकर आते हैं जो भगवान की शरण में एक होते चले जाते हैं और यही हमारे यहाँ की दैनिक प्रार्थना का एक हिस्सा है।"

कर्मशीलता ही कर्मयोगी की सार्थकता

मनुष्य कोई भी काम करता है तो इसके पीछे उसका कुछ न कुछ लक्ष्य होता है। कोई भी कार्य वह निःस्वार्थ नहीं करता। या तो काम के लिए वह धन चाहता है या फिर काम के लिए यश चाहता है। अगर धन और यश नहीं चाहे तो वह चाहता है कि वह जो भी काम करे, उसे उसके बदले में कुछ अधिकार प्राप्त हों। ऐसे लोग अधिकार पाने के लिए कार्य करते हैं।

कुछ ऐसे लोग हैं जो स्वर्ग जाना चाहते हैं और उसी के लिए कार्य करते हैं। अगर उनके सामने से यह विकल्प हटा लिया जाए कि इस पुण्य कार्य के लिए उनके स्वर्ग जाने की कोई सम्भावना नहीं है तो वह उस कार्य को करना छोड़ देंगे। ऐसे भी लोग हैं जो चाहते हैं कि उनके निधन के बाद लोग उन्हें याद रखें, उनके नाम की मूर्तियाँ लगाई जाएँ, उनके नाम पर मार्गों का नामकरण हो और उनके नाम पर स्मारक बनाए जाएँ। अधिकांश लोग अपने जाने के बाद अपना नाम देखना चाहते हैं। वे चाहते हैं कि उनके जाने के बाद भी लोग उन्हें याद करें।

इस्लाम धर्म में कुछ सम्प्रदायों के अनुयायी इस बात के लिए आजन्म काम करते हैं कि मृत्यु के बाद उनकी बड़ी सी कब्र बनाई जाए। हिन्दू लोग इसलिए कार्य करते हैं कि उनके निधन के बाद उनकी स्मृति में समाधि का निर्माण हो। कुछ सम्प्रदाय तो ऐसे हैं, जहाँ बच्चे के पैदा होते ही उसके लिए कब्र बना दी जाती है। उस समाज के लोगों का कहना है कि यह बहुत जरूरी काम है और जिसकी कब्र बड़ी और सुन्दर होगी, वह उतना ही सुखी माना जाता है।

कई लोग जीवनभर बुरा काम करते हैं और मन्दिर बनवा देते हैं, पुरोहितों को धन दे देते हैं और धर्म के नाम पर प्रवचन, भजन-कीर्तन आदि का आयोजन करते हैं। उन्हें लगता है कि उन्होंने जीवन भर भले ही कुछ गलत काम किया हो, अगर उन्होंने मन्दिर बनवा दिया या हवन-पूजन करवा दिया तो स्वर्ग में उनका टिकट पक्का। उन्हें लगता है कि ऐसा करके उन्होंने अपने सभी बुरे कार्यों को धो डाला है। इस सबसे हटकर कुछ लोग ऐसे हैं जो केवल कर्म के लिए ही कर्म करते हैं। ये लोग नाम, स्वर्ग, प्रसिद्धि, यश आदि की परवाह नहीं करते। ये दूसरों

की मदद भी करते हैं तो निःस्वार्थ भाव से। उन्हें लगता है कि हमने अपना काम किया है।

प्रत्येक सफल मनुष्य के स्वभाव में कहीं न कहीं असामान्य ईमानदारी और सच्चाई छिपी रहती है और उसी के कारण उसे जीवन में इतनी सफलता मिलती है, वह पूर्णतया स्वार्थहीन न रहा हो पर वह उसकी ओर अग्रसर होता रहा था। यदि वह सम्पूर्ण रूप से स्वार्थहीन होता, तो उसकी सफलता वैसे ही महान होती, जैसे बुद्ध या ईसा की। सर्वत्र निःस्वार्थता की मात्रा पर ही सफलता की मात्रा निर्भर रहती है।

मेरा ऐसा अनुभव है कि जो लोग यश या नाम के लिए कार्य करते हैं, उन्हें उनके कार्य का बहुत अच्छा फल नहीं मिलता। यदि कोई मनुष्य निःस्वार्थ भाव से कोई कार्य करे तो क्या उसे कोई फल नहीं मिलेगा? असल में सर्वोच्च फल की प्राप्ति ही निःस्वार्थ काम से है, उसका फल भी मिलता है लेकिन लोगों को उसका धीरज नहीं रहता। वास्तव में कोई भी मनुष्य 5 दिन तो क्या, 5 मिनट भी प्रतिदिन निःस्वार्थ होकर काम करे, बिना फल की इच्छा के कार्य करे तो ही महापुरुष बन सकता है लेकिन निःस्वार्थ कार्य करने में बड़े संयम की आवश्यकता है।

"कर्मशील बने रहने में ही कर्मयोगी की सार्थकता है। कर्मयोगी को हमेशा ही कर्म करते रहना चाहिए। कर्मयोगी को बिना एक क्षण भी रुके अपना कार्य करते रहना चाहिए। यह कुछ ऐसा है जैसे कि जो मछलियाँ समुद्र के तल में रहती हैं अगर उन्हें समुद्र की सतह पर लाया जाए तो उन्हें अच्छा नहीं लगेगा। दरअसल हम जो भी कार्य करते हैं, यदि हम सतह पर आएँ तो अस्वाभाविकता महसूस करने लगते हैं जबकि हमें किसी हेतु से कार्य करने में अस्वाभाविकता महसूस करना चाहिए।"

कर्तव्य के बारे में दुनिया में अलग-अलग देशों में वहाँ के समाजों में और जातियों में अलग-अलग धारणाएँ हैं। कर्तव्य क्या है? किसी के लिए कर्तव्य एक विशेष कार्य है, दूसरे व्यक्ति के लिए वह कार्य महत्त्वपूर्ण नहीं होकर दूसरा कार्य महत्त्वपूर्ण होता है, वही उसका कर्तव्य है। हमारे लिए यह अनिवार्य है कि हम अपने प्रति घृणा का भाव उत्पन्न नहीं होने दें क्योंकि यदि हमें आगे बढ़ना है तो यह आवश्यक है कि हम पहले अपने कर्म में विश्वास करें और फिर ईश्वर में।

जिसे स्वयं में विश्वास नहीं है, वह ईश्वर में भी विश्वास नहीं कर सकता। हमारे लिए एकमात्र रास्ता यही है कि हम अशुभ का प्रतिकार करते रहें। श्रीमद् भगवतगीता के दूसरे अध्याय को पढ़कर पश्चिमी देशों में बहुत-से लोगों को

आश्चर्य हुआ कि उस अध्याय में भगवान श्रीकृष्ण ने अर्जुन को कपटी और डरपोक कहा और वह भी इसलिए कि अर्जुन ने अपने सम्बन्धियों और मित्रों से युद्ध करने से इनकार कर दिया था और कहा था कि अहिंसा परमो धर्मः। हमारे लिए यह समझने की बात है कि किसी भी कार्य की दोनों चरम, विपरीत अवस्थाएँ एक जैसी दिखाई देती हैं—चरम आस्ति और चरम नास्ति। जैसे कि सूर्य की रोशनी अगर बहुत तेज है तो हम उसे महसूस नहीं कर पाते। इसी तरह का भेद प्रतिकार और अप्रतिकार में है।

"कोई व्यक्ति इसलिए प्रतिकार नहीं कर पाता कि वह कमजोर है और दूसरा व्यक्ति जो बहुत जबरदस्त प्रतिकार कर सकता है, लेकिन फिर भी वह अप्रतिकार ही नहीं बनता बल्कि अपने दुश्मनों के लिए शुभकामनाएँ भी देता है। जो व्यक्ति अपनी कमजोरी के कारण प्रतिकार नहीं करता, वह पापग्रस्त होता है और ईश्वर से कोई लाभ नहीं उठा सकता परन्तु दूसरा मनुष्य यदि प्रतिकार करे तो वह भी पाप का भागी होता है। बुद्ध ने अपने सिंहासन और विलास की वस्तुएँ त्याग दीं जिसे हम सच्चा कहते हैं, लेकिन हम किसी भिखारी को त्यागी नहीं कहते, क्योंकि उसके पास त्याग करने को कुछ है ही नहीं। असली कर्मयोगी वही है जो समझता है कि सर्वोच्च आदर्श अप्रतिकार है। जिसे हम अन्याय का प्रतिकार कहते हैं, वह उस अप्रतिकार के रूप में शीर्ष तक पहुँचने का एक साधन है, एक सीढ़ी है। पहले वह कार्य करो, पूरी शक्ति लगाकर करो और शुद्ध मन से करो। जब यह प्रतिकार की शक्ति हममें आ जाएगी, तभी हम अप्रतिकार के लिए तैयार होंगे। किसी भी दशा में आलस्य का मार्ग नहीं अपनाना चाहिए। क्रियाशीलता का अर्थ है प्रतिकार। यदि हम अपनी मानसिक और शारीरिक दुर्बलताओं का प्रतिकार करें और इस प्रतिकार में सफल हो जाएँ, तब हमें शान्ति प्राप्त होगी। यह कहना बहुत आसान है कि किसी से घृणा मत करो, किसी का प्रतिकार मत करो किन्तु हम जानते हैं कि कार्यरूप में इसे लाना कितना मुश्किल है। यदि तुम्हें धन की इच्छा है और तुम्हें यह भी मालूम है कि जो मनुष्य धन का इच्छुक है, उसे संसार दुष्ट कहता है तो सम्भव है, तुम धन प्राप्त करने के लिए दिन-रात चेष्टा न करो लेकिन फिर भी तुम्हारा मन धन के पीछे-पीछे ही दौड़ता रहेगा। मैंने आधी दुनिया घूम ली है लेकिन 20 लोग भी ऐसे नहीं मिले जो वास्तव में शान्त और अहिंसक प्रवृत्ति वाले हों।"

गृहस्थ ही समाज की नींव

हमारे जीवन के भिन्न-भिन्न आश्रमों में भिन्न-भिन्न कर्तव्य हैं। एक गृहस्थ जीवन है, एक ब्रह्मचर्य का जीवन है। इसमें कोई भी आश्रम श्रेष्ठ नहीं है, सभी आश्रम एक समान श्रेष्ठ हैं। गृहस्थ भी श्रेष्ठ है और ब्रह्मचर्य भी। जिसने अपना जीवन धर्म-कार्य के लिए लगा दिया, वह भी श्रेष्ठ है और जिसने अपने कर्तव्य का गृहस्थ जीवन में रहते हुए निर्वहन किया, वह भी उतना ही महत्त्वपूर्ण है।

यह कहना व्यर्थ है कि गृहस्थ से संन्यासी श्रेष्ठ है। संसार को छोड़कर शान्त जीवन में रहकर ईश्वर की उपासना करने की अपेक्षा संसार में रहते हुए गृहस्थ जीवन निभाते हुए ईश्वर की उपासना करना कठिन है। चार आश्रमों में से दो ही आश्रम बचे हैं—एक तो गृहस्थ आश्रम और दूसरा संन्यास आश्रम। इसीलिए मैं इन दोनों आश्रमों की ही बात करता हूँ। किसी भी गृहस्थ व्यक्ति का प्रधान कर्तव्य है जीविकोपार्जन करना। यह जीविकोपार्जन नौकरी से, व्यवसाय से या सेवा कार्य से प्राप्त हो सकता है लेकिन उसे ध्यान रखना चाहिए कि वह झूठ बोलकर, दूसरों को धोखा देकर या चोरी करके ऐसा कोई कार्य नहीं करे। उसे यह ध्यान रखना चाहिए कि ईश्वर की सेवा गरीबों के लिए ही है। गृहस्थ को चाहिए कि वह माता-पिता को ईश्वर के समकक्ष रखे और उन्हें प्रसन्न रखे। यदि माता-पिता प्रसन्न हैं तो ईश्वर प्रसन्न होगा। जो गृहस्थ अपने माता-पिता, बच्चे, स्त्री या अतिथि को भोजन कराए बिना खुद भोजन कर लेता है, वह पाप का भागी है और नर्क का अधिकारी है। माता-पिता ने ही हमें जन्म दिया है, इसलिए उन्हें प्रसन्न रखने के लिए यदि सैकड़ों कष्ट भी सहने पड़ें तो वह कम है।

हर गृहस्थ का अपनी पत्नी के लिए कर्तव्य निर्धारित है। गृहस्थ के लिए यह जरूरी है कि वह किसी भी तरह से अपने कर्म से, वाणी से या भावनाओं से पत्नी को क्षुब्ध नहीं करे। गृहस्थ को चाहिए कि वह अपना यह पुरुषार्थ और दूसरों की बताई हुई बातें सार्वजनिक तौर पर बयान नहीं करे। यदि उसने किसी का भला किया है तो उस भलाई के बारे में भी किसी को बताने की जरूरत नहीं है। गृहस्थ को अपने वैभव अथवा अभाव की बात कभी नहीं करनी चाहिए। अपने धन पर

गर्व करना भी उचित नहीं है। यदि वह किसी सम्मानीय व्यक्ति को सम्मान नहीं देता है तो भी वह बड़ा अन्याय करता है। गृहस्थ को अपने शत्रुओं के सामने वीर होना चाहिए तथा गुरु और बंधु-बांधवों के सामने नम्र।

''वास्तव में गृहस्थ ही सारे समाज की नींव के समान है। वही धन का उपार्जन करता है, परिवार में वयोवृद्ध लोग, बच्चे और स्त्रियाँ गृहस्थ पर ही निर्भर होते हैं, इसलिए गृहस्थ को वे सारे कार्य जिम्मेदारी से करने चाहिए, जो उसके और उसके परिवारजनों के लिए जरूरी हों। यदि गृहस्थ ने त्रुटिवश कभी कोई कार्य कर दिया है जो प्रशंसा करने योग्य नहीं है तो उसे चाहिए कि वह उस कार्य की चर्चा न करे क्योंकि उससे कोई लाभ होने वाला नहीं बल्कि दूसरों को कष्ट ही होता है। उसे ऐसी कोशिश करनी चाहिए कि वह हमेशा सद्कार्य ही करे।''

गृहस्थ को हमेशा अपने पुरुषार्थ, विद्या, धन, यश और धर्म अर्जित करना चाहिए। परद्रोह, मिथ्या भाषण, व्यसन और कुसंगत से दूर रहना आवश्यक है। गृहस्थ को सबसे पहले ज्ञान लाभ की चेष्टा करनी चाहिए। इसके बाद धनोपार्जन के लिए प्रयत्न करना चाहिए। यदि उसने ये कार्य नहीं किए तो उसकी गणना मनुष्यों में नहीं की जा सकती। जो मनुष्य धनोपार्जन की चेष्टा नहीं करता, वह निकम्मा और दुरनीतिपरायण है। यदि कोई गृहस्थ आलस्य भाव से काम करता है और जीवन-यापन करता है, उसी में सन्तुष्ट हो जाता है तो यह प्रकृति असत कहलाएगी क्योंकि उसी पर अनेक लोगों का जीवन निर्भर है। धनोपार्जन करना कोई अन्याय नहीं। यदि लोग धनोपार्जन नहीं करेंगे तो वे पाठशालाएँ, अनाथालय और आवासीय भवनों का निर्माण नहीं कर पाएँगे। गृहस्थ को धन कमाना और सद्कर्मों में उसे व्यय करना जरूरी है।

''जैसे कोई संन्यासी अपनी कुटिया में शांतिपूर्वक बैठकर प्रभु की आराधना करता है और उसी में उसकी मुक्ति निहित है, उसी तरह एक गृहस्थ को भी सोद्धेश्य धनी होने की चेष्टा करनी चाहिए और उसी में उसकी मुक्ति है।''

कुछ लोग अपने परिवार के लक्ष्यों को पाने के लिए ऐसे कर्मों में लीन हो जाते हैं, जिससे दूसरों को दुख होता है और वे धोखे के शिकार होते हैं। ऐसे बुरे कर्म करने वाले लोगों को कभी भी अपने लक्ष्य और मुक्ति प्राप्त नहीं हो सकती।

हर कार्य की सफलता और असफलता में समय का बहुत योगदान है। हो सकता है कि एक कार्य एक समय में सफल हो और दूसरे समय में वही कार्य विफल हो। यदि फसल बोने के समय में फसल नहीं बोई जाए और दूसरी मौसम की फसल बोई जाती है तो उसका परिणाम आशा के अनुकूल नहीं निकलता लेकिन अगर सही मौसम और सही समय में फसलों की बुआई, निराई-गुड़ाई

और कटाई हो तो वहाँ सफलता ज्यादा मिलती है। इसलिए किसी भी कार्य को करने में उसकी सफलता और असफलता समय पर निर्भर है। हो सकता है, एक समय में जिस स्थान पर कार्य करने पर सफलता मिलती है, वही कार्य दूसरे स्थान पर करने में असफलता प्राप्त हो सकती है। जहाँ अतिवृष्टि हो रही हो, वहाँ यदि कोई फसल सुखाएगा तो उसे अपेक्षित परिणाम नहीं मिलेंगे और सूखे वक्त यदि कोई बीज बोएगा तो भी उसे परिणाम नहीं मिलेंगे।

हमेशा क्रियाशील रहना कर्मयोग का एक अंग है और सदैव सुविचारित होकर क्रियाशील रहना चाहिए। एक बात और, जो कार्य एक स्थान पर मनुष्य का कर्तव्य कहलाता है, हो सकता है, दूसरे स्थान पर वही कार्य मनुष्य का कर्तव्य न हो। शास्त्र किसी की भी कर्तव्यहीनता को अच्छा नहीं कहते। कठिनाई लगातार अभ्यास द्वारा दूर की जा सकती है। हमें यह ध्यान रखना चाहिए कि जब तक हम अपने आपको दुर्बल न बनाएँ, तब तक हमको कुछ नहीं हो सकता।

देश, काल, पात्र और परिस्थिति के अनुसार कर्तव्य भी अलग-अलग हो जाते हैं। हम जिस अवस्था में रहें, उसी में उपयोगी कर्तव्य हमें करने चाहिए। हमारे वेदों में बार-बार यह सूत्र वाक्य लिखा है कि किसी से भी डरना नहीं चाहिए। भय दुर्बलता का चिह्न है और दुर्बलता ही मनुष्य को ईश्वर की प्राप्ति की राह से अलग कर देती है। यदि कोई व्यक्ति संसार से विरक्त होकर ईश्वर की आराधना में लग जाए तो उसे यह नहीं सोचना चाहिए कि जो लोग ईश्वर की उपासना में रत नहीं हैं, वे किसी तरह कमतर कार्य कर रहे हैं। इसी तरह जो लोग अपने परिवार के लिए कृषि, व्यापार या व्यवसाय में लगे हैं, वे यह न सोचें कि जिन लोगों ने संसार त्याग दिया है और प्रभु की आराधना में लगे हुए हैं, वे आलसी हैं।

अनासक्त होकर कर्म करें

दूसरों की मदद करना, उनकी दैनिक आवश्यकताओं की पूर्ति करना निश्चित ही महान कार्य है किन्तु इसका असर कितने समय तक रहता है, यह महत्त्वपूर्ण है। दूसरों की आवश्यकताएँ कुछ समय के लिए पूरी हो जाएँ, यह अच्छा विचार है, लेकिन यदि दूसरों की आवश्यकताएँ हमेशा के लिए समाप्त की जा सके तो यह उससे भी बड़ा कार्य होगा। केवल आध्यात्मिक ज्ञान ही ऐसा है जो हमारे दुखों को हमेशा के लिए समाप्त कर सकता है। इसलिए किसी भी मनुष्य की आध्यात्मिक सहायता करना ही उसकी सबसे बड़ी सहायता है। वास्तव में आध्यात्मिकता ही हमारे जीवन के सभी कार्यों का आधार है।

आध्यात्मिक सहायता से नीचे की सीढ़ी है बौद्धिक विकास में सहायता। अगर किसी को भी बौद्धिक विकास में मदद करना, भोजन या वस्त्र देने से कहीं बड़ा काम है तो वह ज्ञान-दान ही सर्वश्रेष्ठ है क्योंकि ज्ञान ही जीवन है और अज्ञान मृत्यु। इसलिए यदि कभी भी, किसी की मदद करने का खयाल आए तो इस बात का जरूर ध्यान रखें कि हमारा दान या सहयोग किस तरह का है। कभी-कभी हमें दूसरों की शारीरिक सहायता करने की जरूरत होती है। किसी लाचार को उसके लक्ष्य तक पहुँचाना एक शारीरिक सहायता हो सकती है लेकिन यह सहायता अंतिम श्रेणी की सहायता कही जा सकती है। किसी भूखे को भोजन दे दो, तो उसकी क्षुधा एक या दो पहर के लिए शान्त हो सकती है, लेकिन बाद में उसे पुनः भूख लगेगी। केवल शारीरिक सहायता से ही द:ुखों से छुटकारा नहीं हो सकता। श्रीमद्‌भगवतगीता में हमें बार-बार उपदेश मिलता है कि हमें निरन्तर कर्म करते रहना चाहिए। कर्म स्वभाव से ही सत्‌ और असत्‌ के मिश्रण होते हैं।

हम ऐसा कोई भी कर्म नहीं कर सकते जिससे किसी का भला न हो, अक्सर न ही हम ऐसा कर्म कर सकते हैं जिससे किसी का तनिक बुरा न हो। अनिवार्य रूप से हर कृत्य में लाभ-हानि, गुण-दोष छुपे हैं, लेकिन इसके बावजूद हमारे शास्त्र हमें निरन्तर कर्म करने का आदेश देते हैं। सत और असत दोनों का फल अलग-अलग होता है और दोनों ही हमारी आत्मा के लिए बंधन.कारक हैं। भगवान श्रीकृष्ण ने

श्रीमद्‌भगवतगीता में कहा है कि यदि हम अपने कर्मों में आसक्त नहीं हैं तो हमारी आत्मा पर किसी भी प्रकार का बंधन नहीं हो सकता। श्रीमद्‌भगवतगीता का मूल मंत्र ही यह है कि निरन्तर कर्म करते रहो परन्तु उसमें आसक्त मत हो जाओ। हमारे मन का झुकाव जिस तरफ होता है, मोटे रूप में हम उसे संस्कार कह सकते हैं।

जिस तरह तालाब में उठने वाली लहर अगर शान्त हो जाए तो इसका अर्थ यह नहीं है कि तालाब में दोबारा लहर पैदा नहीं होगी। हमारा मन भी उस तालाब की तरह है, जिसमें इस बात की सम्भावना रहती है कि संस्कारों की लहर उसमें उठ ही जाती है। अच्छे संस्कारों की बहुलता रहे तो मनुष्य का चरित्र अच्छा होता है और बुरे संस्कार हैं तो व्यक्ति दुष्कर्मी हो जाता है। यदि हमारे संस्कार अच्छे नहीं हैं तो वे हमें बलपूर्वक दुष्कर्म करने के लिए बाध्य करते हैं। यदि हमारे संस्कार अच्छे हैं तो इच्छा न होते हुए भी हम सत्कार्य ही करेंगे। हम अपनी इन्द्रियों को वश में करके संस्कारों का प्रभाव अपने कर्मों पर छोड़ सकते हैं।

श्रीमद्‌भगवतगीता में भगवान श्रीकृष्ण ने कहा है कि हमें अनासक्त होकर कार्य करना चाहिए। हमारा मस्तिष्क अपने तरीके से कार्य करता है और बार-बार दबाव बनाता है कि हम अनासक्त नहीं हो सकते। यदि हमारे संस्कार अच्छे हैं तो हम अनासक्त होकर कार्य कर सकते हैं। इसलिए अनासक्त होवें और कार्य होते रहने दें। संसार यदि इस प्रकार कर्म करे मानो आप एक पथिक हों और कुछ क्षणों के लिए ही यहाँ आए हो। कर्म को तो निरन्तर करते रहो लेकिन उसके बंधनों में मत पड़ो। संसार हमारी निवासभूमि है। यह एक सोपान है, यह एक मार्ग है, जहाँ से हम जा रहे हैं।

''हमें अपने जीवन में एक स्वामी की तरह काम करना चाहिए न कि एक दास की तरह। कर्म तो निरन्तर करते रहो लेकिन दास के समान मत करो।''

आप देखेंगे कि अधिकांश लोग किस तरह कार्य कर रहे हैं। इच्छा होने पर भी वे आराम नहीं कर सकते। जब उन्हें अपने परिजनों से मिलना होता है, वे मिल नहीं पाते। दरअसल जब वे मिलते भी हैं तो पूरे मन से उनका मिलन नहीं होता। आराम से लेटे हैं, लेकिन ध्यान कहीं और होता है। यह स्थिति इसलिए बनती है कि व्यक्ति अनासक्त होकर नहीं रह पाता। यदि हम मुक्त भाव से कर्म करें, तभी हम सच्चे अनासक्त हो सकते हैं। प्रेम शब्द का यथार्थ अर्थ समझना बड़ा दुष्कर है। बिना स्वाधीनता के प्रेम हो ही नहीं सकता। दासत्व में सच्चा प्रेम होना सम्भव नहीं है। आप अपने लिए एक कर्मचारी रख लो और उससे अपने लिए कार्य काराओ तो हो सकता है कि अर्थ-लाभ में वह आपके लिए आपकी इच्छा अनुसार कार्य तो कर देगा परन्तु उसमें किसी प्रकार का प्रेम नहीं रहेगा। स्वार्थ के लिए किया गया कोई भी कार्य दासत्व का कार्य है और जो काम स्वार्थ के लिए नहीं हो, उसी में सच्चा आनन्द है।

दूसरों की सहायता करना परम सौभाग्य

स्वामी विवेकानन्द ने परोपकार और उपकार के बारे में बहुत स्पष्ट धारणाएँ व्यक्त कीं। हमेशा कहते हैं कि हमारे कर्तव्य का अर्थ है दूसरों की सहायता करना। अब हम दूसरों की सहायता क्यों करते हैं? वास्तव में जब हम दूसरों की सहायता करते हैं तब हम अपना उपकार करते हैं, लेकिन यदि आप ध्यान से देखें तो इस संसार को आपके उपकार की कोई आवश्यकता नहीं है।

यह संसार इसलिए नहीं बना कि कोई आकर आपकी सहायता करे। यह कहना कि इस संसार को हमारी सहायता की आवश्यकता है, घोर ईश्वर निन्दा है। मैंने कहीं एक सूक्ति पढ़ी है कि यह संसार वास्तव में बहुत अच्छा है, क्योंकि यहाँ हमें वास्तव में एक दूसरे की सहायता करने का अवसर और समय मिला है। यह भाव अच्छा है और हमें सदैव परोपकार को करते रहना चाहिए लेकिन वास्तव में दूसरों की सहायता करना एक सौभाग्य है और परोपकार करने की इच्छा ही सर्वोत्तम ईच्छा-शक्ति। यदि आप किसी की मदद करते हैं तो यह मत कहो कि देखो, मैंने तुम्हारी मदद की, बल्कि इस बात के लिए कृतज्ञ हों कि तुम्हें किसी की मदद करने का अवसर हुआ। धन पाने वाला धनी नहीं होता, धनी होता है देने वाला।

इस बात के लिए कृतज्ञ होओ कि संसार ने तुम्हें दयालुता का उपयोग करने और पूर्ण होने का अवसर दिया। एक छोटी सी कहानी स्वामी विवेकानन्द सुनाते थे कि एक गरीब आदमी को कुछ धन की जरूरत पड़ी और कहीं से उसने सुन लिया कि यदि वह किसी भूत को वश में कर ले तो वह भूत उसकी सभी आवश्कताओं की पूर्ति कर सकता है। अब वह गरीब व्यक्ति भूत को ढूँढ़ने निकला और एक साधु के पास पहुँचा। उसने साधु से विनय की कि उसे भूत उपलब्ध करा दें जो उसकी सभी आवश्यकताओं की पूर्ति कर सके। साधु ने कहा—ऐसे भूत का क्या करोगे, तो वह व्यक्ति रोने-गिड़गिड़ाने लगा और कहने लगा कि मुझे भूत दिलवा ही दो ताकि मेरी सभी जरूरतें पूरी हो जाएँ। इस पर साधु ने कहा—मैं तुम्हें भूत तो दिलवा दूँगा लेकिन शर्त यह है कि उस भूत को

24 घण्टे काम में व्यस्त रखना पड़ेगा और अगर उस भूत के पास कोई भी काम नहीं बचा तो वह तुम्हें ही खा जाएगा।

हालात से मजबूर उस गरीब व्यक्ति ने कहा कि उसे शर्त मंजूर है। साधु के चमत्कार से वहाँ एक भूत प्रकट हो गया। उस भूत ने उस व्यक्ति से कहा कि आप बताएँ कि आपके लिए क्या सेवा कार्य करूँ। वह गरीब व्यक्ति उस भूत को सभी तरह के आदेश देने लगा। उसने कहा कि मेरे लिए एक भव्य महल का निर्माण करो तो भूत ने देखते ही देखते भव्य महल का निर्माण कर दिया। खाने-पीने, पहनने-ओढ़ने और अपनी हर जरूरत की चीजें उस व्यक्ति ने भूत को बताईं और वह भूत वह सभी जरूरतें तत्काल पूरी कर देता। कुछ ही पलों के बाद भूत ने कहा कि अब मेरे लिए क्या आदेश है? और उस व्यक्ति के पास कोई आदेश देने के लिए नहीं था। खाली हाथ बैठे भूत ने अपनी बात कही कि अब मैं खाली हाथ बैठा हूँ और अब मेरे पास तुम्हें खाने के अलावा और कोई काम नहीं है। बेचारा वह व्यक्ति भागा-भागा वापस साधु महाराज के पास पहुँचा और कहा कि महाराज, इस दुष्ट भूत से मेरी रक्षा कीजिए क्योंकि अब मेरे पास इसे देने के लिए कोई काम नहीं है और अब यह मुझे खा लेने पर तुला है।

साधु के सामने प्राणों की भिक्षा माँगते हुए व्यक्ति काँप रहा था। तभी साधु ने उसे एक आदेश दिया और कहा कि भूत से कहो कि मेरे आश्रम के इस कुत्ते की दुम को सीधा कर दे। कुत्ते की दुम को सीधा करने का आदेश पाते ही भूत उस कार्य में जुट गया लेकिन जैसे ही वह कुत्ते की दुम सीधी करता, वह फिर टेढ़ी हो जाती। दुम को सीधा करते-करते भूत को कई महीने हो गए। एक दिन वही भूत रोता हुआ उस व्यक्ति के पास पहुँचा और कहने लगा कि मेरी जिन्दगी में किसी भी व्यक्ति ने मुझे इतना परेशान नहीं किया, जितना कि आपने इस कुत्ते की दुम को सीधा करने का आदेश देकर। भूत के स्वामी को यह सुनहरा मौका मिला और उसने कहा कि आज से तुम मेरे दास नहीं हो क्योंकि मैं जो काम कहता हूँ वह तुम नहीं कर सकते इसलिए मैंने तुम्हें मुक्त किया और अब तुम यहाँ से जा सकते हो। किसी तरह अपनी जान बचाकर वह भूत वहाँ से अदृश्य हो गया।

स्वामी विवेकानन्द कहते हैं कि यह संसार भी उस कुत्ते की टेढ़ी पूंछ के समान है। सैकड़ों साल से लाखों लोग इसे सीधा करने का यत्न करते हैं लेकिन वह सीधी नहीं हो पाती। यदि हमें यह ज्ञान प्राप्त हो जाए कि यह संसार क्या है और हम इसमें क्या कर सकते हैं तो हमें कोई दुराग्रह नहीं रहेगा। यदि हम अनासक्त भाव से देखें तो हमें लगेगा कि जिन चीजों के लिए हम अपने आप पर गर्व कर रहे हैं, वह एक कौड़ी के बराबर भी नहीं है। तुम्हें अपने आपको इस

संसार के लिए चिन्तित होने की भी जरूरत नहीं क्योंकि तुम्हारे चिन्ता किए बिना और तुम्हारी सहायता के बिना यह संसार हमेशा चलता रहेगा। यदि तुम इस भावना से अलग हट जाओ कि तुम जो कुछ कर रहे हो, वह तुम्हारा कर्म जरूर है लेकिन उसमें अनासक्ति का भाव नहीं है, तभी तुम इस संसार को कुत्ते की दुम के समान सीधा कर सकते हो। हम यदि किसी की भी सहायता करते हैं तो वास्तव में अपनी ही सहायता करते हैं। इसलिए किसी के प्रति आग्रही-दुराग्रही न होते हुए अनासक्त होकर कार्य करना ही सर्वश्रेष्ठ उपाय और अनासक्ति ही पूर्ण आत्मत्याग है।

भारत की वर्तमान अवस्था पर स्वामी विवेकानन्द की दृष्टि महत्त्वपूर्ण है। स्वामीजी ने रामकृष्ण मिशन के बांग्ला भाषा में छपनेवाले पाक्षिक पत्र उद्बोधन में इस बारे में एक लेख लिखा था जो बताता है कि हमारी समस्याएँ क्या रही हैं? इस लेख में स्वामी विवेकानन्द ने यह बात साफ की है कि ''इतिहास का अर्थ केवल यह नहीं है कि हम अपने राजे-रजवाड़ों की कहानियाँ, उनके काम, क्रोध, व्यसन आदि के द्वारा उनकी सत्ता और समाज में हो रहे अत्याचार को प्रकट करें। इतिहास इससे कहीं बढ़कर है। भारतवासियों ने प्रकृति के साथ अनेक संघर्ष किए हैं और अपनी अनेक विजय पताकाएँ एकत्र की हैं। वे सब विजय पताकाएँ झंझावतों में पड़कर जीर्ण हो गई हैं, लेकिन वे हमारे अतीत की गौरवशाली जय-घोषणाएँ तो हैं ही।''

'प्रेम' में भक्ति और भगवान है

स्वामी विवेकानन्द ने अपने जीवन का एक लक्ष्य भक्तियोग के माध्यम से प्राप्त किया। उनका मानना था कि आजादी का दूसरा प्रमुख मार्ग भक्तियोग है, जिसे हृदय का मार्ग कह सकते हैं। स्वामी विवेकानन्द का कहना था :

"बिना तर्क के कोई सत्य नहीं और सत्य तक पहुँचने के लिए तर्क-वितर्क करना अनुचित नहीं है। मनुष्य किसी भी पथ पर चले, सच्ची विवेकी आत्मा आंशिक मूल्यों और आंशिक सत्य से ही ऊपर उठती है। एक के बाद एक हमारी आत्मा मुक्त होते हुए स्वतंत्रता की ओर जा सकती है, जिसे वेदान्ती आनन्द कहते हैं। भक्तियोग ने अनेक नामों से ख्याति प्राप्त की है। हजारों तीर्थ यात्री और भक्त स्वामी विवेकानन्द के बताए रास्ते पर चल रहे हैं। हमारे धर्म मार्गों और प्राचीन रोम द्वारा दी गई कानून और व्यवस्था की स्थिति से इस भक्ति मार्ग पर कोई फर्क नहीं पड़ा। स्वामीजी का स्पष्ट मानना था कि जहाँ प्रेम है, वहीं पर ईश्वर विद्यमान है। बगैर प्रेम में भक्ति हो ही नहीं सकती।"

यह भक्ति का ही एक प्रतीक है कि मनुष्य का आदर्श हर बात में ईश्वर को देखता है। भक्तियोग का मार्ग टेढ़े-मेढ़े रास्ते से होकर गुजरता है। यह एक लम्बा और खतरनाक सफर है, जिस पर बहुत ही कम लोग पहुँच पाते हैं। भक्ति मार्ग में दुविधा यह होती है कि हम आगे बढ़ने को प्रेरित होते हैं और एक शक्ति हमें पीछे से आगे बढ़ने को धकेलती है और हम नहीं जानते कि हम अपना वास्तविक लक्ष्य कहाँ पर ढूढ़ें, लेकिन फिर भी हमारे भीतर का प्रेम हमें आगे की ओर बढ़ने को मजबूर कर देता है। हमें कई बार लगता है कि हम मार्ग भटक गए हैं और हमारा लक्ष्य फिसल गया है, तब हम ईश्वर के पास पहुँचते हैं। ईश्वर के प्रति प्रेम अपरिवर्तनीय है। स्वामी विवेकानन्द ने यह बात भी कही : "बहुत से लोग हैं जो प्रेम और भक्ति का व्यापार करते हैं। ऐसे में बहुत ही थोड़े लोग होंगे जो वास्तव में प्रभु को प्राप्त कर सकते हैं।"

सच्चे भक्त को चाहिए कि वह प्रेम के भाव यानी भक्ति के भाव पर आगे बढ़े और उस मार्ग से हटे नहीं। इसके लिए पहली शर्त है कि अपने मन से सच्चे

बनो, तभी दंभी और अंहकार से भरे मन को छोड़कर हम प्रभु के मार्ग पर चल सकते हैं। यह भी जरूरी है कि हम भक्ति-मार्ग पर चलने वाले उन ईमानदार यात्रियों का उपहास नहीं करें, जिनके लिए आगे बढ़ना कठिन हो गया है। हमारा पहला कर्तव्य है, उन्हें समझाना और उनसे प्रेम करना जो हम जैसे नहीं हैं। भक्ति-मार्ग पर चलने का अर्थ यह नहीं कि हम दूसरों को यह नहीं बताएँ कि वे गलत हैं। हम उन्हें बताएँ कि वे जिस रास्ते पर चल रहे हैं, वह कहाँ जाता है। स्वामी विवेकानन्द ने भक्तियोग के मार्ग में शिक्षा-प्रणाली की कमियों की आलोचना की और कहा कि बच्चों की स्वतंत्रता का हनन कभी भी नहीं होना चाहिए। संसार के भले और लाखों बच्चों के बारे में सोचो जो गलत तरह की शिक्षा के कारण पतित हो चुके हैं। पारिवारिक, सामाजिक और राष्ट्र धर्म के बारे में उनके विचारों को कई बार कुचल दिया जाता है। आप खुद सोच सकते हैं कि आपके बचपन में धर्म को लेकर कितने सारे विचार थे। अब आपको अन्दाजा हो सकता है कि जब आप छोटे थे, तब जो विचार आपके मन में समा दिए गए, उनके कितने बुरे परिणाम भी आ सकते हैं। जरूरी है कि हम प्रत्येक व्यक्ति को उसकी क्षमता के अनुसार, उनके मन के हिसाब से काम करने की अनुमति दें।

हमारे आदर्श तरह-तरह के

"हमारे आदर्श तरह-तरह के हैं, इसलिए किसी को यह कहने का अधिकार नहीं है कि तुम कौन से आदर्शों पर चलो। मेरा कर्तव्य है कि मैं जितने आदर्शों को जानता हूँ, उन्हें तुम्हारे सामने प्रस्तुत कर दूँ और तुम प्रकृति के अनुसार सर्वोत्तम आदर्श चुन लो। तुम्हें सर्वोत्तम को चुनने की क्षमता देना भी मेरा काम है परन्तु एक बार आप जो आदर्श चुन लोगे, उस पर दृढ़ रहो। यही तुम्हारा ईष्ट है। हर धर्म का अधिकार है कि वह अपना प्रचार करे। चर्च को भी अधिकार है कि वह अपने विचारों को प्रचारित करे किन्तु किसी भी चर्च को यह अधिकार नहीं है कि वह सच्चे धर्म, धर्म के कर्म, प्रार्थना, पूजा आदि में दखल दे। यह आत्मा और परमात्मा के बीच का विषय है। जब भी तुम प्रार्थना करो तो अपने अन्तर्मन में प्रवेश करो और जब द्वार बन्द कर दो तब अपने पिता से गुप्त रूप से प्रार्थना करो। मैं एक क्षण के नोटिस पर अपनी धार्मिक भावनाओं को तैयार नहीं कर सकता। धर्म को आप हथियार की तरह इस्तेमाल नहीं कर सकते। जैसे कि हथियार सँभालो, वैसे ही किताब पकड़ो। सामने वाले पर आक्रमण करो, वैसे ही पुस्तक पढ़ो। 5 मिनट की भावना, 5 मिनट का तर्क, 5 मिनट की प्रार्थना और हो गया भक्तियोग। यदि ऐसा ही चलता रहा तो धर्म का अन्त सम्भव है।"

स्वामी विवेकानन्द मानते थे कि बुद्धिहीन और निरर्थक भाव से काम करने वाले भक्तों के बजाय वे लोग कहीं अच्छे हैं जो अविश्वासी हैं। जो लोग सच्चे मन से मानते हैं कि ईश्वर नहीं है, मुझे लगता है कि झूठे साधकों से कहीं बेहतर हैं। ईसा मसीह ने कहा था कि माँगो तो तुम्हें मिलेगा। ढूँढ़ोगे, तुम पाओगे। खटखटाओ और वह तुम्हारे अन्तर हृदय में खुल जाएगा। यह शब्द कोई अलंकार नहीं है, चित्र नहीं है बल्कि अक्षरशः सच्चे हैं लेकिन सवाल यह कि ईश्वर को कौन चाहता है। हम ईश्वर के सिवाय सब कुछ चाहते हैं। हर कोई यह बात कहता है कि ईश्वर से प्रेम करो और मनुष्य को यह नहीं पता कि ईश्वर कहाँ है? प्रेम कहाँ है? ईश्वर से प्रेम का अर्थ है ऐसा प्रेम जहाँ कोई सत नहीं होगा, कोई भय नहीं होगा, कोई स्वार्थ नहीं होगा, केवल प्रेम और प्रेम ही होगा। यदि कोई सच्चा

भक्त है तो वह इस अन्तिम अवस्था तक पहुँच सकता है। तुम्हें यह जानने की जरूरत नहीं रहेगी कि तुम्हारा क्या हो रहा है ? तुम्हें इससे भी सरोकार नहीं रहेगा कि ईश्वर सबका भला करता है या नहीं ? सच्चा भक्त इन सब चीजों से ऊपर उठ जाता है। प्रेम की महान शक्ति है और यही शक्ति समस्त मानव बंधुओं में जाग्रत् कर भक्ति करना भक्त का काम है। यही प्रेम सर्वत्र है।

इसी प्रेम की प्रेरणा से ईसा मसीह ने मानवता के लिए, भगवान बुद्ध ने पशुओं के लिए, किसी माँ ने बच्चे के लिए और पति ने पत्नी के लिए अपनी जान की परवाह नहीं की। इसी प्रेम की प्रेरणा से सैनिक अपने देश के लिए प्राण त्यागते हैं। मेरी बात आपको अजीब लगेगी लेकिन सच यह है कि इसी प्रेम से वशीभूत होकर चोर चोरी के लिए और हत्यारा हत्या के लिए प्रेरित होता है। इन सब दृष्टान्तों में भाव तो एक ही है, प्रेम का भाव। चोर को धन से प्यार है, प्यार तो है लेकिन यह प्यार गुमराह है। अगर आप ध्यान से देखें तो पाएँगे कि सभी सत्कर्मों के पीछे प्रेम है और इसके बिना पूरा ब्रह्माण्ड खण्ड-खण्ड हो सकता है। मैं तुम हूँ और तुम मैं हो, यही भावना सच्चे भक्तियोग की ओर ले जाती है। वास्तव में विशुद्ध प्रेम का कोई प्रेरक नहीं होता। उसे पाने के लिए प्रयत्न नहीं करने पड़ते। श्रीरामकृष्ण परमहंस ईश्वर से साक्षात्कार का आनन्द लेते थे, जिससे कि वे औरों को भी यह शिक्षा दे सकें। वे हमेशा प्रभु से कहते थे कि हे प्रभु, मुझे भौतिक सुख-सुविधा न दो। मुझे सामान्य ही रहने दो ताकि मैं और लोगों की सेवा अच्छी तरह कर सकूँ।

स्वामीजी एक बात पर बहुत दृढ़ थे और वह यह कि मानवता की सेवा ही सच्चा भक्तियोग है। यदि किसी अस्वस्थ व्यक्ति को चिकित्सा की, किसी भूखे व्यक्ति को भोजन की आवश्यकता है तो वे कहते कि पहले उस अस्वस्थ्य व्यक्ति की सेवा करो और ईश्वर की सेवा छोड़ दो। ईश्वर के रूप में जो मानव आपके सामने है, उसकी सेवा निष्ठापूर्वक करो, धर्म हमें यही सिखाता है। भक्ति मार्ग पर केवल ज्ञानी और पण्डित होना ही काफी नहीं है। इसके लिए जरूरी है कि वह ईश्वर और मानवता का प्रेमी भी हो। स्वामी विवेकानन्द ने सत्य, प्रेम, कर्म और ज्ञान के मार्ग पर अपनी लगाम कस रखी थी और जैसे कोई घोड़ों का विशेषज्ञ घोड़ों पर नियन्त्रण करता है, वैसे ही स्वामीजी ने इन चारों पर नियन्त्रण रखा हुआ था।

स्वामी विवेकानन्द के युवावस्था के दिनों में उनके बहुत से युवा साथी उन्हें दिग्भ्रमित करने के लिए तरह-तरह के प्रयोग करते थे। ऐसे ही एक प्रयोग का विवरण स्वामी विवेकानन्द ने दिया है। उनके बहुत से युवा साथी प्रतिदिन शाम को उद्यान में सांध्य भ्रमण के लिए जाते थे। उन्होंने स्वामी विवेकानन्द से अनुरोध किया कि वे भी उनके साथ भ्रमण पर जाएँ। विवेकानन्द उनके आग्रह को

मानकर उद्यान में भ्रमण के लिए चले गए। वहाँ बहुत अधिक समय तक भ्रमण करने पर जब स्वामीजी को थकान महसूस होने लगी तो मित्रों ने कहा कि आप उद्यान के निकट वाले कक्ष में जाकर आराम कर सकते हैं। विवेकानन्द उस कक्ष में चले गए और आराम करने लगे, तभी उस कक्ष में एक युवती का आगमन हुआ। विवेकानन्द को लगा कि वह युवती शायद इसी भवन में रहती होगी और वे उससे वार्तालाप करने लगे।

उन्होंने उसे बहुत ही सरल भाव से श्रवण किया और वह युवती भी अपने सुख-दुख की चर्चा करने लगी। थोड़ी ही देर बाद उस युवती ने अपना वास्तविक मनोभाव प्रकट किया और उसका अभिप्राय सुनते ही विवेकानन्द को वहाँ उपस्थित विपत्ति का अन्दाजा हो गया। भारी थकान के बावजूद वे तत्काल उठ खड़े हुए और बोले-क्षमा कीजिए, मुझे अभी इसी वक्त जाना होगा और विवेकानन्द वहाँ से चले गए। वह युवती हत्प्रभ रह गई और विवेकानन्द के मित्रों के पास जाकर बोली कि आप लागों ने मेरे साथ बहुत बुरा मजाक किया है, मुझे एक साधु को लुभाने के लिए भेज दिया। यह पूरी घटना स्वामी विवेकानन्द के भीतर की दृढ़ता को बताती है और प्रमाणित करती है कि उनका गुरु बल कितना सशक्त था।

स्वामी विवेकानन्द की भक्ति के मार्ग में धर्म की कोई बाधा नहीं थी। 1891 ईस्वी में वे राजस्थान के आबू पर्वतमाला में एक निर्जन गुफा में रहकर तपस्या करते थे। उनके सामान में 2 कम्बल, 1 कमण्डल और कुछ पुस्तकें थीं। एक दिन उस रास्ते से एक वकील गुजर रहे थे जो मुस्लिम थे। वकील महोदय उस स्थान पर थोड़ी देर रुके और उन्होंने स्वामीजी से बातचीत की। उन्हें लगा कि स्वामीजी में जरूर कुछ न कुछ विशिष्ट है और उनका पाण्डित्य अगाध है। चलते-चलते वकील महोदय ने स्वामीजी से पूछा कि उन्हें किसी सेवा की आवश्यकता है?

स्वामीजी ने कहा कि यहाँ गुफा में कोई कष्ट नहीं है लेकिन अब बारिश का मौसम आने वाला है जिससे इस गुफा में पानी भर जाएगा। क्या उस पानी को रोकने के लिए गुफा के द्वार पर दरवाजे बनाए जा सकते हैं? इस पर वकील महोदय ने कहा कि मैं यहाँ से करीब ही एक बंगले में रहता हूँ। यदि आप कृपा कर वहाँ चलने को राजी हो जाएँ तो मुझ पर बड़ी कृपा होगी, लेकिन मैं सनातन धर्म का नहीं हूँ, मुस्लिम हूँ। आपके लिए मैं अलग से भोजन का प्रबंध कर दूँगा। वकील महोदय की बात सुनकर स्वामीजी ने सहमति व्यक्त की और उनके बंगले पर रहने के लिए रवाना हो गए। संयोग की बात है कि उन्हीं वकील महोदय के माध्यम से उनका परिचय खेतड़ी के नरेश से हुआ, जो कि स्वामीजी के बड़े भक्त साबित हुए। कहते हैं कि उन्होंने स्वामीजी के शिकागो जाने में अच्छी मदद की।

मुक्ति की इच्छा नहीं

श्री रामकृष्ण मठ की स्थापना के बाद स्वामी विवेकानन्द ने मठ के संचालन के लिए नियम बनाए। आश्रम के सभी निवासियों को निर्देशित किया गया था कि वे इन नियमों का पालन करें। यदि किसी से भी नियम पालन करने में चूक हुई तो इसके लिए नियम पालन न करने वाले सभी लोगों के लिए एक समान दण्ड की व्यवस्था थी। आश्रम का नियम था कि सूर्योदय से एक घण्टा पहले सभी लोग शैया का त्याग कर देंगे और नित्य कर्म से निवृत्त होकर मन्दिर में जाकर ध्यान करेंगे। जो कोई भी व्यक्ति इस नियम का पालन नहीं करेगा, उसे उस दिन आश्रम में भोजन नहीं मिलेगा और उसे भिक्षाटन प्राप्त करके अपना दिन व्यतीत करना होगा।

एक दिन स्वामी शिवानन्द ध्यान के लिए निर्धारित समय से दस मिनट देरी से पहुँचे तो स्वामी विवेकानन्द ने उनसे कहा :

"आदरणीय, आज आप दस मिनट विलम्ब से यहाँ पहुँचे हैं। हम लोगों ने ही नियभ बनाया है, इसलिए नियम का पालन करना हमारे लिए भी अनिवार्य है। आज आपको भिक्षा माँगकर ही अपना दिन व्यतीत करना होगा।"

इस पर स्वामी शिवानन्द ने अपनी गलती स्वीकार की और कहा : "हाँ, मुझसे आज चूक हुई है और मैं आज आश्रम में भोजन ग्रहण नहीं करूँगा। मैं अभी भिक्षा के लिए रवाना हो रहा हूँ।"

इसके बाद स्वामी शिवानन्द भिक्षाटन के लिए रवाना हो गए। निर्धारित समय पर मध्याह्न में भोजन प्रसाद ग्रहण करने का घण्टा बजा। भोजनालय में सभी अन्य लोग तो मौजूद थे लेकिन स्वामी शिवानन्द नहीं। स्वामी विवेकानन्द ने भोजनालय का भ्रमण किया और पाया कि स्वामी शिवानन्द वहाँ नहीं हैं तो वे उन्हें खोजते हुए आश्रम के बरामदे में चले गए जहाँ स्वामी शिवानन्द बैठे हुए थे। स्वामी विवेकानन्द तत्काल उनके पास पहुँचे और उन्हें गले से लगाते हुए कहने लगे :

"दादा, बहुत दिनों से भिक्षान्न नहीं मिला है, आज आप जो भी लाए हैं, आइए, हम दोनों भाई उसे मिलजुल कर खाएँ।" इसके बाद स्वामी विवेकानन्द ने स्वामी शिवानन्द के साथ मिल बैठकर प्रसाद ग्रहण किया।

स्वामी विवेकानन्द की खूबी यह थी कि उन्होंने इस तरीके से आश्रम के नियमों का भी पालन करवाया और स्वामी शिवानन्द के अहं की भी रक्षा की। उन्होंने यह भान नहीं होने दिया कि स्वामी शिवानन्द से कोई चूक हो गई है। एक अन्य उदाहरण है, श्री रामकृष्ण आश्रम में ही स्वामी प्रेमानन्द को प्रात:काल शैया त्याग करने में बहुत कष्ट होता था। वे अक्सर विलम्ब से उठते थे क्योंकि सुबह-सुबह उठने का उनका जी नहीं करता था। ऐसे में स्वामी विवेकानन्द ने एक नियम बनाया कि जो व्यक्ति प्रात:काल शैया त्याग करने में विलम्ब करेगा, उसके कान के पास जाकर एक कार्यकर्ता घण्टा बजाएगा।

एक दिन स्वामी प्रेमानन्द के पास उठने के लिए घण्टा बजाया जा रहा था जिससे वे बड़े क्षुब्ध हुए। वे उठकर सीधे स्वामी विवेकानन्द के पास जाकर कहने लगे : "मैं इतनी सुबह नहीं उठ पाया, इसका मुझे खेद है। मैं जानता हूँ कि आप सब लोगों को मेरी वजह से असुविधा हुई है परन्तु नियम तो नियम ही है। जो नहीं उठ पाया, उसे सजा मिलनी चाहिए। इस कारण जो भी सजा आप उपयुक्त मानें, मुझे दें। मैं उसे स्वीकारता हूँ।"

स्वामी विवेकानन्द ने हाथ जोड़कर प्रेमानन्द से कहा : "मैं आपको सजा देने वाला होता कौन हूँ? आप ऐसी बातें सोच भी कैसे सकते हैं?" और इसके बाद स्वामी विवेकानन्द की आँखें नम हो गईं। उन्होंने स्वामी प्रेमानन्द से कहा कि "मैं अब आपको क्या कहूँ, बस यही कर सकता हूँ कि आश्रम के नियमानुसार आपको आज भिक्षाटन के लिए जाना होगा।"

स्वामी प्रेमानन्द की आँखों से आँसू आ गए और वे भी आश्रम के नियम के अनुसार भिक्षाटन के लिए रवाना हो गए। उस दिन उन्होंने भिक्षाटन से ही अपनी उदर पूर्ति की।

श्री रामकृष्ण आश्रम में प्रात:कालीन बेला में शैया त्याग को लेकर अनेक साधुओं को असुविधा थी। सुबह उठना वास्तव में कोई आनन्द का विषय तो था नहीं। अनेक आश्रमवासी इस नियम से खासे नाराज भी थे। ऐसी ही अवांछित स्थिति एक बार स्वामी अद्‌भुदानन्द के साथ हुई जब वे प्रात:काल उठ नहीं पाए तो आश्रम के नियम के कारण उन्हें बहुत क्षोभ हुआ और वे गुस्से में लाल-पीले होकर अपने वस्त्र समेटते हुए आश्रम से जाने लगे।

स्वामी विवेकानन्द ने उनसे पूछा कि आप कहाँ जा रहे हैं, इस पर स्वामी अद्‌भुदानन्द फूट पड़े और कहने लगे कि मैं आपके आश्रम के नियमों का पालन नहीं कर सकता। आप जहाँ से आए हैं, वहाँ ये सब चलता होगा। मेरा मन समय का ऐसा पाबन्द नहीं हुआ है कि घण्टा बजे और मैं ध्यान में डूब जाऊँ। स्वामी अद्‌भुदानन्द आश्रम के द्वार पर आकर बाहर निकले तो स्वामी विवेकानन्द दौड़ते

हुए उनके पास पहुँचे और कहने लगे, "देखिए स्वामीजी यदि हम नियम नहीं बनाएँगे तो इस आश्रम का संचालन ही मुश्किल हो जाएगा। इसलिए आश्रम के संचालन के लिए हमें यह नियम बनाने पड़ते हैं। अगर आप जैसा वरिष्ठ व्यक्ति भी इन नियमों का पालन नहीं करेगा तो आश्रम में आए नए लोगों के मन में हम अनुशासन के प्रति प्रीति की भावना कैसे जगाएँगे?"

किसी तरह स्वामी विवेकानन्द ने स्वामी अद्भुदानन्द को मनाया और आश्रम में ले आए और उन्हें समझाया कि यह नियम मुख्यत: आश्रम में आए नए साधुओं के लिए हैं। इस तरह उन्होंने अपने वरिष्ठ साथी को आश्रम से जाने से रोका और नियमों की व्याख्या लचीली कर दी ताकि अनुशासन सिर्फ अनुशासन ही न रहे। स्वामी विवेकानन्द के मन में स्वामी अद्भुदानन्द की यह बात बुरी तरह चुभ गई थी जिसमें उन्होंने कहा था कि "मेरा मन ऐसा नहीं है कि इधर घण्टी बजे और उधर मैं ध्यान में डूब जाऊँ।" वास्तव में ध्यान की व्यवस्था मन की व्यवस्था है और इसी बात को स्वामी विवेकानन्द ने महसूस किया और नियमों में थोड़ा लचीलापन ले आए।

स्वामी विवेकानन्द की धारणा थी कि जहाँ नियम की अनिवार्यता हो, वहाँ नियम पर किसी भी तरह से डिगा नहीं जाए लेकिन यदि नियमों के कारण आश्रम के वरिष्ठ साथी जाने लगे तो नियमों में ढील देकर उसे आश्रम के अनुकूल बनाना ज्यादा जरूरी है। स्वामी विवेकानन्द के आश्रम के अनेक अनुभव स्वामी गम्भीरानन्द ने लिपिबद्ध किए हैं। इनमें से कुछ प्रसंग ऐसे हैं, जो स्वामी विवेकानन्द के जीवन की व्यावहारिक बातों को उजागर करते हैं। धर्म और सत्य का मार्ग तो हर एक का होता है। कई बार कड़े नियम और अहंकार इस मार्ग में बाधा बन जाते हैं। ऐसे में अनुशासन और सम्बन्धों के बीच सामंजस्य बिठाकर काम करना पड़ता है। स्वामी विवेकानन्द की प्रतिष्ठा बहुत थी और एक प्रमुख भक्त रामचन्द्र दत्त के मन में स्वामी विवेकानन्द को लेकर अनेक तरह की भ्रांतियाँ थीं। रामचन्द्र दत्त ने 17 जनवरी, 1899 को देह त्याग किया था। मृत्यु के पूर्व वे काफी समय तक अस्वस्थ थे।

ऐसे में एक दिन स्वामी विवेकानन्द उनके दर्शनों के लिए स्वामी रामचन्द्र दत्त के निवासस्थान पर पहुँचे। शैया पर लेटे रामचन्द्र दत्त के पास ही स्वामीजी बैठ गए। थोड़ी देर बाद रामचन्द्र दत्त शौचालय जाने के लिए उठे। स्वामी विवेकानन्द ने तत्काल खड़े होकर एक पादुका स्वामी रामचन्द्र दत्त के पैरों में पहना दी और दूसरी चरण पादुका जो थोड़ी दूर थी, अपने साथ आए ललित चट्टोपाध्याय से कहा कि जरा दूसरी पादुका आगे खिसका दें।

स्वामीजी के इस व्यवहार से रामचन्द्र दत्त हत्प्रभ रह गए। उन्हें विश्वास नहीं था कि इतने बड़े स्वामीजी इस विनम्रता से उनके साथ व्यवहार करेंगे। थोड़ी ही

देर बाद श्री रामचन्द्र दत्त ने स्वामीजी को गले लगाया और कहा कि मैं आपसे क्षमा चाहता हूँ कि मैंने आपको गलत समझा। आप मुझे क्षमा करें। यदि आपने मुझे क्षमा नहीं किया तो ठाकुर के पास भी मुझे स्थान नहीं मिलेगा। रामचन्द्र दत्त का स्वामी विवेकानन्द से इस तरह क्षमा माँगना आश्रम के अनेक लोगों को सुनने को मिला और उन्हें यह बात प्रभावित कर गई कि हमेशा नियमों पर दृढ़ रहने वाले स्वामी विवेकानन्द किस तरह मौका पड़ने पर विनम्रता की मूर्ति बन जाते हैं।

स्वामी विवेकानन्द का कौशल था कि उनसे मिलने के लिए प्रसिद्ध स्वामी दुर्गाचरण नाग उनके मठ आए। नाग स्वामी ने आश्रम में पहुँचकर स्वामीजी को साष्टांग प्रणाम किया। जब स्वामीजी ने उन्हें उठाकर गले लगाया और कहा कि यह आप क्या कर रहे हैं प्रभु? तब नाग स्वामी ने कहा कि मैं देख रहा हूँ कि आप ही श्री रामकृष्ण के असली भक्त साबित हुए हैं, इसलिए आपके दर्शन करके मैं धन्य हुआ। स्वामी विवेकानन्द ने नाग स्वामी से कहा कि यह आपका बड़प्पन है। ठाकुर की लीला आपके प्रति बहुत सहयोगपूर्ण है। आप गृहस्थ हैं फिर भी आपको जगत का बोध नहीं है और आप प्रभु में ही तन्मय रहे हैं। हम आपके आभारी होंगे यदि आप हमारे आश्रम में भी रुक जाएँ और हमारे ब्रह्मचारियों को दिशा-निर्देश दें। नाग स्वामी ने कहा कि आप यह क्या कह रहे हैं? मुझे तो आप और श्री रामकृष्ण परमहंस एक ही सिक्के के दो पहलू लगते हैं और मैं यहाँ आपके दर्शनों के लिए ही आया हूँ। स्वामी विवेकानन्द ने कहा कि यह आपका बड़प्पन है। आप मुझे निर्देशित करें तो मैं खुद आपके आँचल में चला जाऊँ। मेरी इच्छा आपके यहाँ आने की बहुत है और जब माँ का आदेश होगा, मैं आपके पास चला जाऊँ। नाग स्वामी के आगमन पर आश्रम में उस दिन ब्रह्मचारियों ने पुस्तक पाठ बन्द कर नाग स्वामीजी के सम्मुख बैठकर उनसे मार्गदर्शन लिया। नाग स्वामीजी ने कहा कि स्वामी विवेकानन्दजी आपकी दिव्य दृष्टि के बारे में कौन नहीं जानता? स्वयं ठाकुरजी आपको पहचानते हैं। इस पर स्वामीजी ने कहा, "आदरणीय, मुझे मुक्ति की इच्छा तुच्छ लगती है। मेरी एक ही इच्छा है कि मैं इस देश को जगा सकूँ। ऐसा लगता है कि महावीर का देश अपनी शक्ति से बेखबर सो रहा है। कोई हलचल नहीं है, कोई आवाज नहीं है। सनातन धर्म को किसी प्रकार जगा सका तो समझूँगा कि यहाँ आना सार्थक हुआ।"

मनुष्यत्व जागृति से सब कष्ट दूर

स्वामी विवेकानन्द का व्यक्तित्व ही कुछ ऐसा था कि अन्य साधु उनके पास खिंचे चले आते थे ताकि स्वामी विवेकानन्द ने जो लक्ष्य निर्धारित किए थे, उन लक्ष्यों की पूर्ति की जा सके। ऐसा नहीं था कि स्वामी विवेकानन्द का सारा समय आश्रम के कार्य में ही व्यतीत होता था। वे अपने बंधु-बांधवों से हास-परिहास भी करते थे और संगीत पर चर्चा भी। स्वामी विवेकानन्द ने अपने जीवन में भगिनी निवेदिता के कार्यों की प्रशंसा की और वे खुद भगिनी निवेदिता और उनके कार्यों से प्रभावित थे। 1899 की बात है जब भगिनी निवेदिता अपनी एक साथी के साथ स्वामीजी के दर्शनों के लिए बेलूर मठ आईं। स्वामीजी उस समय एक वृक्ष के नीचे धूनी रमाकर बैठे थे। शाम घिर आई थी, इसलिए भगिनी निवेदिता ने आश्रम में प्रवेश करना उचित नहीं समझा लेकिन निवेदिता के आने की खबर से वे स्वयं उनसे मिलने पहुँचे।

स्वामीजी ने भगिनी निवेदिता से साफ कहा : ''मेरा उद्‌देश्य वेदान्त नहीं, श्रीरामकृष्ण के विचारों का प्रचार-प्रसार भी नहीं। मेरा उद्‌देश्य है भारतवर्ष के जनसाधारण में मनुष्यत्व लाना।'' भगिनी निवेदिता के त्याग को वे आदर्श मानते थे। जब कलकत्ता में प्लेग की महामारी फैली हुई थी और सैकड़ों की संख्या में लोग काल के ग्रास बन रहे थे, ऐसे में निवेदिता द्वारा किया गया सेवा-कार्य स्वामी विवेकानन्द को प्रभावित कर गया। उनका कहना था कि अगर मानवता नहीं है और कर्म नहीं है तो धर्म नहीं रह जाएगा। स्वामी विवेकानन्द ने कभी भी भगिनी निवेदिता के सामने उनके कार्यों की प्रशंसा नहीं की, लेकिन उनकी पृष्ठभूमि में वे हमेशा उनके कार्यों की प्रशंसा करते थे। यह उनकी कार्यशैली का एक हिस्सा था। जिस किसी की तारीफ करनी होती, वे उसके सामने शान्त बैठे रहते। किसी तरह जब उनकी प्रशंसा लोगों तक पहुँचती तो लोगों के चेहरे खिल उठते। भगिनी निवेदिता ने महामारी से पीड़ित रोगियों की सेवा की, बहुत-सा त्याग कर दिया। स्वामी विवेकानन्द कहते थे :

"व्यक्तिगत सेवा का बहुत महत्त्व है लेकिन मुझे और भी खुशी होगी यदि हम स्वयं व्यवस्था की उन्नति कर पाएँ। स्वामीजी का मानना था कि महामारी से पीड़ित लोगों के लिए सिर्फ चावल दान दे देने से उनका उतना भला नहीं होगा, जितना कि चावल के साथ ही शिक्षा, उपदेश और उपार्जन करने की शक्ति प्रदान करने से।"

स्वामी विवेकानन्द की विशेषता थी कि वे अपना धैर्य नहीं खोते थे। जब भी वे कोई बात अपने शिष्यों को सिखाते तब उन्हें पता होता कि इसके परिणाम प्राप्त होने में काफी समय लगेगा क्योंकि किसी भी शिष्य या शिष्या की सीखने की शक्ति सीमित ही होती है। स्वामी विवेकानन्द की विचारधारा और कर्मों से प्रभावित होकर भगिनी निवेदिता वैराग्य की ओर प्रवृत्त हुईं। स्वामी विवेकानन्द ने उन्हें निवेदिता नाम देने के ठीक एक वर्ष बाद 25 मार्च, 1899 को दीक्षा दी थी। निवेदिता स्वामी विवेकानन्द के साथ संन्यासिनी होना चाहती थीं, यह बात उन्होंने स्वामीजी से कही भी थी। स्वामीजी ने उनसे कहा कि तुम जैसी हो, वैसी ही रहो।

स्वामी विवेकानन्द की दृष्टि व्यावहारिक थी और उसी दृष्टि के अनुसार वे चाहते थे कि श्री रामकृष्ण परमहंस के कार्यों की चर्चा हो। अकाल के बाद जब स्वामी विवेकानन्द कलकत्ता आए, तब उनके स्वागत के लिए स्वामी प्रियनाथ ने कुछ रुपए एकत्र किए थे ताकि विवेकानन्दजी का स्वागत किया जा सके। जब स्वामी विवेकानन्दजी की ओर से यह निर्देश मिलेगा कि उनके स्वागत-सत्कार में जो राशि खर्च की जानी है, उसका उपयोग अकाल-पीड़ितों की मदद कर किया जावे, किन्तु ऐसा नहीं हुआ। जब स्वामी विवेकानन्द कलकत्ता पहुँचे तो उनका अच्छा स्वागत किया गया।

स्वामी प्रियनाथजी ने विवेकानन्दजी से पूछा कि मुझे यह लगा था कि आपका यह निर्देश आने वाला है कि मेरे लिए स्वागत-सत्कार में धन व्यय मत करो, वह पूरी राशि अकाल निवारण में दान दे दो। आपने ऐसा क्यों नहीं किया? इस पर स्वामी विवेकानन्द ने पूरी ईमानदारी से जवाब दिया कि प्रियनाथजी, मेरी इच्छा थी कि मेरे लिए खूब धूम-धाम से आयोजन हो और स्वागत सत्कार किया जाए, उसमें बहुत शोरगुल हो ताकि लोगों को यह पता चले कि श्री रामकृष्ण परमहंस के नाम से जो कार्य हो रहे हैं, वे चैतन्यपूर्ण हैं। वास्तव में मेरे नाम पर जो जय-जयकार हो रही है, वह मेरी नहीं बल्कि श्री रामकृष्ण परमहंस की हो रही है। जो भारत के कल्याण के लिए आए हैं, उन्हें जाने बिना देश का कल्याण नहीं हो सकता। यदि हम अच्छे मनुष्य बन सकें तो अकाल आदि को भगाने में क्या देर लगेगी बल्कि मैं तो यह कहूँगा कि यदि हमारा मनुष्यत्व जाग्रत् है तो

अकाल कभी फटक भी नहीं सकता। हमारे देश में अकाल का इतना प्रकोप क्यों है? हमारे देश के मनुष्य जड़ हो गए हैं। अत: उन्हें खुद चेष्टापूर्वक इस अकाल को समूल नष्ट करना चाहिए।

स्वामी विवेकानन्द अपने गुरु भाइयों को खरी-खोटी सुनाने में संकोच नहीं करते थे। लगातार कई माह तक वे अस्वस्थ थे। स्वास्थ्य लाभ के लिए उन्होंने अनेक जतन किए और स्वास्थ्य लाभ लेते हुए ही उन्होंने आश्रम के कार्यों को भली भाँति सम्पादित किया। उनका शरीर अस्वस्थ था और वे जानते थे कि यह बहुत दिन तक शायद उनका साथ नहीं देगा लेकिन वे कहते थे कि मैंने जो कार्य किया है, वह इस्पात के समान ठोस और विद्युत् के समान द्रूत है। स्वामी विवेकानन्द अपने इच्छित कार्य धीमी गति से होते देखकर कई बार अधीर हो जाते थे और कठोर शब्दों का उपयोग करने लगते थे, लेकिन थोड़े ही समय बाद वे बिलकुल बदल जाते और अपने गुरु भ्राताओं के साथ मधुर व्यवहार करने लगे। गुरु भ्राता जानते थे कि स्वामी विवेकानन्द का व्यवहार उन्हें अच्छे कार्यों के लिए प्रेरित करने के लिए है, इसलिए वे कभी बुरा नहीं मानते थे। स्वामीजी मानते थे कि जिससे प्रेम करते हैं, उसके कहने का बुरा नहीं मानना चाहिए।

पुराने मठ भवन के सामने गंगा के किनारे एक घाट का निर्माण किया जाना था। स्वामीजी के गुरु भ्राता ब्रह्मानन्द ने इसके लिए अनुमान लगाया था तो पता चला कि इसमें कोई तीन हजार रुपए खर्च होंगे। स्वामी विवेकानन्द को जब इसका पता चला तो उन्होंने कहा कि इतना महत्त्वपूर्ण कार्य के लिए तीन हजार रुपए खर्च हो रहे हैं तो यह कार्य तत्काल सम्पन्न करा लेना चाहिए। तटबंध तक घाट का कार्य प्रारम्भ हुआ लेकिन जब निर्माण कार्य चल रहा था तो व्यय की सीमा तीन हजार रुपए से आगे बढ़ती ही चली गई।

इस पर स्वामी विवेकानन्द, ब्रह्मानन्दजी पर कुपित हुए और उन्हें डांट दिया। इस पर ब्रह्मानन्दजी दुखी हो गए और आश्रम के अपने कक्ष में जाकर दरवाजे-खिड़कियाँ बन्द करके बैठ गए। जैसे ही इसकी सूचना स्वामी विवेकानन्द को मिली, उन्होंने अपने साथी विज्ञानानन्द को वहाँ भेजा और उनसे कहा कि वे देखें कि ब्रह्मानन्द क्या कर रहे हैं? जब स्वामी विवेकानन्द को पता चला कि ब्रह्मानन्द अपना कमरा बन्द करके अश्रु बहा रहे हैं तो विवेकानन्द वहाँ पहुँचे और अपनी बात पर खेद प्रकट करते हुए कहने लगे कि मुझे क्षमा करें। मैंने बहुत गलत कार्य किया है, आपके साथ अन्याय किया है। स्वामी विवेकानन्द के क्षमा याचना करते ही ब्रह्मानन्द जी अपना सारा दुख भूल गए। स्वामी विवेकानन्द ने उनसे कहा कि हम तुमसे बहुत प्रेम करते हैं, तभी तो आपको खरी-खोटी सुनाते हैं।

स्वामी ब्रह्मानन्दजी के साथ एक बार उनकी खट-पट हो गई परन्तु ब्रह्मानन्द, स्वामी विवेकानन्द का स्वभाव जानते थे, इसलिए उन्हें कुछ नहीं कहते थे। उन्हें पता था कि स्वामी विवेकानन्द के मन में बुरा भाव नहीं है। एक दिन किसी बात पर गहरे विवाद के पश्चात् ब्रह्मानन्द को कलकत्ता जाना पड़ा और कुछ कार्य से वहीं रुकने की मजबूरी हो गई। इस पर स्वामी विवेकानन्द को यह महसूस हुआ कि ब्रह्मानन्द नाराज होकर कलकत्ता चले गए हैं। अपनी भूल सुधारने के लिए स्वामी विवेकानन्द खुद कलकत्ता पहुँचे और रास्ते से मिठाइयाँ खरीदते हुए ब्रह्मानन्दजी के निवास पहुँचे। वहाँ पहुँचते ही उन्होंने ब्रह्मानन्दजी के सामने मिठाइयाँ रख दीं और कहा, "तुम बहुत नाराज हो, इसलिए मिठाइयाँ खा लो। मेरे मन में कोई क्लेश नहीं है।" परन्तु ब्रह्मानन्द तो किसी और कार्य से रुके हुए थे।

उन्होंने जब स्वामीजी को असलियत बताई तो स्वामी विवेकानन्द कहने लगे, "मुझे यह भरोसा था लेकिन मन में यह खटका हुआ कि कहीं तुम नाराज तो नहीं हो गए?" मजाक में स्वामीजी ब्रह्मानन्द को गुरुवत् गुरुपुत्र कहा करते थे और जवाब में ब्रह्मानन्दजी उन्हें ज्येष्ठ भ्राता सम पिता कहते।

जो करना है आज ही करो

श्री रामकृष्ण आश्रम के स्वामी विज्ञानानन्द उच्च शिक्षित इंजीनियर थे और अध्ययन के बाद कुछ साल तक सरकारी पद पर भी रहे। स्वामी विवेकानन्द का उन पर बहुत विश्वास था। स्वामी विवेकानन्द अपने साथ स्वामी विज्ञानानन्द को भारत के प्राचीन स्थापत्य केन्द्रों पर भी ले जाते थे। विज्ञानानन्द पर विश्वास होने के कारण ही बेलूर में श्री रामकृष्ण मन्दिर का नक्शा भी विज्ञानानन्द ने ही बनाया था और उन्होंने जो नक्शा बनाया था, वह वैसा का वैसा मूर्त रूप में मन्दिर बनाया गया। जो कोई भी आता था, वह मंदिर के सौन्दर्य एवं स्थापत्य देखकर चकित रह जाता।

स्वामी विवेकानन्द का कहना था कि यह मठ प्राच्य और पाश्चात्य सभी शिल्प कलाओं का मिश्रण है यानी यहाँ आध्यात्मिकता भी है, पाश्चात्य शैली भी है और हमारी प्राचीन विद्या भी। इसकी दीवारों पर हजारों खिले हुए कमल उत्कीर्ण होंगे और प्रार्थना घर इतना बड़ा बनाना होगा कि उसमें एक हजार लोग एक साथ बैठकर जप, ध्यान कर सकें। श्री रामकृष्ण मन्दिर और प्रार्थना गृह इस प्रकार से बनाए जाएँ कि बहुत दूर से देखने पर ठीक ऊँकार की धारणा हो। द्वार के दोनों ओर ऐसे चित्र बनाए जाएँगे, जिनमें एक सिंह और एक भेड़ मित्रतापूर्वक एक दूसरे को चाट रहे हों अर्थात् महाशक्ति और विनम्रता का मिलन एक साथ होगा। यह मठ–मन्दिर, धर्म, कर्म, विद्या, भक्ति सभी का केन्द्र होगा।

स्वामी विवेकानन्द ने संन्यास के आदर्श में व्यक्तिगत मुक्ति की कामना को भी स्वार्थ करार दिया था। उनका मानना था कि मानव मात्र में मुक्ति के लिए किया गया आत्मबलिदान ही उच्चतम आसन है। यदि इस पृथ्वी पर एक कुत्ता भी भूखा है तो मैं उसे खिलाने का प्रयत्न करूँगा। मेरे धर्म के आचरण में सभी जीवों पर उपकार करना और उनकी मदद करना सिखाया जाता है। आत्म उत्सर्ग की बात करते हुए उन्होंने कहा था :

''मेरे और तुम्हारे समान कितने ही कीट प्रतिदिन जन्म ले रहे हैं और मृत्यु का वरण कर रहे हैं। इससे दुनिया का कुछ भी कहाँ बनता–बिगड़ता है, इसलिए

कोई भी उद्देश्य को लेकर मरना तो है ही, तो क्यों न उच्चतम उद्देश्य को लेकर मरें? मुझे सबसे ज्यादा पीड़ा होती है कर्महीन लोगों को देखकर। मृत्यु तो हर दिन हमारे और निकट आती ही है इसलिए बाद में करूँगा, ऐसा कहकर कोई व्यक्ति बैठा नहीं रहे। जो कुछ भी करना है, आज, अभी इसी वक्त कर डालो। यदि हम मनुष्य को प्रेम करते हैं तो उसका भला करने के लिए हम प्राण, प्रण से क्यों नहीं जुटें? तभी तो हम मनुष्य कहलाने के लायक बनेंगे। आज भारत माता हम लोगों से बलिदान चाहती है। कम से कम एक हजार युवकों की बलि चाहिए परन्तु एक बात याद रखना, भारत माता को मनुष्य चाहिए, पशु नहीं।''

स्वामी विवेकानन्द की इच्छा थी कि वे उन नवयुवकों को साथ लेकर एक संन्यासी संघ गठित करें जो आत्मबलिदान की ओर अग्रसर होना चाहते हैं। ऐसे आत्मबलिदानी युवकों का चयन करने के लिए वे स्वयं नवागत साधुओं और ब्रह्मचारियों के साथ शास्त्र चर्चा आदि किया करते थे। ऐसे नवयुवकों के करीब आने के उद्देश्य से वे मन्दिर में नियमित रूप से ध्यान करने, बैठने, पूजा-अर्चना में भाग लेते और विविध प्रकार के कर्मानुष्ठान का आयोजन भी करते। स्वामीजी को लगता था कि यदि ऐसे एक हजार नवयुवक भी वे तैयार कर पाए तो उनके जीवन का उद्देश्य पूरा हो जाएगा क्योंकि तब उनके कार्य स्वमेव आगे बढ़ते रहेंगे।

स्वामीजी को प्रभावित करने के उद्देश्य से भी कई नवागत ब्रह्मचारी मनोयोग से पीड़ितों की सेवा करते और व्याख्यान देते। स्वामीजी की प्रेरणा यह होती कि जो भी करो, खूब मनोयोग के साथ करो। कोई भी काम करो, चाहे वह चिलम-तम्बाकू सजाना ही क्यों न हो, अच्छी तरह से किया जाना चाहिए। यदि कोई रसोई बना रहा हो तो एकचित्त होकर बनाना चाहिए। यदि कोई बहुत अच्छा भोजन-रसोई बना सकता तो वह व्यक्ति अच्छा साधु भी बन सकता है क्योंकि मनोयोग के बिना न तो अच्छा भोजन तैयार हो सकता है और न ही कोई साधु बन सकता है।

अपने शिष्यों से स्वामी विवेकानन्द कहते थे : ''कोई भी कार्य करते वक्त लज्जा का अनुभव नहीं करो। यदि दूसरों के सामने कोई कार्य करते वक्त तुम्हारे मन में लज्जा का भाव आए तो यह सोचो कि सामने वाला व्यक्ति मनुष्य नहीं, कोई कीड़ा है और कीड़े के सामने लज्जा कैसी? वे अपने शिष्यों के कार्य का मूल्यांकन उनकी उपलब्धि पर नहीं या उनकी सफलता के पैमाने पर नहीं बल्कि उनकी निष्ठा, परिश्रम, उत्साह और स्वत:स्फूर्त भाव को देते थे। कोई भी व्यक्ति अगर अपने पूरे मनोयोग से कोई कार्य कर रहा हो तो उसमें तात्कालिक सफलता

भले ही नजर न आए, उसमें पूर्णकालिक सफलता जरूरी प्राप्त होगी। हर व्यक्ति अपनी क्षमता–सामर्थ्य के अनुसार ही काम कर सकता है।''

अलग–अलग लोगों की क्षमताएँ अलग–अलग होती हैं, इसलिए पैमाना कार्य की सफलता नहीं बल्कि मेहनत, निष्ठा और सतत प्रयास को मिलना चाहिए। मठ के दैनन्दिनी कार्यों का संचालन करने के लिए उन्होंने युवकों को जिम्मेदारी सौंप दी, साथ ही उन्हें कार्य करने की स्वाधीनता भी दी। इसमें उनका दृष्टिकोण यह था कि यदि स्वाधीनता नहीं होगी तो कोई भी उत्साह से काम नहीं कर पाएगा और अगर युवकों को उत्तरदायित्व का बोध नहीं हुआ तो वे आगे जाकर बड़े–बड़े कार्य कैसे सम्पन्न करेंगे? मनुष्य केवल तभी असफल होता है, जब वह अपनी शक्ति को विकसित करने का प्रयास नहीं करता। जिस क्षण कोई मनुष्य या राष्ट्र आत्मविश्वास खो दे, उसी क्षण उसकी मृत्यु हो जाती है। इसलिए भगवान पर विश्वास करने से पहले अपने आप पर विश्वास करो। केवल चन्द शक्तिमान लोग ही इस पूरी धरती को हिला–डुला सकते हैं।

नियम लक्ष्य तक पहुँचाता है

हमें अनुभव करने के लिए हृदय, विचार करने के लिए दिमाग और कार्य करने के लिए हाथ की आवश्यकता है, इसलिए मठ में साधुओं को मनोयोग और शिक्षा के द्वारा हर प्रकार से प्रशिक्षित किया जाता था। वहाँ जूते की सिलाई से लेकर माँ चण्डी की पूजा करने तक का प्रशिक्षण तो दिया ही जाता, साथ ही संगीत, बागबानी, पशुपालन आदि भी सिखाए जाते। वे अपने आश्रम में युवकों को धर्मपथ के सैनिक कहा करते थे और कहते थे कि धर्मपथ पर चलने वाले सैनिक भी सुदृढ़ मांसपेशियों वाले होने चाहिए। आप सब धर्म क्षेत्र के सैनिक हो, इसलिए आपकी मांसपेशियाँ लोहे के समान और आपके स्नायु इस्पात के समान होने चाहिए। यदि तुम विजय की आशा करते हो तो कठोर तपस्या, आत्मसंयम और ध्यान साधने में लग जाओ। स्वामी विवेकानन्द कट्टरता और संकीर्णता के विरोधी थे। उन्होंने अपने आश्रम के युवकों से यह कभी नहीं कहा कि वे आजीवन संन्यासी रहें और आश्रम में ही सेवा करते रहें। उन्होंने साफ–साफ कहा था : ''यदि कोई मठ छोड़कर जाना चाहे तो जा सकता है। यदि तुम संन्यास के आदर्श से पिछड़ गए हो और गृहस्थ आश्रम में प्रवेश करना चाहते हो तो उस पर कोई बंधन नहीं है परन्तु संन्यास आश्रम को कलुषित करने का अधिकार किसी को नहीं है। सुबह उठना, जप करना, तपस्या करना और स्वास्थ्य के अनुसार खान–पान करना अनिवार्य है।

स्वामीजी का कहना था : ''संन्यासी लोगों को धनी लोगों के साथ मिलने–जुलने की जरूरत ही नहीं है क्योंकि उन्हें तो अपना काम गरीबों के बीच करना है। संन्यासियों का कर्तव्य है कि गरीबों की पूरे प्राण और प्रण से सेवा करें। हमारे देश के संन्यासी सम्प्रदायों के बीच कुछ धनी लोगों की खुशामद करने का रोग उत्पन्न हो गया है जिससे वे प्राणहीन हो गए हैं।

स्वामी विवेकानन्द अज्ञानता पर भी बोल देते थे। उनका मानना था कि यदि कार्य सम्पन्न करना है तो पहले आँखें मूँदकर अपने श्रेष्ठ को आदर्श मानना चाहिए। यदि हर कोई श्रेष्ठ बनना चाहे तो यह सम्भव नहीं। यदि मेरे गुरु

भ्रातागण कहें कि मुझे आज से लेकर मेरी मृत्यु के दिन तक आश्रम की नालियों की सफाई करनी है तो निश्चित जान लें कि मैं बिना आपत्ति के वही करता रहूँगा। नेतृत्व करने का गुण भी केवल उसी व्यक्ति को प्राप्त होता है, जो आदेश का पालन कर सकता है।''

स्वामी विवेकानन्द नियमों को लेकर इतना संकल्पित थे कि आश्रम-संचालन के कई नियम उन्होंने लिपिबद्ध करा लिए थे। उनके नियम बनाने का तरीका भी सार्वजनिक था। सभी लोगों की उपस्थिति में नियम बनाने के पहले सभी लोगों की सहमति ली जाती थी। स्वामीजी कहा करते थे कि हमने यह नियम बनाए हैं परन्तु नियम बनाने के पहले सभी लोग इस बात को समझ लें कि हमने यह नियम इसलिए बनाए हैं कि हम इन नियमों से परे जा सकें और इन नियमों से परे जाना तभी सम्भव है जब हम अपने लक्ष्यों को प्राप्त कर लें। नियमों से परे जाने की बात ऐसी ही है जैसे कि काँटे से काँटा निकालकर दोनों काँटों को फेंक दिया जाता है। इसका अभिप्राय यही है कि अगर सभी लोग नियम से कार्य करने लगेंगे तो फिर हमें इन नियमों की जरूरत नहीं होगी और हम स्वतः ही नियमानुसार कार्य करने लगेंगे। स्वामी विवेकानन्द ने यह बात जोर देकर कही कि हमारे आश्रम के सभी नियम सकारात्मक नियम हैं। उन्हें नकारात्मक नजरिए से कोई न देखें। यदि हमने कोई नियम नकारात्मक भाव से लिख दिया है तो उसे सकारात्मक भाव से लिख लेना हितकारी होगा।

स्वामीजी की नीति ही सकारात्मक थी और वे हर बात सकारात्मक ढंग से सोचते थे। स्वामी विवेकानन्द के वे नियम आज भी आलम बाजार मठ की नियमावली प्रचलन में है। आगे जाकर इस नियमावली का विस्तार किया गया और वह बेलूर मठ की नियमावली के नाम से जानी गई। इस नियमावली में मठ के परिचालन, श्री रामकृष्ण प्रचार के निर्देश, ईश्वर-प्राप्ति के उपाय और भारत तथा समग्र विश्व का आध्यात्मिक कल्याण करने के निर्देश निहित हैं। इसी के साथ समाज के तत्त्व और ऐतिहासिक पृष्ठभूमि की भी व्याख्या है।

मठ की स्थापना का उद्देश्य स्पष्ट है कि वहाँ अपनी मुक्ति के लिए साधना करना और जगत के कल्याण के साधनों में प्रशिक्षित होना मुख्य काम है। पुरुषों के समान ही नारियों के लिए भी अलग मठ की स्थापना आवश्यक है। दोनों मठ के संन्यासियों का आपस में कोई सम्पर्क नहीं होगा। इस प्रकार के मठ सम्पूर्ण पृथ्वी पर स्थापित करने के लक्ष्य रखे गए थे। साथ ही यह भी स्पष्ट था कि मठ के कार्य क्या-क्या हैं। मठ किन कार्यों को नहीं करेगा, यह भी निर्देशित किया गया था, जिससे कि समाज-सुधार के तथाकथित कार्यों की ओर मठ ध्यान नहीं

देगा बल्कि वह सामाजिक कुरीतियों का ढिंढोरा पीटने में अपनी शक्ति नष्ट करने के बजाय समाज को पुष्ट करने में ज्यादा ध्यान देगा।

यह तय किया गया कि आर्थिक उन्नति, शिक्षा, समाज के सुधार, व्यक्ति के कल्याण के जितने भी कार्य होने हैं, सभी धर्म के माध्यम से होने हैं। इन मठों का लक्ष्य वैश्विक कल्याण के लिए किया गया। इन मठों का उद्देश्य सम्पूर्ण विश्व का कल्याण करना है न कि दो-चार बाबाजी लोगों का ठाकुरवाड़ी बनाना। श्री रामकृष्ण परमहंस के नाम पर किसी अन्य सम्प्रदाय का गठन नहीं होने दिया जाएगा। हमारे सनातन शास्त्र ही एकमात्र शास्त्र के रूप में स्वीकार्य और प्रचारित किए जाएँगे। वेद को ही सर्वोच्च समझा जाएगा और श्री रामकृष्ण परमहंस की उक्तियाँ, वेदमत, आधुनिक और सर्वांग सुंदर व्याख्या मानी जाएँगी।

यदि कोई वाद-विवाद की घड़ी आए, तब श्री रामकृष्ण के मार्गदर्शन अनुसार ही उसमें सामंजस्य बिठाया जाएगा। जनसाधारण के लिए भक्ति, भजन या व्यावहारिक वेदान्त की शिक्षा ही पर्याप्त होगी। श्री रामकृष्ण मठ की स्थापना के पीछे ज्ञान, भक्ति, योग और कर्म का विस्तार करना ही एकमात्र लक्ष्य था। इन चारों तत्त्व में से अगर एक भी तत्त्व की कमी हो तो वह श्री रामकृष्ण के साँचे के अनुसार नहीं है। जो लोग अपनी मुक्ति के लिए कार्य करते हैं, उनसे बेहतर कार्य उन लोगों का है जो दूसरों की मुक्ति के लिए कार्य करते हैं। मठ में ज्ञान, भक्ति, योग और कर्म की शिक्षा अलग-अलग दी जाएगी लेकिन कर्म विभाग में सभी को एक साथ शामिल होना होगा। नए समाज के निर्माण में एक साथ एक ही आधार पर अति उदारता और अति प्रबलता के साथ लक्ष्य रखा जाए जैसे समुद्र के समान गम्भीरता और आकाश के समान विस्तृत आधार, साथ ही साथ महानदी के समान वेगवान गति प्राप्त हो सके।

स्वामी विवेकानन्द ने व्यवस्था दी कि जिन लोगों को उच्च जाति का नहीं माना जाता, उन्हें भी शिक्षा-दीक्षा के द्वारा उन्नत किया जाना आवश्यक है। यह भी नियम बनाया गया कि बेलूर मठ ही समस्त मठों का प्रधान केन्द्र रहेगा और शाखा मठों को इसकी नियमावली माननी होगी। स्वामी विवेकानन्द के विचारों के अनुसार ही मठ में हिन्दू देवी-देवताओं की पूजा के साथ ही गुरु-पूजा भी शुरू हुई। सभी प्रधान धर्मों के प्रतिष्ठाताओं की पूजा भी मठ में स्वीकृत हुई। श्री रामकृष्ण मठ भगवान शंकराचार्य द्वारा प्रवृत्त दसनामी संन्यासी सम्प्रदाय के अन्तर्गत ही रहा। संन्यास विधि हो या दार्शनिक, शंकराचार्य द्वारा प्रदर्शित पथ ही अंगीकार किया गया।

जो सोचोगे, वही बन जाओगे

व्यक्ति जीवन में जो सोचता है वही करता भी है। जिनकी सोच और करने की सामर्थ्य में सामंजस्य होता है वे एकाएक ऊँचाइयों को छू लेते हैं। उसके लिए जीवन लघु हो या दीर्घ, यह मायने नहीं रखता। स्वामी विवेकानन्द उन महानतम पुरुषों में थे जिनको ईश्वर ने उम्र तो कम दी थी, लेकिन इतनी अल्पायु में उन्होंने शतायु जीवन जीने वाले व्यक्ति से अधिक काम किया, उनकी कथनी और करनी में कोई अन्तर नहीं था। कथनी और करनी में अन्तर न होने के कारण ही वे 39 वर्ष 05 माह व 24 दिन की आयु में विश्व इतिहास के महानतम व्यक्ति बन गए।

स्वामी विवेकानन्द ने जो विचार आम लोगों के लिए दिये उन्हीं विचारों को अपने जीवन में आत्मसात् कर दुनिया को यह दिखा दिया कि वास्तव में उच्च विचारों को अपने आचरण में ढाला जा सकता है। आचरण की पवित्रता ने उन्हें सामान्य लोगों से अलग बना दिया। जीवन के प्रति उनका सम्यक् रूप से सकारात्मक दृष्टिकोण था, इसी सकारात्मक दृष्टिकोण के कारण वे जब तक इस दुनिया में रहे, पूरे उत्साह और मनोयोग के साथ प्राणिमात्र के कल्याण के लिए कार्य करते रहे। उन्होंने कहा था : ''तुम जो कुछ सोचोगे, तुम वही हो जाओगे; यदि तुम अपने को दुर्बल समझोगे तो तुम दुर्बल हो जाओगे; बलवान सोचोगे तो बलवान बन जाओगे।''

स्वामी विवेकानन्द हमेशा निरपेक्ष जीवन जीने की सलाह देते रहे। वे इस चीज के प्रबल पक्षधर थे कि हमें अपने जीवन में कैक्टस की जीवन पद्धति को अपनाना चाहिए। कैक्टस का पौधा परमुखापेक्षी नहीं होता वह निरपेक्ष रूप से रहता है किसी से कोई अपेक्षा नहीं करता उसके बारे में कोई क्या कहता है, इससे उसे कुछ लेना–देना नहीं होता। व्यक्ति के जीवन में भी यदि दूसरों से अपेक्षाएँ अधिक हों तो वह सदा दुखी रहता है। यही अपेक्षाएँ उसके दुख का कारण बनती हैं, यदि हम बिना अपेक्षा के जीवन जीते हैं, तो अपेक्षाकृत अधिक खुश रहते हैं।

जिन्दगी के प्रति नजरिए का अन्तर ही एक व्यक्ति दूसरे को व्यक्ति से भिन्न बनाता है। वे कहते थे कि जीवन में कभी भी किसी से कुछ पाने की चेष्टा मत

करो। व्यक्ति अपनी आन्तरिक क्षमताओं से अपने लिए बेहतर सम्भावनाओं को पैदा कर सकता है। आन्तरिक शक्ति अन्त:करण की पवित्रता से ही और बलवती होती है। उनका स्पष्ट मानना था : ''किसी दूसरे के पास से कुछ न चाहो। मैं यह निश्चित रूप से कह सकता हूँ कि यदि तुम अपने जीवन की अतीत की घटनाएँ याद करो तो देखोगे कि तुम सदैव व्यर्थ ही दूसरों से सहायता पाने की चेष्टा करते रहे, किन्तु कभी पा नहीं सके; जो कुछ सहायता पाई है, वह अपने अन्दर से ही थी।''

मनुष्य मन की कमजोरी के कारण ही दुर्बल बन जाता है। सच तो यह है कि अगर हम मन से स्वयं को सबल और मजबूत महसूस करेंगे तो हम और भी मजबूत होते जाएँगे। मन की यही मजबूती व्यक्ति के आत्मविश्वास को बढ़ाती है और आत्मविश्वास से भरा हुआ व्यक्ति कभी भी कहीं भी मात नहीं खा सकता। वह प्रतिकूल परिस्थितियों में भी अपने लिए राहें तलाश लेता है, विकट और विषम परिस्थितियाँ उसे विचलित नहीं करतीं। वह खुद ब खुद अपना रास्ता तय करता है। दूसरे की वैशाखी के सहारे वह आगे बढ़ना नहीं चाहता। निश्चित तौर पर जिस व्यक्ति के अन्दर आत्मविश्वास कूट-कूट कर भरा हो, वह व्यक्ति जीवन में कभी भी पराजय का वरण नहीं कर सकता।

पराजय अथवा हार कायर, डरपोक, दुर्बल लोगों के लिए है। मन से मजबूत और तन से स्वस्थ व्यक्ति को दुनिया की कोई भी ताकत परास्त नहीं कर सकती। सच तो यह हैं कि कोई भी व्यक्ति अपने अन्दर की भावनाओं व इच्छाशक्ति से ही कमजोर अथवा मजबूत होता है। अपने बारे में व्यक्ति जो धारणा बना लेता है, वह व्यवहार में भी वैसे ही बन जाता है। इसलिए हमें अपने सोच के पैमाने और मानक व्यापक रखने चाहिए। संकीर्ण सोच रखने वाला व्यक्ति कभी भी दूसरे की भलाई के बारे में नहीं सोच सकता। स्वामी विवेकानन्द ने कहा था :

''यह कभी न सोचना कि आत्मा के लिए कुछ असम्भव है। ऐसा कहना ही भयानक नास्तिकता है। यदि पाप नामक कोई वस्तु है तो यह कहना ही एकमात्र पाप है कि मैं दुर्बल हूँ अथवा अन्य कोई दुर्बल है।''

स्वामी विवेकानन्द व्यक्ति के अन्दर की अन्त:शक्तियों को जाग्रत् करने के प्रबल पक्षधर थे। उनका मानना था कि व्यक्ति अपने आप में असाधारण शक्तियों से सम्पन्न होता है। 'कस्तूरी कुण्डल बसै मृग ढूँढे वनमाहि, ऐसे घटि-घटि राम है दुनिया देखे नाहि'—कस्तूरी मृग जंगल-जंगल कस्तूरी की सुगन्ध पाने के लिए भटकता रहता है, लेकिन उसको यह ज्ञान नहीं रहता कि कस्तूरी खुद उसके शरीर में है। इसी भाँति व्यक्ति शक्ति के लिए जगह-जगह भटकता है, लेकिन अपनी अज्ञानता के कारण वह यह नहीं समझ पाता कि वे सारी अन्त:शक्तियाँ उसके

अन्दर विद्यमान हैं। इसी अज्ञानता व मूर्खता के कारण वह दर-दर भटकता रहता है। दूसरों से सहायता की भीख माँगता है, दूसरों की वैशाखी का सहारा लेना चाहता है जबकि सच्चाई यह है कि कुदरत ने उसे इस कदर शक्तिसम्पन्न बनाया हुआ है कि वह अपनो हर समस्या का सामाधान खुद-ब-खुद कर सकता है।

ईश्वर ने प्रत्येक व्यक्ति को असाधारण शक्तियों से सम्पन्न बनाया हुआ है। व्यक्ति के अन्दर क्षमताओं का अकूत भण्डारण है, केवल उसको प्रयोग करने की जरूरत है। स्वामी विवेकानन्द ने कहा था : ''कभी 'नहीं' मत कहना, 'मैं नहीं कर सकता' यह कभी न कहना। ऐसा कभी नहीं हो सकता, क्योंकि तुम अनन्तस्वरूप हो। तुम्हारे स्वरूप की तुलना में देश-काल भी कुछ नहीं है। तुम्हारी जो इच्छा होगी, वह कर सकते हो, तुम सर्वशक्तिमान हो।''

आत्मगौरव करता है प्रेरित

कोई भी व्यक्ति अथवा राष्ट्र जब अपना आत्मविश्वास व आत्मगौरव खो देता है तो समझो कि उसके समाप्त होने के दिन नजदीक आ गए। दुनिया की जिन सभ्यताओं व संस्कृतियों ने अपने आत्मगौरव को सहेजकर नहीं रखा, वे जल्दी ही नष्ट हो गईं। दुनिया की महानतम संस्कृतियाँ जो आज भी जीवित हैं, वे अपने आत्मसम्मान व आत्मगौरव के कारण ही जिन्दा रह पाई हैं। एक व्यक्ति पर भी यही बात लागू होती है कि उसका आत्मविश्वास व आत्मगौरव उसे आगे बढ़ने के लिए प्रेरित करता है। जिस दिन उसने अपना आत्मसम्मान खो दिया, समझो, उसका पतन सुनिश्चित है। इसीलिए आगे बढ़ने के लिए आत्मविश्वास व आत्मसम्मान का होना नितान्त जरूरी है।

इतिहास में जिन लोगों ने अपना नाम अमर कर दिया, वे कोई सामान्य लोग नहीं थे, उन महान विभूतियों ने अपने जीवन का एक-एक क्षण मानव कल्याण के लिए लगाया है, और इसी मानव कल्याण की भावना ने उन्हें इतिहास पुरुष बना दिया। आत्मविश्वास और आत्मगौरव से हीन व्यक्ति स्वयं की दृष्टि में ही गिर जाता है और जो अपनी नजरों से गिर गया, वह फिर कभी खड़ा नहीं हो सकता। खड़ा रहने के लिए अपनी नजरों में अच्छा बने रहना भी जरूरी है। व्यक्ति अपना आत्मनिरीक्षण खुद-ब-खुद कर सकता है। कुदरत ने उसके अन्दर ऐसी विलक्षण क्षमताएँ दी हैं कि वह आत्मचिन्तन व आत्मपरीक्षण करके अपना मूल्यांकन कर सकता है। मूल्यांकन एक ऐसी पद्धति है जिससे कोई भी व्यक्ति अपनी क्षमताओं का भली भाँति आकलन कर सकता है। समय के सद्उपयोग व सकारात्मक दृष्टिकोण के कारण एक व्यक्ति ऊँचाइयों को छू लेता है, जबकि नकारात्मक सोच रखने वाला व्यक्ति कभी भी ऊँचाइयों तक पहुँच नहीं सकता। मन और क्षण के सही प्रयोग के बल पर साधारण व्यक्ति भी असाधारण बन जाता है।

स्वामी विवेकानन्द ने कहा था :

"संसार का इतिहास उन थोड़े से व्यक्तियों का इतिहास है, जिनमें आत्मविश्वास था। यह विश्वास अन्तःस्थित देवत्व को ललकारकर प्रकट कर देता है। तब व्यक्ति कुछ भी कर सकता है, सर्वसमर्थ हो जाता है। असफलता तभी होती है, जब तुम अन्तस्थ अमोघ शक्ति को अभिव्यक्त करने का यथेष्ट प्रयत्न नहीं करते। जिस क्षण व्यक्ति या राष्ट्र आत्मविश्वास खो देता है, उसी क्षण उसकी मृत्यु हो जाती है।"

मेहनत और संघर्ष का विकल्प नहीं

सफलता के लिए मेहनत करने की कोई सीमा नहीं होती। संघर्ष जीवन का मूल मंत्र है। संघर्ष में डटे रहना जीवन में सफलता का द्योतक है। युद्धभूमि में लड़ने से कतराने वाला सैनिक युद्ध जीत नहीं सकता। युद्ध जीतने के लिए दृढ़ इच्छाशक्ति व संघर्ष करने की असीमित क्षमता का होना बहुत जरूरी है। जीवन को गीता के इस श्लोक की पंक्तियों से ऊर्जावान रखना चाहिए। गीता में भगवान कृष्ण अर्जुन को युद्ध लड़ने का उपदेश देते हुए कहते हैं : "हे अर्जुन, युद्ध में भाग जरूर लो, रणभूमि में जीत गए तो पृथ्वी पर स्वर्ग भोगोगे, हार गए तो वीरगति को प्राप्त कर मोक्ष प्राप्त करोगे। तुम्हारे दोनों हाथों में लड्डू है, इसलिए इस अवसर से वंचित रहने की चेष्टा मत करो। गांडीव उठाओ और युद्ध लड़ो।"

भगवान कृष्ण द्वारा अर्जुन को दिए गए इस उपदेश से यह स्पष्ट होता है कि मनुष्य का जीवन भी एक रणभूमि की तरह है, जिसमें युद्ध में भाग लेने के अलावा और कोई विकल्प शेष नहीं रह जाता।

जीवन संग्राम में व्यक्ति को कुछ पाने के लिए संघर्ष तो करना ही पड़ता है और अन्ततः संघर्ष में विजयश्री का वरण कर व्यक्ति पृथ्वी पर स्वर्ग भोगता है। उसके लिए दो-दो तरफ स्वर्ग है। संघर्ष में मारे जाने पर भी मोक्षरूपी स्वर्ग है और जीतने पर पृथ्वी का स्वर्ग उसके स्वागत के लिए खड़ा है। युद्ध से भागने वाले सैनिक वीरगति को प्राप्त नहीं हो सकते। उसे भगोड़ा या कायर कहा जाता है। भगोड़े व कायर कभी भी वीरगति को प्राप्त नहीं हो सकते हैं। वीरगति केवल बहादुरों को ही मिलती है, कायरों और डरपोक लोगों के लिए इस दुनिया में कोई जगह नहीं है। स्वामी विवेकानन्द ने इसी विचार को दृष्टिगत रखते हुए कहा :

"ये संघर्ष, ये भूलें रहने से हर्ज भी क्या? मैंने गाय को भी झूठ बोलते नहीं सुना, पर वह सदा गाय ही रहती है, मनुष्य कभी नहीं हो जाती। अतएव यदि बार-बार असफल हो जाओ, तो भी क्या? कोई हानि नहीं, सहस्त्र बार इस आदर्श को हृदय में धारण करो और यदि सहस्त्र बार भी असफल हो जाओ तो एक बार फिर प्रयत्न करो।"

विश्वास और आत्मविश्वास जीवन का मूलमंत्र

विश्वास जीवन का गुरुमंत्र है। विश्वास के बल पर पूरी दुनिया टिकी हुई है। विश्वास में भगवान है और विश्वास से दुनियादारी के आपसी रिश्ते भी कायम होते हैं। अविश्वास व्यक्ति के जीवन में पगबाधाएँ उत्पन्न करता है। ऐसी पगबाधाओं से पार पाना आसान नहीं होता है। अविश्वासी व्यक्ति हमेशा सन्देहों से घिरा रहता है। शक व सन्देह आपसी सम्बन्धों में दरार पैदा करते हैं।

विश्वास और आस्था के कारण एक आस्तिक व्यक्ति को पत्थर में भी भगवान दिखता है, जबकि नास्तिक व्यक्ति को साक्षात् भगवान भी मिल जाएँ तो उनको भी वह भगवान मानने को तैयार नहीं रहता। विश्वास ही है जो हमें एक-दूसरे से जोड़ता है, आत्मा परमात्मा से जुड़ती है, व्यक्ति-व्यक्ति से जुड़ता है और समग्र रूप से एक देश दूसरे देश के विकास और उन्नति में आपसी विश्वास से नया आयाम स्थापित कर लेता है। विश्वास न हो तो असाध्य रूप से पीड़ित कोई मरीज ऑपरेशन थिएटर में चिकित्सक पर विश्वास नहीं कर सकता है। विश्वास के कारण ही वह अपने शरीर के रोगग्रस्त अंग की शल्य चिकित्सा कराने को तैयार हो जाता है, अन्यथा वह चिकित्सक पर भी विश्वास नहीं करेगा, तो उसका जीवन ही खतरे में पड़ जाएगा।

विश्वास जीवन का मूल आधार है और विश्वास के बल पर ही व्यक्ति जीवन में प्रगति के मार्ग पर प्रशस्त होता है। स्वामी विवेकानन्द ने कहा था कि परमात्मा में विश्वास ही उन्नति का आधार है। उन्होंने कहा :

"विश्वास, विश्वास! अपने आप पर विश्वास, परमात्मा के ऊपर विश्वास! यही उन्नति करने का एकमात्र उपाय है। यदि पुराणों में कहे गए तैंतीस करोड़ देवताओं के ऊपर और विदेशियों ने बीच-बीच में जिन देवताओं को तुम्हारे बीच घुसा दिया है, उन सब पर भी तुम्हारा विश्वास हो और अपने आप पर विश्वास न हो, तो तुम कदापि मोक्ष के अधिकारी नहीं हो सकते। जिसमें आत्मविश्वास नहीं है, वही नास्तिक है। प्राचीन धर्मों में कहा गया है, जो ईश्वर में विश्वास नहीं करता वह नास्तिक है। नूतन धर्म कहता है, जो आत्मविश्वास नहीं रखता, वही नास्तिक है।"

स्वस्थ शरीर में स्वस्थ मस्तिष्क निवास करता है। अगर शरीर स्वस्थ नहीं तो उसका दिमाग भी ठीक से काम नहीं करता। शारीरिक स्वस्थता के प्रति स्वामी विवेकानन्द काफी जागरूक रहते थे। उन्होंने युवाओं को स्वस्थ रहने के लिए योग व प्राणायाम की भी शिक्षा दी। उनका मानना था कि योग व प्राणायाम से शरीर को नीरोगी और स्वस्थ बनाया जा सकता है। अस्वस्थ व्यक्ति अच्छे विचारों की कल्पना नहीं कर सकता है। उसकी रुग्ण देह की भाँति उसके विचार भी रुग्ण हो जाते हैं। उन्होंने युवाओं का आह्वान करते हुए कहा :

"हे मेरे युवक बन्धुगण, तुम बलवान बनो! यही तुम्हारे लिए मेरा उपदेश है। गीता पाठ करने की अपेक्षा तुम फुटबाल खेलने से स्वर्ग के अधिक समीप पहुँचोगे। मैंने अत्यन्त साहसपूर्वक ये बातें कहीं हैं और इनको कहना आवश्यक है। कारण, मैं तुमको प्यार करता हूँ। मैं जानता हूँ कि कंकड़ कहाँ चुभता है। मैंने कुछ अनुभव प्राप्त किया है। बलवान शरीर और मजबूत पुट्ठों से तुम गीता को अधिक समझ सकोगे।"

अन्त:शक्ति को पहचानें

जंगल का राजा शेर हमेशा अकेला चलता है। वह अकेले में भी अवसाद की स्थिति में नहीं रहता है। अकेला चलना शेर की शान में शुमार होता है। शेर अकेला पूरी शान से चलता है, अकेला और मदमस्त चाल से चलना उसकी पहचान है। वह अकेले में भी आत्मविश्वास से भरा रहता है, जबकि भेड़ अपने समूह से कहीं अलग पड़ गई तो वह विचलित हो जाती है, वह डर जाती है, सहम जाती है और कई तरह के भय उसे सताने लगते हैं, क्योंकि भेड़ शेर की तरह कभी अकेले नहीं चल सकती। अकेला चलना उसकी नियति और प्रकृति में नही है। इसी नियति और प्रकृति के मूलभूत अन्तर के कारण शेर जंगल का राजा है और भेड़ केवल एक भेड़ है, जो अक्सर शेर के लिए एक निवाला भर है। इन दोनों जीवों में बड़ा अन्तर आत्मविश्वास, आत्मसम्मान व स्वाभिमान का है। शेर का स्वाभिमान इतना ऊँचा होता है कि वह अपना शिकार खुद करता है। वह सड़े-गले व किसी के द्वारा छोड़े हुए मांस के टुकड़ों से अपनी भूख नहीं मिटाता। वह भूखा रह सकता है मगर दूसरे के द्वारा दिये गए मांस को खा नहीं सकता। शेर के चरित्र की यही विशेषता उसे जंगल का राजा बनाती है। व्यक्ति-व्यक्ति में भी यही अन्तर दोनों को भिन्न बना लेता है, दोनों के जीवन की दिशाएँ अलग-अलग कर देता है।

इसी स्वाभिमान व आत्मसम्मान की प्रचुरता के कारण कोई व्यक्ति महान बन जाता है, जबकि आत्महीनता से ग्रसित व्यक्ति जीवन में कोई भी उपलब्धि प्राप्त नहीं कर सकता। स्वामी विवेकानन्द का जीवन-दर्शन हमें जीवन में आगे बढ़ने के लिए प्रेरित करता है। मनुष्य के अन्दर की अन्त:शक्तियों को वे पहचानते थे, इसी कारण वे आगे बढ़ने के लिए प्रेरित करते रहते थे। कोई भी मनुष्य विलक्षण क्षमताओं से युक्त होता है। आवश्यकता इस बात की है कि वह अपनी क्षमताओं का सही समय पर सही उपयोग कर सके। हनुमानजी के बारे में कहा जाता है कि उन्हें अपनी आन्तरिक शक्तियों का बोध नहीं था, जबकि उनके अन्दर अथाह शक्तियाँ निहित थीं।

एक धार्मिक किंवन्दती के अनुसार हनुमान जी जब बालक थे, तो उन्होंने भगवान सूर्य को फल जैसी वस्तु समझकर भक्षण कर लिया था। बालक हनुमान के इस दु:स्साहस के कारण पूरी दुनिया में अन्धकार छा गया था। कहते हैं कि तब से हनुमान जी को यह अभिशाप पड़ गया था कि उन्हें अपनी अन्त:शक्तियों के बिना जगाए कभी भी बोध न हो पाए कि वे अत्यन्त शक्तिशाली हैं। जब भगवान श्रीराम लंका पर चढ़ाई के लिए सेतु बन्ध रामेश्वरम का निर्माण करा रहे थे तो नल, नील, अंगद, जामवन्त सरीखे वानर सेना के इंजीनियर अपनी-अपनी सेवाओं का योगदान दे रहे थे, पुल के निर्माण से पूर्व लंकाधिपति महाराजा रावण को भगवान राम का संदेश दिया जाना था।

वानर सेना इस बात को लेकर चिन्तित थी कि कैसे भगवान श्रीराम का संदेश लंकापति रावण तक पहुँचाया जा सके। इस मौके पर हनुमानजी को उनकी अन्त:शक्तियों का बोध कराने का आह्वान किया गया, उन्हें जाग्रत् किया गया। उन्हें कहा गया कि आपमें इतनी असीमित शक्तियाँ हैं कि आप समन्दर को लाँघ सकते हैं। हनुमानजी को जैसे ही उनकी आन्तरिक शक्तियों का बोध कराया गया, तो तत्तसमय ही वे समुद्र को लाँघकर लंका पहुँच गए। यह रामायण का एक ऐसा उदाहरण है जो आम व्यक्तियों को कुछ करने के लिए प्रेरित करता है और उन्हें उनकी आन्तरिक शक्तियों के लिए जाग्रत् करता है। इस उदाहरण से यह समझना आसान होगा कि वास्तव में हनुमानजी की ही तरह मनुष्य के अन्दर भी असाधारण शक्तियाँ निहित हैं। स्वामी विवेकानन्द इस बात पर हमेशा ही जोर देते थे कि "मनुष्य ईश्वर की सर्वोत्तम कृति है।" दुनिया का ऐसा कोई भी दुष्कर कार्य नहीं जिसे मनुष्य न कर सके। इसलिए उन्होंने कहा था :

"तुम तो ईश्वर की सन्तान हो, अमर आनन्द के भागीदार हो, पवित्र और पूर्ण आत्मा हो। तुम इस मर्त्यभूमि पर देवता हो। तुम भला पापी! मनुष्य को पापी कहना ही पाप है, वह मानव स्वभाव पर घोर लांछन है। उठो! जाओ! ऐ सिंहो! इस मिथ्या भ्रम को झटककर दूर फेंक दो कि तुम भेड़ हो, तुम तो अजर-मरण-रहित नित्यानन्दमय आत्मा हो।"

मनुष्य संसार का सबसे शक्तिशाली प्राणी है। ईश्वर ने उसे तेज दिमाग व ऐसी शारीरिक बनावट दी है कि वह अन्य सांसारिक प्राणियों से एकदम भिन्न है। जंगल का राजा शेर ताकत में भले ही मनुष्य से शक्तिशाली हो सकता है, लेकिन दिमाग से वह मनुष्य की बराबरी नहीं कर सकता। इसी कारण खूंखार, हिंसक, जंगली शेर मनुष्य के द्वारा चिड़ियाघरों में भी बन्द किए जाते हैं। पिंजड़े में बन्द शेर को मनुष्य करीब से निहार सकता है। इससे यह साबित होता है कि मनुष्य दुनिया के किसी भी खूंखार जीव को अपने नियन्त्रण में रखकर उसको

नजदीक से देख सकता है, उसके हाव-भाव व गतिविधियों का बारीकी से अध्ययन कर सकता है। मनुष्य ही है जो पृथ्वी के अलावा अन्य ग्रहों पर भी जीवन की कल्पना कर सकता है। इस दिशा में अन्तरिक्ष व खगोल विज्ञानी अपने शोधों को लगातार जारी रखे हुए हैं।

अब ब्रह्माण्ड का रहस्य उसके लिए कोई पहेली नहीं रहा, चांद अब बच्चों के लिए चंदा मामा न रहकर एक ऐसा ग्रह है जिस पर मनुष्य जा सकता है। वैज्ञानिक वहाँ जीवन की सम्भावनाओं की तलाश जारी रखे हुए है। मंगल ग्रह पर जीवन की सम्भावनाओं के चिह्न महसूस किए जाते रहे हैं। इन बातों से यह साबित होता है कि मनुष्य न केवल पृथ्वी वरन् अखिल ब्राह्मण्ड के अन्य ग्रहों पर भी अपना आधिपत्य स्थापित करना चाहता है। अपने को दुर्बल मानने वाला इन्सान कभी भी मजबूती से खड़ा नहीं रह सकता। स्वामी विवेकानन्द ने कहा था :

'मनुष्य को सदैव दुर्बलता की याद कराते रहना उसकी दुर्बलता का प्रतिकार नहीं है, बल्कि उसे अपने बल का स्मरण करा देना ही उसके प्रतिकार का उपाय है। उसमें जो बल पहले से ही विद्यमान है, उसका स्मरण कराओ।''

भारतीय ऋषि मनीषियों द्वारा रचे गए वेद, उपनिषदों के एक-एक मंत्र विज्ञान-सम्मत हैं। हालाँकि हिन्दू धर्म में ऐसी मान्यता है कि वेद-उपनिषदों की रचना ब्रह्मा ने की है। वेदों और उपनिषदों का एक-एक श्लोक मनुष्य जीवन के लिए संजीवनी साबित हो सकता है। इन श्लोकों पर वैज्ञानिक शोध किए जा रहे हैं। पश्चिमी देशों ने वेद-उपनिषदों के मंत्रों से कई वैज्ञानिक शोध किए हैं। वेद-उपनिषदों की व्यावहारिकता व महानता के कारण वे मनुष्य जीवन के लिए प्रेरणादायी हैं, इसीलिए स्वामी विवेकानन्द ने अपने विचारों में वेद व उपनिषदों के श्लोकों को ही अक्सर उद्धृत किया है। उन्होंने कहा :

''तुम देख सकते हो कि मैंने उपनिषदों के अतिरिक्त कहीं अन्यत्र से उद्धरण कभी नहीं दिए; उपनिषदों से भी केवल 'बल' का आदर्श ही। वेद एवं वेदान्त का समस्त सार तथा अन्य सब कुछ इस एक शब्द में निहित है। उपनिषदों में यदि कोई एक ऐसा शब्द है जो वज्र-वेग से अज्ञान-राशि के ऊपर पतित होता है, उसे बिलकुल उड़ा देता है, तो यह है 'अभय'—निर्भयता।''

आलस्य और दुर्बलता अभिशाप है

आलस्य मनुष्य जीवन के लिए सबसे बड़ा अभिशाप है। आलसी मनुष्य कभी भी प्रगति नहीं कर सकता। व्यक्ति प्रतिभावान हो, लेकिन आलसी हो तो उस प्रतिभा का कोई उपयोग नहीं हो सकता।

स्वामी विवेकानन्द ने कहा था :

"केवल खा-पीकर आलसी जीवन जीने की अपेक्षा मरना ही अच्छा है; पराजित होकर जीने की अपेक्षा युद्ध-क्षेत्र में मरना श्रेयस्कर है।"

सदाचारी मनुष्य समाज की दिशा और दशा को बदल सकते हैं। आचरण की पवित्रता व्यक्ति के जीवन को उठाती है, जबकि कदाचरण व्यक्ति को गर्त में गिराती है। सदाचारी मनुष्य समाज व देश की धरोहर होता है। इसीलिए स्वामी विवेकानन्द ने सदाचरण पर जोर देते हुए कहा था :

"केवल मनुष्यों की आवश्यकता है; और सब कुछ हो जाएगा, किन्तु आवश्यकता है वीर्यवान, तेजस्वी, श्रद्धासम्पन्न और अन्त तक कपटरहित नवयुवकों की। इस प्रकार के सौ नवयुवकों से संसार के सभी भाव बदल दिए जा सकते हैं।"

समाज व राष्ट्र के कल्याण के लिए कुछ करने की ललक होनी चाहिए। केवल अपने लिए जीना कोई गौरवपूर्ण बात नहीं है। सामूहिक भजन-कीर्तन करने से समाज व किसी जाति का भला नहीं हो सकता। इसके लिए समाज की बुराइयों को मिटाने के लिए कुछ करने की आवश्यकता होती है। सामाजिक विसंगतियों को कीर्तन-भजन से दूर नहीं किया जा सकता, इसके लिए समाज के लोगों को एकजुट कर बुराइयों के खिलाफ लामबन्द करने की जरूरत है। इसीलिए स्वामी विवेकानन्द ने कहा :

"दुन्दुभि-नगाड़े क्या देश में तैयार नहीं होते? तुरही-भेरी क्या भारत में नहीं मिलती? वही सब गुरु-गम्भीर ध्वनि लड़कों को सुना। बचपन से जनाने बाजे सुन-सुनकर, कीर्तन सुन-सुनकर, देश लगभग स्त्रियों का देश बन गया है।"

असहाय, कमजोर, दीन–हीन व दुर्बल होना अभिशाप है। दुर्बलता सहानुभूति पाने का जरिया नहीं है, वरन दुर्बल होना एक गाली के समान है। समाज व राष्ट्र के लिए स्वस्थ व सबल लोगों की आवश्यकता होती है, कमजोर लोग किसी कौम अथवा देश का भला नहीं कर सकते हैं।

''यह एक बड़ा सत्य है कि बल ही जीवन है और दुर्बलता ही मरण। बल ही अनन्त सुख है, चिरन्तन और शाश्वत जीवन है और दुर्बलता ही मृत्यु।''

जीवन में जय–पराजय, मृत्यु, रोग इन बातों से विचलित होने की आवश्यकता नहीं है। यह प्रकृति के अपरिहार्य अंग हैं। इनसे विचलित होने वाला व्यक्ति संघर्ष नहीं कर सकता। स्वामी विवेकानन्द ने संघर्षों से घबराने वाले व्यक्तियों का आह्वान करते हुए कहा था :

''तू क्यों रोता है, भाई? तेरे लिए न मृत्यु है, न रोग। तू क्यों रोता है, भाई? तेरे लिए न दुख है, न शोक। तू क्यों रोता है, भाई? तेरे विषय में परिणाम या मृत्यु की बात कही ही नहीं गई। तू तो सत्स्वरूप है। अपने स्वरूप में प्रतिष्ठित हो जा।''

आत्मनियन्त्रण और एकाग्रता सबसे बड़ी शक्ति

जिस व्यक्ति का स्वयं पर नियन्त्रण नहीं होता वह दुनिया का सबसे अभागा प्राणी होता है। इन्द्रियों को बस में रखने वाला व्यक्ति किसी आसक्ति में नहीं पड़ता, किसी भी वस्तु की आसक्ति व्यक्ति को मजबूर कर लेती है। इन्द्रियों को बस में रखना भी एक योग है, इसको सफलतापूर्वक जीवन में उतार दिया तो जीवन में जीते-जी स्वर्गिक आनन्द की अनुभूति प्राप्त की जा सकती है। स्वामी विवेकानन्द ने इसी बात को दृष्टिगत रखते हुए कहा था :

"हम एक क्षण तो स्वयं अपने मन पर शासन नहीं कर सकते, यही नहीं, किसी विषय पर उसे स्थिर नहीं कर सकते और अन्य सबसे हटाकर किसी एक बिन्दु पर उसे केन्द्रित नहीं कर सकते। फिर भी हम अपने को मुक्त कहते हैं। जरा इस पर गौर तो करो। अनियन्त्रित और अनिर्दिष्ट मन हमें सदैव उत्तरोत्तर नीचे की ओर घसीटता रहेगा और हमें चीथ डालेगा, हमें मार डालेगा-और नियन्त्रित तथा निर्दिष्ट मन हमारी रक्षा करेगा, हमें मुक्त करेगा।"

मजबूत इरादों वाला व्यक्ति ही दुनिया पर फतह हासिल कर सकता है। कमजोर दिल वाला दो कदम भी नहीं चल सकता। यदि दुनिया को अपनी मुट्ठी में करना है तो मजबूत इरादों के साथ कलेजा भी मोटा होना चाहिए। छोटे दिलवाले व कमजोर लोगों से समाज व राष्ट्र कोई उम्मीद नहीं कर सकता। स्वामी विवेकानन्द ने कहा था :

"छोटे दिलवालों से तुम किस काम की आशा रखते हो? उनसे संसार में कुछ नहीं होगा। समुद्र पार करने के लिए लोहे का दिल चाहिए तब कहीं लंका लाँघी जा सकती है। वज्र के गोले जैसा बनना होगा, जिससे कि पहाड़-पर्वत भेदा जा सके।"

दुनिया के सभी धर्मों का मानव कल्याण को लेकर एक ही मंतव्य है। कोई भी धर्म यह नहीं सिखाता कि जीव पर दया नहीं करनी चाहिए। सभी धर्मों के उपदेश लगभग एक दूसरे से मिलते-जुलते हैं। कोई भी ताकत मनुष्य के अन्दर होती है, उस ताकत को सही दिशा में लगाना ही समझदारी है। बहुत सारे लोग

अपनी क्षमताओं को वैसे ही नष्ट कर देते हैं, जबकि कुछ लोग अपनी प्रतिभा का सही सदुपयोग कर परिवार, समाज व राष्ट्र को कुछ अच्छा दे पाने में सफल हो जाते हैं। स्वामी विवेकानन्द इस बात के प्रबल पक्षधर थे :

"कोई शक्ति उत्पन्न नहीं की जाती, फिर भी उसको ठीक-ठीक रास्ते में लगाया जा सकता। इसलिए जो अद्‌भुत शक्तियाँ हम लोगों के हाथ में हैं, उनको वश में करना हमें सीखना है और तत्पश्चात् प्रबल इच्छाशक्ति द्वारा इस शक्ति को पशुशक्ति न होने देकर देवमय बना देना है। इसी से मालूम पड़ता है कि पवित्रता ही समस्त धर्म और नीति की भित्ति है।"

मनुष्य की एकाग्रता शक्ति के बारे में स्वामी विवेकानन्द ने कहा :

"मनुष्य और पशु में मुख्य अन्तर उनकी मन की एकाग्रता की शक्ति में है। किसी भी प्रकार के कार्य में सारी सफलता इसी एकाग्रता का परिणाम है। एकाग्रता की शक्ति में अन्तर के कारण ही एक मनुष्य दूसरे मनुष्य से भिन्न होता है। छोटे से छोटे आदमी की तुलना ऊँचे से ऊँचे आदमी से करो, अन्तर मन की एकाग्रता की मात्रा में होता है।"

मनुष्य अपनी क्षमताओं का शतप्रतिशत सही उपयोग करे तो वह शीर्षस्थ पद को प्राप्त कर लेता है। स्वामी विवेकानन्द का कहना था :

"साधारण मनुष्य अपनी विचारशक्ति का नब्बे प्रतिशत अंश व्यर्थ नष्ट कर देता है और इसलिए वह निरन्तर भारी भूलें करता रहता है। प्रशिक्षित मनुष्य अथवा मन कभी कोई भूल नहीं करता।"

कोई भी काम छोटा या बड़ा नहीं होता है। काम जब करो तो पूरी लग्न व निष्ठा से करना चाहिए। स्वामी विवेकानन्द इस बात पर जोर देते थे—

"कुछ भी करो, अपना पूरा मन, जी और प्राण उसमें लगा दो। मेरी एक बार एक संन्यासी से भेंट हुई थी-बड़े संन्यासी थे। वे अपने भोजन बनाने के लिए पीतल के बर्तन ऐसे चमकाते थे कि सोने जैसे दमकने लगते थे, और यह कार्य वे उतनी ही सावधानी एवं तन्मयता से करते थे जैसे अपना पूजन और जप-ध्यान।"

मनुष्य अपने भाग्य का स्वयं निर्माता

जन्म लेते ही जीवन संघर्ष शुरू हो जाता है। जैसे-जैसे उम्र बढ़ती है, मनुष्य अनुभवों से बहुत कुछ सीखता है। वह जीवन में घटी घटनाओं से आगे की राह को आसान बनाने का प्रयास करता है। ज्यों-ज्यों उसकी उम्र बढ़ती है, उसके अनुभव उसके काम आते हैं। स्वामी विवेकानन्द ने कहा था : "यह दुनिया एक व्यायामशाला है, जहाँ हम अपने आपको बलवान बनाने के लिए आते हैं।"

किसी भी धर्म व ईश्वर के प्रति आस्था या अनास्था रखना एक अलग विषय है, लेकिन अपने अन्दर की अच्छाइयों को विकसित करना हमारा न केवल कर्तव्य है वरन् एक धर्म भी है। स्वामी विवेकानन्द ने इसी अन्तर को स्पष्ट करते हुए कहा :

"मुहम्मद एक अच्छे आदमी हो गए हैं या बुद्ध भले थे, इससे मुझे क्या मतलब? इससे क्या मेरे अपने भलेपन में या बुरेपन में कोई अन्तर पड़ जाएगा? हमें अपने लिए ही अपनी जिम्मेदारी पर भला होना चाहिए और यह इसलिए नहीं कि पीछे कहीं, कभी कोई अच्छा हो चुका है।"

अन्तर्रात्मा की आवाज सुनकर काम करने वाला व्यक्ति सही मार्ग पर चलता है। अन्तर्रात्मा कभी भी गलत आवाज नहीं दे सकती। वह एक चोर को भी अच्छे रास्ते पर जाने के लिए प्रेरित करती है। डकैती डालने वाला अथवा किसी की हत्या करने वाला हत्याभियुक्त भी घटना से पहले अपने अन्तर्रात्मा की आवाज सुन ले तो वह अपराध करने से बच सकता है। स्वामी विवेकानन्द ने इसी बात को प्रतिपादित करते हुए कहा : "तुमको अन्दर से बाहर विकसित होना है। कोई तुमको न सिखा सकता है, न आध्यात्मिक बना सकता है। तुम्हारी आत्मा के सिवा और कोई गुरु नहीं है।"

मनुष्य का जीवन इस पृथ्वी में महान कार्यों के लिए हुआ है। यह सोचकर हमें आगे बढ़ना चाहिए। इसी बात की ओर हमारा ध्यान इंगित करते हुए स्वामी विवेकानन्द ने कहा था : "क्यों?-यह प्रश्न करने का हमें अधिकार नहीं; हमें तो अपना कार्य करते-करते प्राण छोड़ने हैं (Ours not to reason why but ours to do and die) साहसी बनो और इस बात का विश्वास रखो कि हमारे और तुम्हारे द्वारा महान कार्य होने हैं। भगवान ने बड़े-बड़े कार्य करने के लिए हमें निर्दिष्ट किया है और हम उन्हें करेंगे।''

मनुष्य सभी प्राणियों में सर्वश्रेष्ठ है। वह अपने दिव्य स्वरूप को पहचान पाया तो निश्चित तौर पर उसको आगे बढ़ने से कोई नहीं रोक सकता। इस बारे में अपने मंतव्य को स्पष्ट करते हुए स्वामी विवेकानन्द ने कहा :

''मेरा आदर्श अवश्य ही थोड़े से शब्दों में कहा जा सकता है और वह है—मनुष्य जाति को उसके दिव्य स्वरूप का उपदेश देना तथा जीवन के प्रत्येक क्षेत्र में उसे प्रकट करने का उपाय बताना।''

केवल अपना स्वार्थ देखने वाला व्यक्ति समाज और राष्ट्र को कुछ नहीं दे सकता। ऐसे व्यक्ति से कुछ उम्मीद करना बेमानी होगी। स्वामी विवेकानन्द ने कहा था :

''सदा विस्तार करना ही जीवन है और संकोच मृत्यु। जो अपना ही स्वार्थ देखता है, आराम-तलब है, आलसी है, उसके लिए नरक में भी जगह नहीं है। अपने अन्दर के उच्च मानवीय गुणों के बल पर एक सामान्य व्यक्ति भी बड़ा आदमी बन जाता है। बड़ा बनने के लिए अपने अन्दर कुछ मानवीय गुणों को विकसित करना बहुत जरूरी है।'' स्वामी विवेकानन्द इसी बात पर जोर देते थे : ''पवित्रता, धैर्य और अध्यवसाय-इन्हीं तीनों गुणों से सफलता मिलती है; और सर्वोपरि है प्रेम।''

कुछ संत महात्मा सांसारिक मोह माया से दूर रहने की नसीहत देते हैं, लेकिन यह एक प्रकार का पलायन है। पलायन कभी भी अच्छा नहीं होता। भारतीय ऋषि मनीषियों ने गृहस्थ आश्रम को सबसे बड़ा आश्रम माना है। गृहस्थ बनकर भगवान की भक्ति में लीन होना और सांसारिक कर्मों को भी करते रहना इन दोनों धाराओं में परस्पर सामंजस्य बिठाना कोई सामान्य बात नहीं है। इसलिए गृहस्थ में रहकर भगवान का स्मरण करना धार्मिक कार्यों में समय देना एक बहुत बड़ी उपलब्धि है। स्वामी विवेकानन्द ने कहा था :

''इस संसार-यन्त्र से दूर न भागो, वरन् इसके अन्दर ही खड़े होकर कर्म का रहस्य सीख लो। भीतर रहकर कौशल से कर्म करके बाहर निकल आना सम्भव है।''

ईश्वर ने मनुष्य को विलक्षण बुद्धि दी है, जिस बुद्धि के बल पर वह आगे बढ़ता है, नए-नए सृजन करता है। हमको ईश्वर का धन्यवाद करना चाहिए कि उसने मनुष्य को बुद्धिमान जीव बनाया है। स्वामी विवेकानन्द इस बात से इत्तेफाक रखते थे। उन्होंने कहा था :

"मुझे विश्वास है कि ईश्वर उस व्यक्ति को क्षमा कर सकता है, जो अपनी बुद्धि का प्रयोग करता है और आस्था नहीं रखता, किन्तु वह उसे क्षमा नहीं करेगा, जो उसकी दी हुई शक्ति का उपयोग किए बिना ही विश्वास कर लेता है। हमें तर्क अवश्य करना चाहिए; और जब ये पैगम्बर और महापुरुष, जिनकी चर्चा सभी देशों की प्राचीन पुस्तकों में है, तर्क की कसौटी पर खरे उतरें, तभी इनमें विश्वास किया जाना चाहिए। जब हम अपने बीच ऐसे पैगम्बरों को देख लेंगे, तब अनायास ही हम उनमें विश्वास करने लगेंगे। तब हम समझ जाएँगे कि वे पैगम्बर विलक्षण पुरुष नहीं थे, प्रत्युत कुछ विशिष्ट सिद्धान्तों की साकार प्रतिमा थे।"

जीवन में सत्कार्य करते रहने की सलाह देते हुए स्वामी विवेकानन्द ने कहा था : "केवल सत्कार्य करते रहो, सर्वदा पवित्र चिन्तन करो; असत् संस्कार रोकने का बस यही एक उपाय है। ऐसा कभी मत कहो कि अमुक के उद्धार की कोई आशा नहीं है। क्यों? इसलिए कि वह व्यक्ति केवल एक विशिष्ट प्रकार के चरित्र का कुछ अभ्यासों की समष्टि का द्योतक मात्र है, और ये अभ्यास नए और सत् अभ्यास से दूर किए जा सकते हैं। चरित्र बस पुनः-पुनः अभ्यास की समष्टि मात्र है और इस प्रकार पुनः-पुनः अभ्यास ही चरित्र का पुनर्गठन कर सकता है। ब्रह्मचर्यवान मनुष्य के मस्तिष्क में प्रबल शक्ति, महत्ती इच्छाशक्ति संचित रहती है।"

जीवन में चलते रहने का गुरुमंत्र स्वामी विवेकानन्द ने अपने साथ घटी इस घटना का विवरण देते हुए बताया था :

"एक बार मैं हिमालय के अंचल में यात्रा कर रहा था और सामने लम्बी सड़क का विस्तार था। हम गरीब साधुओं को कोई ढोने वाला नहीं मिल सकता था, इसलिए पूरा मार्ग पैदल चलकर पार करना था। हम लोगों के साथ एक वृद्ध था। उसने कहा, 'ओह, महाशय, इसे कैसे पार किया जाए, मैं अब जरा भी नहीं चल सकता, मेरी छाती फट जाएगी।' मैंने उससे कहा, 'नीचे अपने पाँवों को देखिए।' उसने ऐसा ही किया, और मैंने कहा, 'आपके पाँवों के नीचे जो सड़क है, उसे आप पार कर चुके हैं और आपके सामने जो सड़क दिखाई पड़ रही है वह भी वही है और वह भी शीघ्र आपके पाँवों के नीचे आ जाएगी। उच्चतम वस्तुएँ तुम्हारे पाँवों के तले हैं, क्योंकि तुम दिव्य नक्षत्र हो।'"

चरित्रवान व्यक्ति समाज की पूँजी

घृणा और ईर्ष्या मनुष्य को आगे बढ़ने से रोकती है। ईर्ष्यालु व्यक्ति का कोई पड़ोसी नहीं हो सकता, कोई मित्र नहीं होता, कोई शुभचिंतक नहीं होता। ईर्ष्या हमारे दैनिक व्यवहार की सबसे बड़ी बाधा है जो व्यक्ति को व्यक्ति से जोड़ने में व्यवधान पैदा करती है। ईर्ष्यालु व्यक्ति का कोई धर्म नहीं होता। वह ईर्ष्या करता है तो ईर्ष्या ही करता चला जाता है। अपनी अज्ञानता के कारण वह यह नहीं समझता कि ईर्ष्या करने से वह अपने शरीर को ही उस दीमक की भाँति नष्ट कर रहा है, जो दीमक एक बार कपड़ों पर लग गया तो उसको कुतर–कुतरकर नष्ट कर डालता है।

स्वामी विवेकानन्द ने कहा था ऌ

"यदि तुम अपने हृदय से ईर्ष्या और घृणा का भाव चारों ओर बाहर भेजो, तो वह चक्रवृद्धि ब्याज सहित तुम पर आ गिरेगा। दुनिया की कोई भी ताकत उसे रोक न सकेगी। यदि तुमने एक बार उस शक्ति को बाहर भेज दिया, तो फिर निश्चित जानो, तुम्हें उसका प्रतिघात सहन करना ही पड़ेगा। यह स्मरण रहने पर तुम कुकर्मों से बचे रह सकोगे।"

शुभ विचार आत्मा को परिष्कृत करते हैं, आत्मा की पवित्रता से व्यक्ति आगे बढ़ता जाता है। इस सम्बन्ध में स्वामी विवेकानन्द ने कहा :

"बिना किसी बदले की आशा से संसार में भेजा गया प्रत्येक शुभ विचार संचित होता जाएगा। वह हमारे पैरों में से एक बेड़ी को काट देगा और हमें अधिकाधिक पवित्र बनाता जाएगा, जब तक कि हम पवित्रतम मनुष्य के रूप में परिणित नहीं हो जाते।"

आत्मा में परमात्मा का निवास है। प्रत्येक व्यक्ति में ईश्वर का अंश है। इस बात की ओर इशारा करते हुए स्वामी विवेकानन्द ने कहा :

"प्रत्येक आत्मा अव्यक्त ब्रह्म है। बाह्य एवं अन्त:प्रकृति को वशीभूत करके आत्मा के इस ब्रह्मभाव को व्यक्त करना ही जीवन का चरम लक्ष्य है। कर्म, उपासना, मन:संयम अथवा ज्ञान–इनमें से एक, एक से अधिक या सभी उपायों

का सहारा लेकर अपने ब्रह्मभाव को व्यक्त करो और मुक्त हो जाओ। बस, यही धर्म का सर्वस्व है। मत, अनुष्ठान-पद्धति, शास्त्र, मन्दिर अथवा अन्य बाह्य क्रियाकलाप तो उसके गौण अंग-प्रत्यंग मात्र हैं।''

व्यक्ति के व्यक्तित्व का विकास उसके अच्छे आचरण से होता है। अच्छे आचरण से व्यक्ति चरित्रवान बनता है और चरित्रवान व्यक्ति समाज के लिए पूँजी के समान होता है। इस सम्बन्ध में स्वामी विवेकानन्द ने कहा था : ''इस जगत् में श्रेय का मार्ग सबसे दुर्गम और पथरीला है। यह आश्चर्य की बात है कि बहुत से लोग सफलता प्राप्त करते हैं; पर इसमें आश्चर्य नहीं कि बहुत-से लोग असफल होते हैं। सहस्त्रों ठोकरें खाकर चरित्र का संगठन होता है।''

संघर्ष ही जीवन का आधारभूत सत्य है। स्वामी विवेकानन्द ने कहा था : ''जो कुछ प्रकृति के विरुद्ध लड़ाई करता है, वह चेतना है। उसमें ही चैतन्य का विकास है। यदि एक चींटी को मारने लगो तो देखोगे कि वह भी अपनी जीवनरक्षा के लिए एक बार लड़ाई करेगी। जहाँ चेष्टा या पुरस्कार है, जहाँ संग्राम है, वहीं जीवन का चिह्न और चैतन्य का प्रकाश है।''

समाज में किसी भी बड़े काम के लिए उतना ही बड़ा त्याग चाहिए। जब लीक से हटकर कोई बड़ा काम किया जाता है तो उसका विरोध करने वाले लोग भी मुखर हो जाते हैं। स्वामी विवेकानन्द ने कहा : ''हर काम को तीन अवस्थाओं में से गुजरना होता है—उपहास, विरोध और फिर स्वीकृति। जो मनुष्य अपने समय से आगे विचार करता है, लोग उसे निश्चय ही गलत समझते हैं। इसलिए विरोध और अत्याचार हम सहर्ष स्वीकार करते हैं; परन्तु मुझे दृढ़ और पवित्र होना चाहिए और भगवान में अपरिमित विश्वास रखना चाहिए, तब ये सब लुप्त हो जाएँगे।''

व्यक्ति को समर्थ बनाती है शिक्षा

कथनी और करनी में सामंजस्य स्थापित करने से प्रगति के मार्ग पर आगे बढ़ा जा सकता है। दुनिया की सफलतम हस्तियों ने अपने जीवन में कथनी और करनी में कोई अन्तर नहीं रखा इसलिए वे शीर्ष स्थान पर विराजमान हो गए। उन्होंने दाम भी कमाए और नाम भी। स्वामी विवेकानन्द ने कहा था :

"मनुष्य ही तो रुपया पैदा करता है। रुपए से मनुष्य पैदा होता है, यह भी कभी नहीं सुना है। यदि तू अपने मन और मुख को एक कर सके तथा वचन और क्रिया को एक कर सके तो धन आप ही तेरे पास जलवत् बह आएगा।"

शिक्षा का असली मकसद व्यक्तित्व का निर्माण करना है। अच्छी शिक्षा एक सामान्य मनुष्य को ऊँचाइयों तक ले जाती है। स्वामी विवेकानन्द ने इसी तथ्य को इंगित करते हुए कहा :

"जो शिक्षा साधारण व्यक्ति को जीवन संग्राम में समर्थ नहीं बना सकती, जो मनुष्य में चरित्र-बल, परहित-भावना तथा सिंह के समान साहस नहीं ला सकती, वह भी कोई शिक्षा है? जिस शिक्षा के द्वारा जीवन में अपने पैरों पर खड़ा हुआ जाता है, वही है शिक्षा।"

शिक्षा केवल पुस्तकों के ज्ञान तक सीमित नहीं है वरन् शिक्षा व्यक्ति के संयम व विकास पर केन्द्रित होनी चाहिए। स्वामी विवेकानन्द ने शिक्षा के महत्त्व को निरूपित करते हुए कहा : "शिक्षा क्या है? क्या वह पुस्तक-विद्या है? नहीं। क्या वह नाना प्रकार का ज्ञान है? नहीं, यह भी नहीं। जिस संयम के द्वारा इच्छाशक्ति का प्रवाह और विकास वश में लाया जाता है और वह फलदायक होता है, वह शिक्षा कहलाती है।"

शिक्षा व्यक्ति के अन्तःकरण को शुद्ध करती है। अन्तःकरण की शुद्धि से ही वह सफलता अर्जित कर सकता है। स्वामी विवेकानन्द ने कहा : "मेरे विचार से तो शिक्षा का सार मन की एकाग्रता प्राप्त करना है, तथ्यों का संकलन नहीं। यदि मुझे फिर से अपनी शिक्षा आरम्भ करनी हो और इसमें मेरा वश चले, तो मैं तथ्यों का अध्ययन कदापि न करूँ। मैं मन की एकाग्रता और अनासक्ति का

समार्थ्य बढ़ाता और उपकरण के पूर्णतया तैयार होने पर उससे इच्छानुसार तथ्यों का संकलन करता।''

शिक्षा व्यक्ति के अन्तःकरण को न केवल परिष्कृत करती है वरन् वह एक अच्छे नागरिक का निर्माण भी करती है। स्वामी विवेकानन्द ने कहा था : ''शिक्षा का मतलब यह नहीं है कि तुम्हारे दिमाग में ऐसी बहुत-सी बातें इस तरह ठूँस दी जाएँ, जो आपस में लड़ने लगे और तुम्हारा दिमाग उन्हें जीवन भर हजम न कर सके। जिस शिक्षा से हम अपना जीवन-निर्माण कर सकें, मनुष्य बन सकें, चरित्रगठन कर सकें और विचारों का सामंजस्य कर सकें, वही वास्तव में शिक्षा कहलाने योग्य है। यदि तुम पाँच ही भावों को हजम कर तद्नुसार जीवन और चरित्र गठित कर सके हो तो तुम्हारी शिक्षा उस आदमी की अपेक्षा बहुत अधिक है, जिसने एक पूरी-पूरी लाइब्रेरी ही कण्ठस्थ कर ली है।''

व्यक्ति असाधारण प्रतिभासम्पन्न होता है। मनुष्य के अन्दर कुछ प्रतिभाएँ जन्मजात होती हैं, जबकि शिक्षा के जरिए व्यक्ति की आन्तरिक प्रतिभा को निखारा जा सकता है। वस्तुतः शिक्षा मनुष्य को सामाजिक दायरे के अन्तर्गत स्वयं को स्थापित करने और समाज को कुछ दे पाने के लायक बनाती है। स्वामी विवेकानन्द इन्हीं बातों को इंगित करते हुए कहा था :

''शिक्षा का अर्थ है उस पूर्णता को व्यक्त करना जो सब मनुष्यों में पहले ही विद्यमान है। ज्ञान मनुष्य में अन्तर्निहित ही है। कोई भी ज्ञान बाहर से नहीं आता, सब अन्दर ही है। हम कहते हैं कि न्यूटन ने गुरुत्वाकर्षण का आविष्कार किया, तो क्या वह आविष्कार कहीं एक कोने में बैठा हुआ न्यूटन की प्रतीक्षा कर रहा था? नहीं, वह उसके मन में ही था। जब समय आया तो उसने उसे ढूँढ़ निकाला। संसार ने जो कुछ ज्ञान-लाभ किया है, वह मन से ही निकला है। विश्व का असीम पुस्तकालय तुम्हारे मन में ही विद्यमान है। बाह्य जगत तो तुम्हें अपने मन को अध्ययन में लगाने के लिए उद्दीपक तथा सहायक मात्र है; परन्तु प्रत्येक समय तुम्हारे अध्ययन का विषय तुम्हारा मन ही है।''

किसी भी विषय की गम्भीरता का आकलन करना जरूरी होता है। प्रत्येक विषय का अपना एक विशिष्ट महत्त्व होता है। स्वामी विवेकानन्द गम्भीर विषयों को हल्के में लेने के खिलाफ रहे हैं। उन्होंने कहा :

''हमारे जातीय शोणित में एक प्रकार के भयानक रोग का बीज समा रहा है, और वह है प्रत्येक विषय को हँसकर उड़ा देना-गाम्भीर्य का अभाव। इस दोष का सम्पूर्ण रूप से त्याग करो। वीर होओ, श्रद्धासम्पन्न होओ, दूसरी बातें उनके पीछे आप ही आएँगी, उन्हें उनका अनुसरण करना ही होगा।''

कार्य के प्रति निष्ठा, प्रतिबद्धता और श्रद्धा का होना नितान्त जरूरी है। बिना श्रद्धा के हमारी भावना किसी विषयवस्तु से जुड़ नहीं सकती। स्वामी विवेकानन्द ने कहा था :

"हमें जो कुछ चाहिए वह यह श्रद्धा ही है। दुर्भाग्यवश भारत से इसका प्रायः लोप ही हो गया है, और हमारी वर्तमान दुर्दशा का कारण भी यही है। एकमात्र इस श्रद्धा के भेद से ही मनुष्य-मनुष्य में अन्तर पाया जाता है। इसका और दूसरा कारण नहीं। यह श्रद्धा ही है, जो एक मनुष्य को बड़ा और दूसरे को दुर्बल और छोटा बना देती है।"

शिक्षा मनुष्य के जीवन स्तर को भी उठाती है। इसीलिए स्वामी विवेकानन्द ने शिक्षा की गुणवत्ता पर जोर देते हुए कहा था :

"केवल शिक्षा! शिक्षा! शिक्षा! यूरोप के बहुतेरे नगरों में घूमकर और वहाँ के गरीबों के भी अमन-चैन और विद्या को देखकर हमारे गरीबों की बात याद आती थी और मैं आँसू बहाता था। यह अन्तर क्यों हुआ? जवाब पाया-शिक्षा।"

शिक्षा व्यक्ति का सर्वांगीण व समुचित विकास करती है। स्वामी विवेकानन्द इस बात को अच्छी तरह से समझते थे। उन्होंने कहा था :

"अपने से भिन्न श्रेणी वालों के प्रति हमारा एकमात्र कर्त्तव्य है—उनको शिक्षा देना, उनके खोए हुए व्यक्तित्व के विकास के लिए सहायता करना। उनमें विचार पैदा कर दो-बस, उन्हें उसी एक सहायता का प्रयोजन है, और शेष सब कुछ इसके फलस्वरूप आप ही आ जाएगा। हमें केवल रासायनिक सामग्रियों को इकट्ठा भर कर देना है, उनका निर्दिष्ट आकार प्राप्त करना व बंध जाना तो प्राकृतिक नियमों से ही साधित होगा। अच्छा, यदि गरीब लड़का शिक्षा के मन्दिर तक न आ सके, तो शिक्षा को ही उसके पास जाना चाहिए। हमें ऐसी शिक्षा की आवश्यकता है जिससे चरित्र-निर्माण हो, मानसिक शक्ति बढ़े, बुद्धि विकसित हो और मनुष्य अपने पैरों पर खड़ा होना सीखे।

"वेद, उपनिषद् व पुराणों ने पूरी दुनिया का मार्गदर्शन किया है। आज हमें आवश्यकता है वेदान्तयुक्त पाश्चात्य विज्ञान की, ब्रह्मचर्य के आदर्श और श्रद्धा तथा आत्मविश्वास की। वेदान्त का सिद्धान्त है कि मनुष्य के अन्तर में एक अबोध शिशु में भी ज्ञान का समस्त भण्डार निहित है, केवल उसके जाग्रत् होने की आवश्यकता है, और यही आचार्य का काम है। पर इस सब का मूल है धर्म-वही मुख्य है। धर्म तो भात के समान है, शेष सब वस्तुएँ तरकारी और चटनी जैसी हैं। केवल तरकारी और चटनी खाने से अपथ्य हो जाता है—और केवल भात खाने से भी।"

तुम मुक्त हो जाओ

अच्छी शिक्षा वह है जो व्यक्ति को अन्दर व बाहर दोनों तरफ से मजबूती प्रदान करे। स्वामी विवेकानन्द ने कहा था :

''शिक्षा क्या वह है जिसने निरन्तर इच्छाशक्ति को बलपूर्वक पीढ़ी दर पीढ़ी रोककर प्राय: नष्ट कर दिया है, जिसके प्रभाव से नए विचारों की तो बात ही जाने दीजिए, पुराने विचार भी एक-एक करके लोप होते चले जा रहे हैं? क्या वह शिक्षा है जो मनुष्य को धीरे-धीरे यन्त्र बना रही है? जो स्वयंचालित यन्त्र के समान सुकर्म करता है, उसकी अपेक्षा अपनी स्वतन्त्र इच्छाशक्ति और बुद्धि के बल से अनुचित कर्म करने वाला मेरे विचार से धन्य है।''

ब्रह्मचर्य का पालन व्यक्ति के जीवन को उठाता है, उसकी ऊर्जा को संरक्षित करता है, वही ऊर्जा उसके द्वारा रचनात्मक कार्यों में प्रयुक्त की जाए तो वह एकाएक महान कार्यों की ओर अग्रसर हो जाता है। स्वामी विवेकानन्द ने ब्रह्मचर्य का पालन करने वाले व्यक्तियों को असीमित शक्तियों से सम्पन्न होते देखा।

''एक मात्र ब्रह्मचर्य का ठीक-ठीक पालन कर सकने पर सभी विद्याएँ बहुत ही कम समय में हस्तगत हो जाती हैं—मनुष्य श्रुतिधर, स्मृतिधर बन जाता है। ब्रह्मचर्य के अभाव से ही हमारे देश का सब कुछ नष्ट हो गया।''

गुरु के बिना ज्ञान की परिकल्पना करना निरर्थक है। स्वामी विवेकानन्द ने इसी विश्वास को निरूपित करते हुए कहा था : ''मेरा विश्वास है कि गुरु से साक्षात् सम्पर्क रखते हुए, गुरु-गृह में निवास करने से ही यथार्थ शिक्षा की प्राप्ति होती है। गुरु से साक्षात् सम्पर्क हुए बिना किसी प्रकार की शिक्षा नहीं हो सकती। हमारे वर्तमान विश्वविद्यालयों की ही बात लीजिए। उनका आरम्भ हुए पचास वर्ष हो गए (सन 1897 में मद्रास में कहा गया था), पर फल क्या मिला है? वे एक भी मौलिक-भावसम्पन्न व्यक्ति उत्पन्न नहीं कर सके। वे परीक्षा लेने वाली संस्थाएँ मात्र हैं। साधारण जनता की जागृति और उसके कल्याण के लिए स्वार्थ-त्याग की मनोवृत्ति का हममें थोड़ा भी विकास नहीं हुआ है।''

"आत्मा और परमात्मा दोनों अजर-अमर हैं। यदि आपका आदर्श जड़ है, तो आप भी जड़ हो जाएँगे। स्मरण रहे, हमारा आदर्श है—परमात्मा। एकमात्र वे ही अविनाशी हैं—अन्य किसी का अस्तित्व नहीं है, और उन परमात्मा की भाँति हम भी सदा विनाशहीन हैं।"

त्याग से मनुष्य ऊँचाइयाँ छू लेता है। स्वामी विवेकानन्द इस बात को अच्छी तरह समझते थे। इसीलिए उन्होंने कहा था :

"मैं कहता हूँ-मुक्त करो; जहाँ तक हो सके, लोगों के बन्धन खोल दो। जब तुम सुख की कामना समाज के लिए त्याग सकोगे तब तुम भगवान बुद्ध बन जाओगे, तब तुम मुक्त हो जाओगे।"

सत्य जीवन का मूल आधार है। छद्म-फरेब की उम्र अधिक नहीं होती है।

"सत्य, प्राचीन अथवा आधुनिक किसी समाज का सम्मान नहीं करता। समाज को ही सत्य का सम्मान करना पड़ेगा, अन्यथा समाज ध्वंस हो जाए, कोई हानि नहीं। सत्य ही हमारे सारे प्राणियों और समाजों का मूल आधार है, अतः सत्य कभी भी समाज के अनुसार अपना गठन नहीं करेगा। वही समाज सबसे श्रेष्ठ है, जहाँ सर्वोच्च सत्यों को कार्य में परिणत किया जा सकता है। यही मेरा मत है—और यदि समाज इस समय उच्चतम सत्यों को स्थान देने में समर्थ नहीं है, तो उसे इस योग्य बनाओ। जितना शीघ्र तुम ऐसा कर सको, उतना ही अच्छा।"

हमारे अन्दर की दृढ़ इच्छाशक्ति कठिन व विपरीत परिस्थतियों में भी हमें मुकाबले के लिए खड़ा रखती है। इसी बात की ओर इशारा करते हुए स्वामी विवेकानन्द ने कहा था : "प्रत्येक मनुष्य एवं राष्ट्र को बड़ा बनाने के लिए तीन बातें आवश्यक हैं—1. सौजन्य की शक्ति में दृढ़ विश्वास, 2. ईर्ष्या और सन्देह का अभाव, 3. जो सन्मार्ग पर चलने में और सत्कर्म करने में संलग्न हों, उनकी सहायता करना।"

हमारी सामाजिक व्यवस्थाएँ हमें आगे बढ़ने के लिए प्रेरित करती हैं। "हमसे पूछा जाता है, 'आपके धर्म से समाज को क्या लाभ है?' समाज को सत्य की कसौटी बनाया गया है। यह तो बड़ी तर्कहीनता है। समाज केवल विकास की एक अवस्था है, जिसमें होकर हम गुजर रहे हैं। यदि सामाजिक अवस्था स्थायी होती है, तो वह शिशु ही बनी रहने जैसी बात होती। पूर्ण मनुष्य शिशु नहीं हो सकता; यह शब्द-'मनुष्य-शिशु' ही विरोधाभासी है—इसलिए कोई समाज पूर्ण नहीं हो सकता। मनुष्य को ऐसी आरम्भिक अवस्थाओं से आगे बढ़ना होगा और वह बढ़ेगा। मेरे गुरुदेव कहा करते थे, 'तुम स्वयं अपने कमल के फूल को खिलने में सहायता क्यों नहीं देते? भौंरे तब अपने आप आएँगे।'"

सूर्योदय अवश्य होगा

सामाजिक मर्यादाओं व नैतिक जीवन में आ रही गिरावटों के प्रति स्वामी विवेकानन्द बहुत चिन्तित थे। उन्होंने कहा था : ''इस समय हम पशुओं की अपेक्षा कोई अधिक नीतिपरायण नहीं हैं। केवल समाज के अनुशासन के भय से हम कुछ गड़बड़ नहीं करते। यदि समाज आज कह दे कि चोरी करने से अब दण्ड नहीं मिलेगा, तो हम इसी समय दूसरे की सम्पत्ति लूटने को टूट पड़ेंगे। पुलिस ही हमें सच्चरित्र बनाती है। सामाजिक प्रतिष्ठा के लोप की आशंका ही हमें नीतिपरायण बनाती है, और वस्तुस्थिति तो यह है कि हम पशुओं से कुछ ही अधिक उन्नत हैं।''

चरित्रहीनता सबसे बड़ा अभिशाप है। सब कुछ नष्ट होने पर भी बहुत कुछ बाकी रहता है, लेकिन चरित्र नष्ट होने पर सब कुछ समाप्त हो जाता है। चरित्र ही मनुष्य को अन्य प्राणियों से भिन्न बनाता है।

''क्या तुमने इतिहास में नहीं पढ़ा है कि देश के मृत्यु का चिह्न अपवित्रता या चरित्रहीनता के भीतर से होकर आया है—अब यह किसी जाति में प्रवेश कर जाती है, तो समझना कि उसका विनाश निकट आ गया है।''

दुनिया में अनेक संस्कृति व सभ्यताएँ आईं और समाप्त हो गईं। ऐसी संस्कृतियाँ व सभ्यताएँ टिकाऊ नहीं होतीं जिनके समाज के लोगों के अन्दर चरित्र बल न हो। इस बात की ओर इशारा करते हुए स्वामी विवेकानन्द ने कहा था :

''अधिकांश सम्प्रदाय अल्पजीवी और पानी के बुलबुले के समान क्षणभंगुर होते हैं, क्योंकि बहुधा उनके प्रणेताओं में चरित्रबल नहीं होता। पूर्ण प्रेम और प्रतिक्रिया न करने वाले हृदय से चरित्र का निर्माण होता है। जब नेता में चरित्र नहीं होता, तब उसमें निष्ठा की सम्भावना नहीं होती। चरित्र की पूर्ण पवित्रता से स्थायी विश्वास और निष्ठा अवश्य उत्पन्न होती है। कोई विचार लो, उसमें अनुरक्त हो जाओ, धैयपूर्वक प्रयत्न करते रहो, तो तुम्हारे लिए सूर्योदय अवश्य होगा।''

स्वामी विवेकानन्द पश्चिमी देशों के अन्धानुकरण के खिलाफ थे। उन्होंने कहा था :

''एक ओर नया भारत कहता है कि 'पाश्चात्य भाव, भाषा, खान-पान, वेश-भूषा और रीति का अवलम्बन करने से ही हम लोग पाश्चात्य जातियों की भाँति शक्तिमान हो सकेंगे।' दूसरी ओर प्राचीन भारत कहता है कि मूर्ख! नकल करने से भी कहीं दूसरों का भाव अपना हुआ है? बिना उपार्जन किए कोई वस्तु अपनी नहीं होती। क्या सिंह की खाल पहनकर गधा कहीं सिंह हुआ है?''

प्रेम ही है जीवनसार

दूसरों की बुराई करने से पहले हमें अपना आत्मपरीक्षण करना चाहिए। आत्म-मूल्यांकन करने के बाद हम वास्तव में समझ पाएँगे कि हम कितने गहरे पानी में हैं। स्वामी विवेकानन्द ने इसी बात को आधार बनाते हुए कहा था : "दूसरों में बुराई न देखो। बुराई अज्ञान है, दुर्बलता है। लोगों को यह बताने से क्या लाभ कि वे दुर्बल हैं। आलोचना और खण्डन से कोई लाभ नहीं होता। हमें उन्हें कुछ ऊँची वस्तु देनी चाहिए; उन्हें उनके गरिमामयी स्वरूप की, उनके जन्मसिद्ध अधिकार की बात बताओ।"

प्रेम की कोई भाषा नहीं होती। सच तो यह है कि प्रेम की भाषा राज्य की सीमाओं की बन्दिशों को नहीं मानती है। प्रेम ऐसी सर्वव्यापक भाषा है जो भावनाओं से ऊर्जा पाती है। प्रेम के बिना जीवन की कल्पना करना निरर्थक है। स्वामी विवेकानन्द ने कहा था :

"और किसी बात की आवश्यकता नहीं, आवश्यकता है केवल प्रेम, अकपटता एवं धैर्य की। जीवन का अर्थ ही वृद्धि; अर्थात् विस्तार, यानी प्रेम है। इसलिए प्रेम ही जीवन है, यही जीवन का एकमात्र गतिनियामक है और स्वार्थपरता ही मृत्यु है। इहलोक एवं परलोक में यही बात सत्य है। यदि कोई कहे कि देह के विनाश के पीछे और कुछ नहीं रहता तो भी उसे यह मानना ही पड़ेगा कि स्वार्थपरता ही यथार्थ मृत्यु है। परोपकार ही जीवन है, परोपकार न करना ही मृत्यु है। जितने नरपशु तुम देखते हो, उनमें नब्बे प्रतिशत मृतक हैं, वे प्रेत हैं; क्योंकि, ऐ बच्चो, जिसमें प्रेम नहीं है वह तो मृतक है।"

परिस्थितियों के अनुकूल ढलना किसी भी प्राणी के जीवन की एक अपरिहार्य शर्त है, वैसे भी पृथ्वी में जितने भी प्राणी हैं, उन्होंने जीवन जीते रहने के लिए मौसम व प्रकृति के अनुरूप अपने आचरण व हाव-भाव को ढाल दिया है। सच तो यह है कि पृथ्वी का जीवन योग्यतम की उत्तरजीविता पर आधारित है। स्वामी विवेकानन्द ने कहा था :

"मैं 'सुधार' नहीं कहता, अपितु कहता हूँ–'बढ़े चलो।' कोई वस्तु इतनी बुरी नहीं है कि उसका सुधार या पुनर्निर्माण करना पड़े। अनुकूलनक्षमता (Adaptability) ही जीवन का एकमात्र रहस्य है—उसे विकसित करने वाला अन्तर्निहित तत्त्व है। बाह्य शक्तियों द्वारा आत्मा को दमित करने की चेष्टा के विरुद्ध आत्मा के प्रयास का परिणाम ही अनुकूलन या समायोजन है। जो अपना सर्वोत्तम अनुकूलन कर लेता है, वह सर्वाधिक दीर्घजीवी होता है। यदि मैं उपदेश न भी दूँ, तो भी समाज परिवर्तित हो रहा है, वह परिवर्तित अवश्य होगा।"

क्षणिक चकाचौंध को स्वामी विवेकानन्द अच्छा नहीं मानते थे। चमक स्थायी होनी चाहिए, इस बात के वे प्रबल पक्षधर थे। उन्होंने कहा : "एक ओर नवीन भारत कहता है कि 'पाश्चात्य जातियाँ जो कुछ कर रही हैं, वही अच्छा है। अच्छा न होता तो वे ऐसी बलवान हुईं कैसे?' दूसरी ओर प्राचीन भारत कहता है कि 'बिजली की चमक तो खूब होती है, पर क्षणिक होती है। बालको! तुम्हारी आँखें चौंधियाँ रही हैं, सावधान!"

परोपकार है महान उपलब्धि

एक पुरानी देहाती कहावत है कि त्याग में ही भाग छिपे हैं, जो जितना बड़ा त्याग करेगा उसे उतनी ही बड़ी उपलब्धि प्राप्त होगी। स्वामी विवेकानन्द ने कहा था : "बड़े काम में बहुत समय तक लगातार और असामान्य प्रयत्न करने की आवश्यकता होती है। यदि थोड़े से व्यक्ति असफल भी हो जाएँ तो भी उसकी चिन्ता हमें नहीं करनी चाहिए। संसार में यह नियम ही है कि अनेक नीचे गिरते हैं, कितने ही दुख आते हैं तथा कितनी ही भयंकर कठिनाइयाँ सामने उपस्थित होती हैं एवं स्वार्थपरता तथा अन्य बुराइयों के साथ हृदय में घोर संघर्ष होता है, जबकि आध्यात्मिकता की प्रज्वलित अग्नि की आंच से इन सभी का विनाश होने वाला होता है।"

शान्त व स्थिरचित्त विचारों वाला व्यक्ति हमेशा जीवन में आगे बढ़ता है। अनावश्यक बातों में उलझने वाला व्यक्ति अपने लिए खुद ही पग बाधाएँ तैयार करता है। स्वामी विवेकानन्द ने कहा था : "जो ठण्डे मस्तिष्क वाला और शान्त है, जो उत्तम ढंग से विचार करके कार्य करता है, जिसके स्नायु सहज ही उत्तेजित नहीं हो उठते तथा जो अत्यन्त प्रेम और सहानुभूति-सम्पन्न है, केवल वही व्यक्ति संसार में सत्कार्य कर सकता है और इस तरह उससे अपना भी कल्याण कर सकता है।"

लक्ष्य के प्रति दृढ़ता और समर्पण हमें मंजिल के और करीब लाते हैं। स्वामी विवेकानन्द ने कहा था : "अपने जीवन में मैंने जो एक श्रेष्ठतम पाठ पढ़ा, वह यह है कि किसी भी कार्य के साधनों के विषय में उतना ही सावधान रहना चाहिए, जितना कि उसके लक्ष्य के विषय में। इस एक तत्त्व से मैं सर्वदा बड़े-बड़े पाठ सीखता आया हूँ, और मेरा यह मत है कि सब प्रकार की सफलताओं की कुंजी इसी तत्त्व में है—साधनों की ओर भी उतना ही ध्यान देना आवश्यक है, जितना कि साध्य की ओर।"

हमारे नीतिशास्त्रों में परोपकार को महान पुण्य माना गया है। दूसरे का हित करना परोक्ष रूप से अपनी ही भलाई करनी हैं। हालाँकि लगता तो है कि हम

दूसरे की भलाई के लिए काम कर रहे हैं, लेकिन इस परोपकार करने से जो आत्मिक संतुष्टि होती है, उससे बढ़कर कोई और दूसरा सुख नहीं हो सकता है। स्वामी विवेकानन्द ने इसी बात की ओर इशारा करते हुए कहा था : "दूसरों के प्रति हमारे कर्त्तव्य का अर्थ है—दूसरों की सहायता करना, संसार का भला करना। अब प्रश्न यह उठता है कि हम संसार का भला क्यों करें? वास्तव में बात यह है कि ऊपर से तो हम संसार का उपकार करते हैं, परन्तु असल में हम अपना ही उपकार करते हैं। एक दाता के ऊँचे आसन पर खड़े होकर और अपने हाथ में दो पैसे लेकर यह मत कहो, 'ऐ भिखारी! ले, यह मैं मुझे देता हूँ।' परन्तु तुम स्वयं इस बात के लिए कृतज्ञ होओ कि तुम्हें वह निर्धन व्यक्ति मिला, जिसे दान देकर तुमने स्वयं अपना उपकार किया। धन्य पाने वाला नहीं होता, देने वाला होता है। इस बात के लिए कृतज्ञ होओ कि इस संसार में तुम्हें अपनी दयालुता का प्रयोग करने और इस प्रकार पवित्र एवं पूर्ण होने का अवसर प्राप्त हुआ।"

स्वर्ग और नर्क इसी पृथ्वी में हैं। मनुष्य अपने कर्मों का फल इसी पृथ्वी में भोगता है, अगर हम मंगल की कामना करते हैं तो अमंगल शक्तियाँ खुद-ब-खुद दूर होती चली जाती हैं। स्वामी विवेकानन्द ने कहा था : "सब प्रकार की नीति, शुभ तथा मंगल का मूलमन्त्र 'मैं' नहीं, 'तुम' है। कौन सोचता है कि स्वर्ग और नर्क हैं या नहीं? कौन सोचता है कि मेरी आत्मा है या नहीं? कौन सोचता है कि कोई अनश्वर सत्ता है या नहीं? हमारे सामने यह सारा संसार है, जो महादुख से परिपूर्ण है। बुद्ध के समान इस संसार-सागर में गोता लगाकर या तो इस संसार के दुख को दूर करो या इस प्रयत्न में प्राण त्याग दो। अपने को भूल जाओ; आस्तिक हो या नास्तिक, अज्ञेयवादी हो या वेदान्ती, ईसाई हो या मुसलमान-प्रत्येक के लिए यही सबसे पहला पाठ है। इस संसाररूपी नर्ककुण्ड में एक दिन के लिए भी किसी व्यक्ति के चित्त में थोड़ा-सा आनन्द एवं शान्ति प्रदान की जा सके तो उतना ही सत्य है, आजन्म मैं तो यही देख रहा हूँ-बाकी सब कुछ व्यर्थ की कल्पनाएँ हैं।"

अपने बारे में तो पशु भी सोचता है। पशु खाने-पीने और सोने तक सीमित है। इसीलिए वह पशु है। अगर मनुष्य भी केवल अपने लिए जीएगा तो फिर पशु और मनुष्य में क्या अन्तर रह जाएगा? स्वामी विवेकानन्द ने कहा था : "स्वार्थपरता ही; अर्थात् स्वयं के सम्बन्ध में पहले सोचना ही सबसे बड़ा पाप है। जो मनुष्य यह सोचता रहता है कि मैं पहले खा लूँ, मुझे ही सबसे अधिक धन मिल जाए, मैं ही सर्वस्व का अधिकारी बन जाऊँ, मेरी ही सबसे पहले मुक्ति हो जाए तथा मैं ही औरों से पहले सीधा स्वर्ग को चला जाऊँ, वह निश्चय ही स्वार्थी है। निःस्वार्थी व्यक्ति तो यह कहता है, 'मुझे अपनी चिन्ता नहीं है, मुझे स्वर्ग जाने

की भी कोई आकांक्षा नहीं है, यदि मेरे नर्क में जाने से भी किसी को लाभ हो सकता है तो भी मैं उसके लिए तैयार हूँ।' यह निःस्वार्थता ही धर्म की परीक्षा है। जिसमें जितनी ही अधिक निःस्वार्थता है वह उतना ही आध्यात्मिक है तथा उतना ही श्री शिवजी के समीप है। तुम किसी की सहायता नहीं कर सकते, तुम्हें केवल सेवा का अधिकार है। प्रभु की सन्तान की, यदि भाग्यवान हो तो–स्वयं प्रभु की ही सेवा करो। यदि ईश्वर के अनुग्रह से उसकी किसी सन्तान की सेवा कर सकोगे तो तुम धन्य हो जाओगे। अपने को ही बहुत बड़ा मत समझो। तुम धन्य हो क्योंकि सेवा करने का तुमको अधिकार मिला है और दूसरों को नहीं मिला। यह सेवा तुम्हारे लिए पूजा के तुल्य है।''

इस पृथ्वी पर विचरण करने वाले प्रत्येक जीव में परमात्मा का अंश है। जब हम किसी जीव पर दया करते हैं अथवा उसकी सेवा करते हैं तो परोक्ष रूप से हम ईश्वर की ही सेवा करते हैं। स्वामी विवेकानन्द ने कहा था : ''मैंने इतनी तपस्या करके यही सार समझा है कि जीव–जीव में वे अधिष्ठित हैं; इसके अतिरिक्त ईश्वर और कुछ भी नहीं है। जो जीवों के प्रति दया करता है, वही व्यक्ति ईश्वर की सेवा कर रहा है।''

दूसरे के दुखों को दूर करने में अपनी पूरी ताकत झोंक डालो। स्वामी विवेकानन्द ने कहा था : ''महा मोहग्रस्त लोगों की ओर दृष्टिपात करो। हाय! हृदय–भेदकारी करुणापूर्ण उनके आर्त्तनाद को सुनो। हे वीरो! वृद्धों को पाशमुक्त करने, दरिद्रों के कष्टों को कम करने तथा अज्ञजनों का हृदयान्धकार दूर करने के लिए आगे बढ़ो, 'डरो नहीं', 'डरो नहीं'–यही वेदान्त–दुन्दुभि का स्पष्ट उद्‌घोष है।''

हिन्दुस्तान का अतीत गौरवशाली रहा है। अपने स्वर्णिम व गौरवशाली इतिहास के बल पर आज हमारी संस्कृति व सभ्यता इतने लम्बे समय बाद भी जीवित है, जबकि विदेशी आक्रान्ताओं ने यहाँ के सांस्कृतिक प्रतीकों को नष्ट करने की भरसक कोशिश की है। स्वामी विवेकानन्द ने कहा था : ''व्यर्थ का असन्तोष जताते हुए शक्तिक्षय करने के बदले हम चुपचाप और वीरता के साथ काम करते चले जाएँ। मेरा तो पूर्ण विश्वास है कि संसार की कोई भी शक्ति किसी से वह वस्तु अलग नहीं रख सकती, जिसके लिए वह वास्तव में योग्य हो। अतीत तो हमारा गौरवमय था ही, पर मुझे हार्दिक विश्वास है कि भविष्य और भी गौरवमय होगा।''

स्वामी विवेकानन्द सामाजिक समता के प्रबल पक्षधर थे। उनका मत था : ''अपने में ब्रह्मभाव को अभिव्यक्त करने का यही एकमात्र उपाय है कि इस विषय में दूसरों की सहायता करना। यदि प्रकृति के राज्य में समता न भी हो तो

भी सबको समान सुविधा मिलनी चाहिए। फिर भी यदि किसी को अधिक तथा किसी को कम सुविधा देना हो तो बलवान की अपेक्षा दुर्बल को अधिक सुविधा प्रदान करना आवश्यक है; अर्थात् चाण्डाल के लिए शिक्षा की जितनी आवश्यकता है, उतनी ब्राह्मण के लिए नहीं। यदि किसी ब्राह्मण के पुत्र के लिए एक शिक्षक आवश्यक हो तो चाण्डाल के लड़के के लिए दस शिक्षक चाहिए। कारण यह है कि जिसकी बुद्धि की स्वाभाविक प्रखरता प्रकृति के द्वारा नहीं हुई है, उसके लिए अधिक सहायता करनी होगी। चिकने-चुपड़े पर तेल लगाना पागलों का काम है। दरिद्र, पददलित तथा अज्ञ लोग तुम्हारे ईश्वर बनें।''

अज्ञान को दुखों का सबसे बड़ा कारण बताते हुए स्वामी विवेकानन्द ने कहा था : ''एक बात जो मैं सूर्य के प्रकाश की तरह स्पष्ट देखता हूँ वह यह कि अज्ञान ही दुख का कारण है और कुछ नहीं। जगत् को प्रकाश कौन देगा? भूतकाल में बलिदान का नियम था और दुख है कि युगों तक ऐसा ही रहेगा। संसार के वीरों को और सर्वश्रेष्ठों को 'बहुजन हिताय, बहुजन सुखाय' अपना बलिदान करना होगा। असीम दया और प्रेम से परिपूर्ण सैकड़ों बुद्धों की आवश्यकता है।''

त्याग और सेवा से शान्ति की प्राप्ति

दूसरों की भलाई को वे सबसे बड़ा धर्म मानते थे। इसीलिए उन्होंने कहा था : "समस्त उपासनाओं का यही रहस्य तथा मर्म है कि मनुष्य शुद्ध रहे तथा दूसरों के प्रति सदैव भला करे। वह मनुष्य जो श्री शिवजी को निर्धन, दुर्बल तथा रुग्ण व्यक्ति में भी देखता है, वही सचमुच श्री शिवजी की उपासना करता है, परन्तु यदि वह उन्हें केवल मूर्ति में ही देखता है तो कहा जा सकता है कि उसकी उपासना अभी नितान्त प्रारम्भिक ही है। 'गाँव-गाँव तथा घर-घर में जाकर लोकहित एवं ऐसे कार्यों में आत्मनियोग करो, जिससे कि जगत् का कल्याण हो सके। चाहे अपने को नरक में क्यों न जाना पड़े, परन्तु दूसरों की मुक्ति हो। मृत्यु जब अवश्यम्भावी है, तब सत्कार्य के लिए प्राण त्याग करना ही श्रेष्ठ है। जगत् के इतिहास से तुम जानते हो कि महापुरुषों ने बड़े-बड़े स्वार्थ त्याग किए और उनके शुभ फल का भोग जनता ने ही किया। अगर तुम अपनी ही मुक्ति के लिए सब कुछ त्यागना चाहते हो तो फिर त्याग कैसा? क्या तुम संसार के कल्याण के लिए अपनी मुक्तिकामना तक छोड़ने को तैयार हो? तुम स्वयं ब्रह्मस्वरूप हो, इस पर विचार करो। साधुओं का जीवन परोपकार के लिए ही है, प्राज्ञ व्यक्तियों को दूसरों के लिए सब कुछ त्याग देना चाहिए—संसार में यही एकमात्र रास्ता है। तुम्हारी भलाई करने से मेरी भी भलाई है, दूसरा कोई उपाय नहीं है, बिलकुल नहीं है।"

भयभीत होना मनुष्य के लिए सबसे बड़ा अभिशाप है। स्वामी विवेकानन्द ने कहा था : "भय ही मृत्यु है। भय से पार हो जाना चाहिए। आज से ही भयशून्य हो जाओ। अपने मोक्ष तथा परहित के निमित्त आत्मोत्सर्ग करने के लिए अग्रसर हो जाओ। थोड़ी-सी हड्डी तथा मांस का बोझ लिए फिरने से क्या होगा?"

हमें जीवन में आगे बढ़ने के लिए किसी भी तरह के बलिदान से पीछे नहीं हटना चाहिए। स्वामी विवेकानन्द ने कहा था : "पहले तो हममें वह क्षात्रभाव ही कहाँ है जो हर व्यक्ति को आत्मनियन्त्रण, संयम, सेवा और आज्ञापालन सिखलाता है! क्षात्रभाव-वीरता, आत्मतुष्टि और प्रभुत्व में नहीं है; वह

आत्मत्याग में है। हमें दूसरों के हृदय और जीवन पर अधिकार पाने के पहले, आदेश मिलने पर अग्रसर हो अपने जीवन की बलि देने के लिए तैयार रहना चाहिए, पहले अपनी बलि देनी चाहिए।

''दूसरों की सेवा में अपना जीवन लगा दो। बच्चा, यदि तुम मेरी बात सुनो, तो तुम्हें अब पहले अपने कमरे का दरवाजा और खिड़कियाँ खुली रखनी होंगी। तुम्हारे घर के पास बस्ती के पास, अभावग्रस्त तथा दुखी लोग रहते हैं, उनकी तुम्हें यथासाध्य सेवा करनी होगी। जो पीड़ित है, उनके लिए औषधि और पथ्य का प्रबन्ध करो और शरीर के द्वारा उनकी सेवा-श्रूषा करो। जो भूखा है, उसके लिए खाने का प्रबन्ध करो। तुमने तो इतना पढ़ा-लिखा है, अत: जो अज्ञानी है, उसे वाणी द्वारा जहाँ तक हो सके, समझाओ। यदि तुम मेरा परामर्श मानो, तो इस प्रकार अपने भाइयों की यथासाध्य सेवा करो। यदि तुम इस प्रकार कर सकोगे, तो तुम्हारे मन को अवश्य शान्ति मिलेगी।''

मर्यादा विहीन व्यक्ति यदि धनवान भी हो तो वह दुनिया का सबसे दरिद्र व्यक्ति होता है। स्वामी विवेकानन्द ने कहा था : ''ऊँचे पद वालों या धनिकों का भरोसा न करना। उनमें जीवनीशक्ति नहीं है—वे तो जीते हुए भी मुर्दे के समान हैं। भरोसा तुम लोगों पर है; गरीब, पद, मर्यादारहित किन्तु विश्वास है तुम्हीं लोगों पर। ईश्वर पर भरोसा रखो। किसी चालबाजी की आवश्यकता नहीं; उससे कुछ भी नहीं होता। दु:खियों का दर्द समझो और ईश्वर के पास सहायता की प्रार्थना करो, सहायता अवश्य मिलेगी। मैं इस देश में भूख या जाड़े से भले ही मर जाऊँ, परन्तु मेरे नवयुवको, मैं गरीब, भूखों और उत्पीड़ितों के लिए सहानुभूति और प्राणपण प्रयत्न को थाती के तौर पर तुम्हें अर्पण करता हूँ। अपना सारा जीवन इन तीस करोड़ लोगों के उद्धार के लिए अर्पण कर देने का व्रत लो, जो दिनों-दिन डूबते जा रहे हैं। इस तरह का दिन क्या कभी होगा कि परोपकार के लिए जान जाएगी ? दुनिया बच्चों का खिलवाड़ नहीं है। बड़े आदमी वे हैं जो अपने हृदय-रुधिर से दूसरों का रास्ता तैयार करते हैं-यही सदा से होता आया है। एक आदमी अपना शरीरपात करके सेतु निर्माण करता है और हजारों आदमी उसके ऊपर से नदी पार करते हैं। एवमस्तु, एवमस्तु (ऐसा ही हो, ऐसा ही हो)।''

यदि व्यक्ति की अन्तर्रात्मा पवित्र है और दूसरों के प्रति उसकी भावनाएँ अच्छी हैं तो वह संसार का सबसे बड़ा व्यक्ति है। स्वामी विवेकानन्द ने कहा था : ''संसार छः श्रद्धालु मनुष्यों का इतिहास, छः अत्यन्त शुद्ध चरित्रवान मनुष्यों का इतिहास है। हमें तीन वस्तुओं की आवश्यकता है। अनुभव करने के लिए हृदय की, कल्पना करने के लिए मस्तिष्क की और काम करने के लिए हाथ की।

पहले हमें संसार के बाहर जाना चाहिए और अपने लिए समुचित उपकरण तैयार करने चाहिए। अपने को एक डाइनमो बनाओ। पहले संसार के लिए महसूस करो। अपने से पूछो, तुम्हारा मन घृणा अथवा ईर्ष्या की प्रतिक्रिया करता है या नहीं ? संसार में जो टनों घृणा और क्रोध उड़ेला जा रहा है, उससे भले कार्यों का निरन्तर निवारण हो रहा है। यदि तुम पवित्र हो, यदि तुम सशक्त हो, तो तुम अकेले ही समस्त संसार के बराबर हो।''

अहंकार व्यक्ति को असुर बना देता है

व्यक्ति के अन्दर का अहंकार उसे राक्षस बना देता है। अहंकार मनुष्य की आत्मा को नष्ट कर देता है। स्वामी विवेकानन्द ने कहा था : "सुर तथा असुर में और कुछ भेद नहीं। भेद केवल निःस्वार्थ तथा स्वार्थ में है। असुर भी उतना ही जानता है जितना सुर, उसमें बस पवित्रता नहीं होती, इससे वह असुर बन जाता है। आधुनिक संसार पर यही भावना लागू करो। अपवित्र ज्ञान और शक्ति का अतिरेक मनुष्यों को असुर बना देता है।"

मनुष्य और परमेश्वर में अन्तर स्पष्ट करते हुए स्वामी विवेकानन्द ने कहा था : "मनुष्य असीम वृत्त है, जिसकी परिधि कहीं भी नहीं है, लेकिन जिसका केन्द्र एक स्थान में निश्चित है; और परमेश्वर एक ऐसा असीम वृत्त है जिसकी परिधि कहीं नहीं है, परन्तु जिसका केन्द्र सर्वत्र है।"

धर्म मनुष्य के आचरण की पवित्रता के लिए बनाया गया है। दुनिया के सभी धर्म अच्छाइयों को अपनाने के लिए प्रेरित करते हैं। स्वामी विवेकानन्द ने कहा था : "धर्म वह वस्तु है, जिससे पशु मनुष्य तक और मनुष्य परमात्मा तक उठ सकता है।"

पुण्य और पाप के बारे में मिमांसा करते हुए स्वामी विवेकानन्द ने कहा था : "पुण्य वह है, जो हमारी उन्नति में सहायता करता है और पाप हमारे पतन में। मनुष्य तीन प्रकार के गुणों से निर्मित है—पाश्विक, मानवीय और देवी। जो तुममें दैवी गुण बढ़ाता है, वह पुण्य है और जो तुममें पशुता बढ़ाता है, वह पाप है। तुमको पाश्विक प्रवृत्ति मारकर 'मनुष्य' बनना चाहिए। प्रेममय तथा उदार होना चाहिए। इससे भी ऊपर उठकर तुम्हें शुद्ध आनन्द, सच्चिदानन्द, अदाहक अग्नि के समान, अद्‌भुत प्रेममय किन्तु मानवीय प्रेम की दुर्बलता से रहित, दुख की भावना से रहित बनना चाहिए।"

स्वार्थ और निःस्वार्थ भाव व्यक्ति-व्यक्ति में अन्तर कर लेते हैं। स्वामी विवेकानन्द ने कहा : "निःस्वार्थता ही ईश्वर है। एक मनुष्य चाहे रत्नजड़ित सिंहासन में आसीन हो, सोने के महल में रहता हो, परन्तु यदि वह पूर्ण रूप से

नि:स्वार्थ है तो ब्रह्म में ही स्थित है, परन्तु एक दूसरा मनुष्य झोंपड़ी में ही क्यों न हो, पर यदि वह स्वार्थी है, तो हम कहेंगे कि वह संसार में घोर रूप से लिप्त है।''

महापुरुषों को महान शक्तियाँ आचरण की पवित्रता से मिली हैं। स्वामी विवेकानन्द ने कहा : ''यदि तुम वास्तव में पवित्र हो तो तुम्हें अपवित्रता कैसे दिखाई दे सकती है? कारण, जो भीतर है, वही बाहर दीख पड़ता है। हमारे अन्दर यदि अपवित्रता न होती तो हम उसे बाहर कभी देख ही न पाते। वेदान्त का यह एक व्यावहारिक पहलू है। आशा है, हम सभी लोग जीवन में इसको व्यवहार में लाने की चेष्टा करेंगे। क्या तुमने विश्व के इतिहास में महापुरुषों की शक्ति की कथाएँ नहीं पढ़ीं? यह शक्ति उन्हें कहाँ से मिली? बुद्धि से? उनमें से क्या कोई दर्शन सम्बन्धी सुन्दर पुस्तक लिख गया है? अथवा न्याय के कूट विचार लेकर कोई पुस्तक लिख गया है? किसी ने ऐसा नहीं किया। वे केवल थोड़ी-सी बातें कह गए हैं—ईसा के समान सहृदय बनो, तुम भी ईसा हो जाओगे; बुद्ध के समान सहृदय बनो, तुम भी बुद्ध बन जाओगे। भाव ही जीवन है, भाव ही बल है, भाव ही तेज है, भाव के बिना कितनी ही बुद्धि लगाओ, ईश्वर प्राप्ति नहीं होगी।''

मनुष्य के जीवन को सुखी बनाने वाला ही असली धर्म है। इस बात को स्वामी विवेकानन्द भली भाँति समझते थे। उन्होंने कहा : ''धर्म का मूल उद्देश्य है—मनुष्य को सुखी करना, किन्तु परजन्म में सुखी होने के लिए इस जन्म में दुख-भोग करना कोई बुद्धिमानों का काम नहीं है। इस जन्म में ही, इसी मुहूर्त में सुखी होना होगा। जिस धर्म के द्वारा यह सम्पन्न होगा, वही मनुष्य के लिए उपयुक्त धर्म है।''

स्वामी विवेकानन्द ने कहा था : ''तुम्हारा ईश्वरत्व ही ईश्वर का प्रमाण है। यदि तुम वास्तविक महापुरुष नहीं हो तो ईश्वर के सम्बन्ध में भी कोई बात सत्य नहीं। तुम यदि ईश्वर नहीं हो, तो कोई ईश्वर भी नहीं है और कभी होगा भी नहीं। वेदान्त कहता है, इसी आदर्श का अनुसरण करना चाहिए। हम लोगों में से प्रत्येक को ही महापुरुष बनना पड़ेगा और तुम स्वत:स्फूर्त वही हो। केवल इतना ही है कि यह 'ज्ञात' हो जाए। यह कभी न सोचना कि आत्मा के लिए कुछ असम्भव है। ऐसा कहना ही भयानक नास्तिकता है। यदि पाप कोई वस्तु है तो यह कहना ही एकमात्र पाप है कि मैं दुर्बल हूँ अथवा अन्य कोई दुर्बल है।''

मनुष्य को जीवन के लिए नुकसानदेह सारी वस्तुएँ छूनी तक नहीं चाहिए। स्वामी विवेकानन्द ने इस बात पर जोर देते हुए कहा : ''जिस किसी वस्तु से आध्यात्मिक, मानसिक या शारीरिक दुर्बलता उत्पन्न हो, उसे पैर की अँगुलियों से भी मत छुओ। मनुष्य में जो स्वाभाविक बल है, उसकी अभिव्यक्ति धर्म है।

असीम शक्ति का स्प्रिंग इस छोटी सी काया में कुण्डली मारे विद्यमान है और वह अपने को फैला रहा है। यही है मनुष्य का, धर्म का, सभ्यता या प्रगति का इतिहास।''

धर्म मनुष्य की बुद्धि को परिष्कृत करती है और उसके आचरण में पवित्रता लाती है। स्वामी विवेकानन्द ने कहा : ''धर्म तात्विक (आध्यात्मिक) जगत के सत्यों से उसी प्रकार सम्बन्धित है, जिस प्रकार रसायनशास्त्र तथा दूसरे भौतिक विज्ञान भौतिक जगत के सत्यों से। रसायन शास्त्र पढ़ने के लिए प्रकृति की पुस्तक पढ़ने की आवश्यकता है। धर्म की शिक्षा प्राप्त करने के लिए तुम्हारी पुस्तक अपनी बुद्धि तथा हृदय है। सन्त लोग प्रायः भौतिक विज्ञान से अनभिज्ञ ही रहते है, क्योंकि वे एक भिन्न पुस्तक; अर्थात् आन्तरिक पुस्तक पढ़ा करतें हैं और वैज्ञानिक लोग प्रायः धर्म के विषय में अनभिज्ञ ही रहते हैं, क्योंकि वे भी भिन्न पुस्तक; अर्थात् वाह्य पुस्तक के पढ़ने वाले हैं।''

धर्म के बारे में बहुत सारी भ्रान्तियों प्रचलित रहती हैं। उन्होंने कहा : ''दुनिया में तुमको ऐसे अनेक लोग मिलेंगे, जो कहते फिरते हैं, ''मैं धार्मिक बनना चाहता था, सिद्धि प्राप्त करना चाहता था, पर वैसा न कर सका; इसलिए मैं अब किसी चीज में विश्वास नहीं करता।'' शिक्षित लोगों में भी ऐसा कहने वाले लोग मिलेंगे ही। अनेक लोग कहेंगे, ''मैने आजीवन धार्मिक बनने का प्रयास किया, पर इसमें कुछ नहीं रखा है।'' दूसरी ओर तुम यह दृश्य भी पाओगे । मान लो, कोई रसायन शास्त्री है। वह तुम्हारे पास आता है, और कहता है कि वह रसायन शास्त्री है। उससे तुम कहते हो, ''मैं जीवन भर रसायनशास्त्री बनने का प्रयास करता रहा और देखा कि उसमें कुछ नहीं रखा है। इसलिए मैं रसायन शास्त्र में विश्वास नहीं करता।'' वह तुरन्त तुमसे पूछेगा–''तुमने कब इसके लिए प्रयास किया?'' तुम कहोगे, ''मैं नित्य सोने के पहले कहता रहा–'ओ रसायन शास्त्री, मेरे पास आ जाओ!' और वह कभी न आया।'' तुम्हारे प्रयास ही कुछ इसी ढंग के रहे। वह रसायन शास्त्री तुम पर हँसेगा और कहेगा–''भई, तरीका यह नहीं है। क्यों न तुमने किसी प्रयोगशाला में जाकर रसायनों से कभी अपने हाथ को जलाया? उससे तुम कुछ सीख गए होते। क्या धर्म के क्षेत्र में भी तुम ऐसा ही प्रयत्न करते हो? हर विज्ञान में सीखने का एक विशिष्ट तरीका होता है और धर्म के साथ भी यही बात है।''

ब्रह्मचर्य है ओजशक्ति का मूल

अच्छी बातें करने मात्र से व्यक्ति अच्छा नहीं हो सकता, वरन् उसको अपने आचरण में भी पवित्रता लानी चाहिए। स्वामी विवेकानन्द ने कहा था : "एक व्यक्ति बड़ी सुन्दर भाषा में सुन्दर भाव व्यक्त करता है, परन्तु लोग आकृष्ट नहीं होते और दूसरा व्यक्ति न सुन्दर भाषा बोल सकता है, न सुन्दर ढंग से भाव व्यक्त कर सकता है, परन्तु फिर भी लोग उसकी बात से मुग्ध हो जाते हैं। ऐसा क्यों? यह ओजशक्ति ही शरीर से निकलकर ऐसा अद्भुत कार्य करती है। इस ओजशक्ति से युक्त पुरुष जो कुछ कार्य करते हैं, उसी में महाशक्ति का विकास देखा जाता है। ऐसी है ओज की शक्ति! बह्मचर्य पालन करने वाले स्त्री-पुरुष ही इस ओजधातु को मस्तिष्क में संचित करते हैं। इसीलिए ब्रह्मचर्य सर्वश्रेष्ठ माना गया है। मनुष्य सहज ही अनुभव करता है कि काम को प्रश्रय देने पर सारा धर्म भाव, चरित्र बल और मानसिक तेज जाता रहता है। इसी कारण देखोगे, संसार में जिन-जिन सम्प्रदायों में बड़े-बड़े धर्मवीर पैदा हुए हैं, उन सभी सम्प्रदायों ने ब्रह्मचर्य पर विशेष जोर दिया है।"

सभी धर्मों को वे सम्मान दृष्टि से देखते थे। स्वामी विवेकानन्द का मानना था : "हम मनुष्य जाति को उस स्थान पर पहुँचाना चाहते हैं जहाँ न वेद है, न बाइबिल है, न कुरान है; परन्तु वेद, बाइबिल और कुरान के समन्वय से ही ऐसा हो सकता है। मनुष्य जाति को यह शिक्षा देनी चाहिए कि सब धर्म उस धर्म के, उस एकमेवाद्वितीय के भिन्न-भिन्न रूप हैं, इसलिए प्रत्येक व्यक्ति उन धर्मों में से अपना मनोनुकूल मार्ग चुन सकता है।"

पाप, कर्म मनुष्य को पतन की ओर ले जाते हैं। स्वामी विवेकानन्द ने इसी बात की ओर इशारें करते हुए कहा था : "नीतिपरायण तथा साहसी बनो, अन्तःकरण पूर्णतया शुद्ध रहना चाहिए। पूर्ण नीतिपरायण तथा साहसी बनो-अपने प्राणों के लिए भी कभी न डरो। धार्मिक मत-मतान्तरों को लेकर व्यर्थ में माथापच्ची न करना। कायर लोग ही पापाचरण करते हैं, वीरपुरुष कभी भी पापानुष्ठान नहीं करते, यहाँ तक कि कभी वे अपने मन में भी पापचिन्ता का उदय नहीं होने देते।"

नैतिक नियमों का पालन करने की वे सलाह देते हुए कहते हैं : "'नीतिसंगत' और 'नीतिविरुद्ध' की यही एकमात्र व्याख्या हो सकती है कि जो स्वार्थपरक है वह 'नीतिविरुद्ध' है और जो निःस्वार्थपरक है वह 'नीतिसंगत' है।"

दूसरों को कष्ट पहुँचाकर सुखी रहना पाश्विकता है। स्वामी विवेकानन्द ने कहा था : "उपयोगितावाद मनुष्य के नैतिक सम्बन्धों की व्याख्या नहीं कर सकता; क्योंकि पहली बात तो यह है कि उपयोगिता के आधार पर हम किसी भी नैतिक नियम पर नहीं पहुँच सकते। उपयोगिता हमसे 'असीम'-अतीन्द्रिय गंतव्यस्थल-के प्रति संघर्ष का त्याग चाहते हैं, क्योंकि अतीन्द्रियता अव्यावहारिक है, निरर्थक है।' पर साथ ही वे यह भी कहते हैं कि नैतिक नियमों का पालन करो, समाज का कल्याण करो। आखिर हम क्यों किसी का कल्याण करें? भलाई करने की बात तो गौण है, प्रधान तो है—एक आदर्श। नीतिशास्त्र स्वयं साध्य नहीं है, प्रत्युत साध्य को पाने का साधन है। यदि उद्देश्य नहीं है, तो हम क्यों नैतिक बनें? हम क्यों दूसरों की भलाई करें? क्यों हम लोगों को सताएँ नहीं? अगर आनन्द ही मानव-जीवन का चरम उद्देश्य है, तो क्यों न मैं दूसरों को कष्ट पहुँचाकर भी स्वयं सुखी रहूँ? ऐसा करने से मुझे रोकता कौन है? दूसरी बात यह है कि उपयोगिता का आधार अत्यन्त संकीर्ण है। उपयोगितावादी नियम समाज की वर्तमान स्थिति में काम कर सकता है। इसके आगे इसकी कोई उपयोगिता नहीं रह जाती, किन्तु धर्म तथा आध्यात्मिकता पर आधारित नीतिशास्त्र का क्षेत्र असीम मनुष्य है। वह व्यक्ति को लेता है, पर उसके सम्बन्ध असीम हैं। वह समाज को भी लेता है, क्योंकि समाज व्यक्तियों के समूह का ही नाम है।"

नीतिशास्त्र का पूरा निचोड़ त्याग पर केन्द्रित है। स्वामी विवेकानन्द ने कहा था : "नीतिशास्त्र सदा कहता है—'मैं नहीं, तू।' इसका उद्देश्य है—'स्व नहीं, निःस्व।' इसका कहना है कि असीम सामर्थ्य अथवा असीम आनन्द को प्राप्त करने के क्रम में मनुष्य निरर्थक व्यक्तित्व की धारणा से चिपटा रहता है, उसे छोड़ना पड़ेगा। तुमको दूसरों को आगे करना पड़ेगा और स्वयं को पीछे। हमारी इन्द्रियाँ कहती हैं, 'अपने को आगे रखो', पर नीतिशास्त्र कहता है, 'अपने को सबसे अन्त में रखो।' इस तरह नीतिशास्त्र का सम्पूर्ण विधान त्याग पर ही आधारित है। उसकी पहली माँग है कि भौतिक स्तर पर अपने व्यक्तित्व का हनन करो, निर्माण नहीं। वह जो असीम है, उसकी अभिव्यक्ति इस भौतिक स्तर पर नहीं हो सकती, ऐसा असम्भव है, अकल्पनीय है।"

विश्व-अध्यात्म की राजधानी है भारत

भारत विश्व के अध्यात्म की राजधानी रहा है। स्वामी विवेकानन्द ने कहा था : "क्या भारत मर जाएगा ? तब तो संसार से सारी आध्यात्मिकता का समूल नाश हो जाएगा, सारे सदाचारपूर्ण आदर्श जीवन का विनाश हो जाएगा, धर्मों के प्रति सारी मधुर सहानुभूति नष्ट हो जाएगी, सारे ध्येयवाद का भी लोप हो जाएगा–और उसके स्थान में कामरूपी देव और विलासितारूपी देवी राज्य करेगी। धन उनका पुरोहित होगा। प्रताड़णा, पाश्विक बल और प्रतिद्वन्द्विता—ये ही उनकी पूजा-पद्धति होगी और मानव-आत्मा उनकी बलिसामग्री हो जाएगी। ऐसी दुर्घटना कभी हो नहीं सकती। क्या वह कभी मर जाएगा ? वह भारत जो प्राचीन काल से सभी उद्दान्त, नीति और आध्यात्मिकता का जन्म स्थान रहा है, वह देश जिसमें ऋषिगण विचरण करते रहे हैं, जिस भूमि में देवतुल्य मनुष्य अभी भी जीवित और जाग्रत् है, क्या मर जाएगा ? भाइयो ! मैं उस यूनानी ऋषि डायोजीनिस की लालटेन को उधार लेकर आपके पीछे-पीछे इस विशाल संसार के शहरों, ग्रामों, मैदानों और जंगलों को चलूँगा–मुझे अगर आप दिखा सकते हों तो ऐसे पुरुष दूसरे देशों में भी दिखा दीजिए।"

त्याग और सेवा ही भारत के राष्ट्रीय आदर्श हैं। स्वामी विवेकानन्द ने कहा था : "क्या तुम यह बता सकते हो कि भारत अन्य सब आर्य जातियों से पिछड़ा हुआ क्यों रहे ? भारत की बुद्धि क्या कुछ कम है ? क्या यहाँ कुशलता की कमी है ? उसका शिल्प, उसका गणित, उसके दर्शनशास्त्र आदि का विचार करने पर क्या तुम किसी विषय में कम कह सकते हो ? आवश्यक इतना ही है कि वह मोहनिन्द्रा से, सैकड़ों सदियों की दीर्घ निंद्रा से जाग जाए और संसार की समग्र जातियों के बीच उसका जो यथार्थ कार्य है, उसे ग्रहण कर ले। 'त्याग' और 'सेवा' ही भारत के राष्ट्रीय आदर्श हैं—इन दो बातों में भारत को उन्नत करो। ऐसा होने पर सब कुछ अपने आप ही उन्नत हो जाएगा।"

अपनी वैभवशाली संस्कृति के बल पर भारत का विश्व में हमेशा से ही ऊँचा स्थान रहा है। स्वामी विवेकानन्द ने कहा था : "ऐ अमर पुत्रो, मेरे देशवासियो, यह हमारा जातीय जहाज युगों से सभ्यता को ले आता—ले जाता रहा है और इसने

अपनी अतुलनीय सम्पदा से संसार को समृद्ध बनाया है। अनेक गौरवपूर्ण शताब्दियों तक हमारा यह जहाज जीवन-सागर में चलता रहा है और करोड़ों आत्माओं को उसने दुख से दूर संसार के उस पार पहुँचाया है। आज शायद उसमें एक छेद हो गया हो और इससे वह क्षत हो गया है, यह चाहे तुम्हारी अपनी गलती से या चाहे किसी और कारण से। तुम जो इस जहाज पर चढ़े हुए हो, अब क्या करोगे? क्या तुम दुर्वचन करते हुए आपस में झगड़ोगे? क्या तुम मिलकर उस छेद को बन्द करने की पूर्ण चेष्टा करोगे? हम सब लोगों को अपनी पूरी जान लड़ाकर खुशी-खुशी उसे बन्द कर देना चाहिए। अगर न कर सकें तो हम लोगों को एक संग डूब मरना होगा। पर किसी के लिए शुभेच्छाएँ छोड़कर बुरे शब्द हमारे मुँह से न निकले।''

कुछ बात है कि हस्ती मिटती नहीं हमारी। स्वामी विवेकानन्द ने कहा था : ''हे मेरे मित्रो! हमारी जाति अभी भी जीवित है, धुकधुकी चल रही है, केवल बेहोश हो गई है। और देखोगे कि इस देश का प्राण धर्म है, भाषा धर्म है तथा भाव धर्म है। आपकी राजनीति, समाजनीति, रास्ते की सफाई, प्लेग-निवारण, दुर्भिक्ष-पीड़ितों को अन्नदान आदि-आदि चिरकाल से इस देश में जैसे हुआ है, वैसे ही होगा; अर्थात् धर्म के द्वारा यदि होगा तो होगा, अन्यथा नहीं। आपके रोने-चिल्लाने का कुछ भी असर न होगा।''

हिन्दू जाति को तहस-नहस करने के अनेक प्रयास किए गए, इसके बावजूद इस जाति का बाल भी बाँका नहीं हो पाया। स्वामी विवेकानन्द ने कहा था : ''अब आप समझ सकते हैं कि उस राक्षसी का प्राण-पखेरू कहाँ है? वह धर्म में है। उसका नाश कोई नहीं कर सकता, इसीलिए इतनी आपद-विपद को झेलते हुए भी हिन्दू जाति अभी तक बची है। अच्छा, एक भारतीय विद्वान ने पूछा कि इसी राष्ट्र के प्राण को धर्म में रखने की क्या आवश्यकता है? उसे सामाजिक या राजनीतिक स्वतन्त्रता में क्यों न रखा जाए, जैसा कि दूसरे राष्ट्रों में होता है। ऐसी बात कहना तो बड़ा सरल है। वास्तविक बात यह है कि जो नदी पहाड़ से एक हजार कोस उतर आई हो, वह क्या फिर पहाड़ पर जाएगी या जा सकेगी? यदि वह जाने की चेष्टा भी करे, तो परिणाम यही होगा कि इधर-उधर जाकर वह सूख जाएगी। वह नदी चाहे जैसी हो, समुद्र में जाएगी ही—चाहे दो दिन पहले या दो दिन बाद, दो अच्छी जगहों में से होकर अथवा दो गन्दी जगहों से गुजरकर। यदि हमारे इस दस हजार वर्ष के जातीय जीवन में भूल हुई तो इस समय अब तो और कोई उपाय है ही नहीं। इस समय यदि नए चरित्र का गठन किया जाए तो मृत्यु की ही सम्भावना है।''

मन और वाणी को एक करने व कथनी-करनी में अन्तर न करने की हमारी पहचान रही है। स्वामी विवेकानन्द ने इसी बात की ओर इशारे करते हुए कहा

: "हमारे भारतवर्ष का यह एक महान दोष है कि हम कोई स्थायी संस्था नहीं बना सकते हैं और उसका कारण यह है कि दूसरों के साथ हम कभी अपने उत्तरदायित्व का बटवारा नहीं करना चाहते। हमारे बाद क्या होगा-यह भी हम नहीं सोचते। कोई भी सत्य, प्रेम तथा निष्कपटता को बाधा नहीं पहुँचा सकता। तुम अपने मन और वाणी को एक कर पाए हो? क्या तुम मृत्यु तक को तुच्छ समझकर निःस्वार्थ भाव से रह सकते हो? क्या तुम्हारे हृदय में प्रेम है? यदि ये बातें तुम्हारे भीतर विद्यमान हों तो फिर तुम्हें किसी भी चीज से, यहाँ तक कि मृत्यु से भी डरने की आवश्यकता नहीं। वत्स! बढ़े चलो, समग्र जगत् ज्ञानलोक के लिए लालायित है, उस ज्ञानलोक को प्राप्त करने के लिए उत्सुकतापूर्ण दृष्टि से जगत हमारी ओर देख रहा है। एकमात्र भारत के पास ही ऐसा ज्ञानलोक विद्यमान है, जिसकी कार्यशक्ति न तो इन्द्रजाल में है और न छल ही में, वह तो सच्चे धर्म के मर्मस्थल-उच्चतम आध्यात्मिक सत्य के अशेष महिमान्वित उपदेशों में प्रतिष्ठित है। जगत् को इस तत्त्व की शिक्षा प्रदान करने के लिए ही प्रभु ने इस जाति को विभिन्न दुख कष्टों के भीतर भी आज तक जीवित रखा है। अब उस वस्तु को देने का समय उपस्थित हुआ है। हे वीरहृदय युवको! तुम यह विश्वास रखो कि अनेक महान् कार्य करने के लिए तुम लोगों का जन्म हुआ है। कुत्तों की आवाज से न डरो, यहाँ तक कि यदि आकाश से प्रबल वज्रपात भी हो तो भी न डरो, उठो-कमर कसकर खड़े होओ, कार्य करते चलो।"

मनुष्य अथवा कोई भी संस्था दूसरों के बिना अपने अस्तित्व को नहीं बचा सकती। यह समाजिक जीवन की एक बाध्यता है। स्वामी विवेकानन्द ने कहा था : "एक नवीन भारत निकल पड़े-निकले हल पकड़कर, किसानों की कुटी भेदकर, मछुआ, मोची, मेहतरों की झोंपड़ियों से। निकल पड़े बनियों की दुकानों से, भुजवा के भाड़ के पास से, कारखाने से, हाट से, बाजार से। निकले झाड़ियों, जंगलों, पहाड़ों, पर्वतों से। मुझे पूर्ण विश्वास है कि कोई भी मनुष्य या राष्ट्र अपने को दूसरों से अलग रखकर जी नहीं सकता। लेन-देन ही संसार का नियम है और यदि भारत फिर से उठना चाहे तो यह परमावश्यक है कि वह अपने रत्नों को बाहर लाकर पृथ्वी की जातियों में बिखेर दे और इसके बदले में वे जो कुछ दे सकें उसे सहर्ष ग्रहण करे। विस्तार ही जीवन है और संकोच मृत्यु; प्रेम ही जीवन है और द्वेष मृत्यु। हमने उसी दिन से मरना शुरू किया जब से हम अन्यान्य जातियों से घृणा करने लगे और यह मृत्यु बिना इसके किसी दूसरे उपाय से रुक नहीं सकती कि हम फिर बिस्तर को अपनाएँ जो कि जीवन है।"

ईर्ष्या मनुष्य को आगे बढ़ने से रोकती है। स्वामी विवेकानन्द ने कहा था : "ईर्ष्या ही हमारे दाससुलभ जातीय चरित्र का धब्बा है। औरों का तो क्या कहना,

स्वयं सर्वशक्तिमान ईश्वर भी इस ईर्ष्या के कारण हमारा कुछ भला नहीं कर सकता। मेरे बारे में समझो कि सब कामों का भार तुम्हीं पर है। युवको, समझो कि तुम्हीं इस काम के लिए विधाता से भेजे हुए हो। तुम काम में लग जाओ।''

स्वामी विवेकानन्द ने कहा : ''जनरल स्ट्रांग नाम के मेरे एक अंग्रेज मित्र सिपाही विद्रोह के समय इस देश में थे। वे गदर की कहानी बहुत कहते थे। एक दिन बातों-ही-बातों में मैंने उनसे पूछा, 'सिपाहियों के साथ इतनी तोपें, बारूद, रसद थीं और वे शिक्षित तथा दूरदर्शी थे, फिर वे इस तरह क्यों हारकर भागे?' उन्होंने उत्तर दिया, 'उनमें जो लोग नेता हुए थे, वे सब बहुत पीछे से 'मारो बहादुर', 'लड़ो बहादुर', कह-कहकर चिल्ला रहे थे। स्वयं ऑफिसर के आगे बढ़े बिना तथा मौत का सामना किए बिना कहीं सिपाही लड़ते हैं?' सब कामों में ऐसा ही हाल है। 'सिरदार तो सिरदार', सिर दे सको तो नेता हो। हम सब लोग धोखा देकर नेता होना चाहते हैं; इसी से कुछ होता नहीं, कोई मानता भी नहीं।''

शासक बनने के लिए पहले आदेशों का पालन करना आना चाहिए। स्वामी विवेकानन्द ने कहा : ''पहले आदेश-पालन करना सीखो। इन सब पाश्चात्य जातियों में स्वाधीनता का प्रभाव जैसा प्रबल है, आदेश-पालन करने पर भाव वैसा ही प्रबल है। हम सभी अपने आपको बड़ा समझते हैं, इससे कोई काम नहीं बनता। महान, उद्यम, महान साहस, महावीर्य और सबसे पहले आज्ञापालन—ये सब गुण व्यक्तिगत या जातिगत उन्नति के लिए एकमात्र उपाय है—और ये गुण हममें हैं ही नहीं।''

उस महान सोच का क्या करना जो व्यावहारिक धरातल पर परिणित न हो सके। स्वामी विवेकानन्द ने कहा था : ''इस देश में साध्य तो अनेक हैं, किन्तु साधन नहीं। मस्तिष्क तो है, परन्तु हाथ नहीं। हम लोगों के पास वेदान्त मत है, लेकिन उसे कार्यरूप में परिणत करने की क्षमता नहीं है। हमारे ग्रन्थों में सार्वभौम, साम्यवाद का सिद्धान्त है, किन्तु कार्यों में महा भेदवृत्ति है। महा निःस्वार्थ, निष्काम कर्म भारत में ही प्रचारित हुआ, परन्तु हमारे कर्म अत्यन्त निर्मम और अत्यन्त हृदयहीन हुआ करते हैं और मांसपिण्ड की अपनी इस काया को छोड़कर, अन्य किसी विषय में हम सोचते ही नहीं। मेरा भी विश्वास है कि यदि हतश्री, अभागे, निर्बुद्धि, पददलित, चिरबुभुक्षित, झगड़ालू और ईर्ष्यालु भारतवासियों को कोई हृदय से प्यार करने लगे तो भारत पुनः जाग्रत् हो जाएगा। भारत तभी जागेगा जब विशाल हृदय वाले सैकड़ों स्त्री-पुरुष भोग-विलास और सुख की सभी इच्छाओं को विसर्जित कर मन, वचन और शरीर से उन करोड़ों भारतीयों के कल्याण के लिए सचेष्ट होंगे जो दरिद्रता तथा मूर्खता के अगाध सागर में निरन्तर डूबते जा रहे हैं।''

भारत का उद्घोष पूरी दुनिया के लिए

प्रत्येक व्यक्ति राष्ट्र की सम्पदा है। उसके स्वाभिमान व सम्मान की रक्षा करने की जरूरत है। स्वामी विवेकानन्द ने कहा था : "मेरी समझ में देश के जनसाधारण की अवहेलना करना ही हमारा महान राष्ट्रीय पाप है और वह हमारी अवनति का एक कारण है। जब तक भारत की साधारण जनता उत्तम रूप से शिक्षित नहीं हो जाती, जब तक उसे खाने-पीने को अच्छी तरह से नहीं मिलता, जब तक उसकी अच्छी तरह देखभाल नहीं होती, तब तक कितना ही राजनीतिक आन्दोलन क्यों न हो, उससे कुछ फल न होगा। ये बेचारे गरीब हमारी शिक्षा के लिए (राजकर रूप में) पैसा देते हैं, हमारी धार्मिक सिद्धि के लिए (अपने शारीरिक) परिश्रम से बड़े-बड़े मन्दिर खड़े करते हैं, पर इसके बदले उनको चिरकाल ठोकरों के सिवाय और क्या मिला है? वास्तव में वे हमारे गुलाम ही बन गए हैं। यदि हम भारत का पुनरूद्धार चाहते हैं, तो हमें अवश्य ही उनके लिए कार्य करना होगा।"

गरीबी और भुखमरी भारत की सबसे बड़ी समस्या है। इस पर स्वामी विवेकानन्द ने कहा था : "भारत के सभी अनर्थों की जड़ है—जनसाधारण की गरीबी। पाश्चात्य देशों के गरीब तो निरे पशु हैं, उनकी तुलना में हमारे यहाँ के गरीब तो देवता हैं। इसीलिए हमारे यहाँ के गरीबों की उन्नति करना अपेक्षाकृत सहज है। अपने निम्न श्रेणी वालों के प्रति हमारा एकमात्र कर्त्तव्य है—उनको शिक्षा देना, उन्हें सिखाना कि इस संसार में तुम भी मनुष्य हो, तुम लोग भी प्रयत्न करने पर अपनी सब प्रकार से उन्नति कर सकते हो। अभी वे लोग यह भाव खो बैठे हैं। पिछले कुछ वर्षों में भारतवर्ष में सुधार सभाओं और सुधारकों की बहुत चहल-पहल रही है। पर शोक की बात यह है कि उनमें से प्रत्येक यत्न असफल रहा। उन लोगों को समाज-सुधार का यथार्थ रहस्य विदित नहीं था। उन्होंने यथार्थ में सीखने लायक बड़ी बात को नहीं सीखा। उतावली में उन लोगों ने हमारे समाज के सारे दोषों का उत्तरदायित्व धर्म के मत्थे मढ़ दिया और कथा में वर्णित अपने मित्र के कपाल पर बैठे हुए मच्छर को मारने की इच्छा करने वाले मनुष्य

की तरह अपने मित्र और मच्छर दोनों को शायद उन्होंने एकसाथ ही मार डाला होता, परन्तु सौभाग्य से यहाँ तो स्वयं ही अचल चट्टानों पर जाकर टकराए और उस टकराने की चोट से अपना ही अस्तित्व में श्रम उठाते हुए असफल रहे। उनके सुधार के प्रति उत्साहरूपी वैद्युतिक आघातों की उस निद्रामग्न समाजरूपी कुम्भकर्ण को अत्यन्त आवश्यकता थी। पर वे पूर्णतः विनाशात्मक थे, रचनात्मक नहीं; और इसी कारण मरणशील थे, अतः मर गए। चलिए, हम उन्हें आशीर्वाद दें और उनके अनुभव से लाभ उठाएँ। जब तक सम्पूर्ण हिन्दू जाति निर्मूल न हो जाए और उसकी भूमि को नई जाति अधिकृत न कर ले तब तक समाज के ऐसे विप्लवकारी संस्कार सम्भव नहीं है। चाहे पूर्व प्रयत्न करे चाहे पश्चिम, भारत कभी यूरोप नहीं बन सकता, जब तक कि वह मर-मिट न जाए।''

देश को समृद्ध व सम्पन्न बनाने के लिए भारतवासियों का आह्वान करते हुए स्वामी विवेकानन्द ने कहा : ''हे भाइयो! हम सभी लोगों को इस समय कठिन परिश्रम करना होगा। अब सोने का समय नहीं है। हमारे कार्यों पर भारत का भविष्य निर्भर है। यह देखिए, भारत माता धीरे-धीरे आँखें खोल रही हैं। वे कुछ देर सोई थीं। उठिए, उन्हें जगाइए और पूर्वापेक्षा महागौरवमण्डित करके भक्तिभाव से उन्हें अपने चिरन्तन सिंहासन पर प्रतिष्ठित कीजिए। निन्दाबाद को एकदम छोड़ दो। तुम्हारा मुँह बन्द हो और हृदय खुल जाए। इस देश और सारे जगत् का उद्धार करो। तुम लोगों में से प्रत्येक को यह सोचना होगा कि सारा भार तुम्हारे ही ऊपर है। वेदान्त का आलोक घर-घर ले जाओ, घर-घर वेदान्त के आदर्श पर जीवन गठित हो। प्रत्येक जीवात्मा में जो ईश्वरत्व अन्तर्निहित है, उसे जगाओ।''

मन की स्थिरता से ही आगे बढ़ा जा सकता है। स्वामी विवेकानन्द का कहना था : ''दृढ़चित्त बनो और इससे भी बढ़कर पूर्ण पवित्र और कपटशून्य बनो; विश्वास रखो कि तुम्हारा भविष्य अत्यन्त गौरवपूर्ण है। जिनके पास धन-दौलत नहीं है, जो गरीब हैं, केवल उन्हीं लोगों का भरोसा है, और चूँकि तुम गरीब हो, इसीलिए तुम्हारे द्वारा यह कार्य होगा। चूंकि तुम्हारे पास कुछ नहीं है, इसलिए तुम कपटता से शून्य हो सकते हो और अकपट होने के कारण ही तुम सब कुछ त्याग करने के लिए तैयार हो सकते हो। बस, केवल यही बात मैं तुमसे अभी-अभी कह रहा था। अपने स्नायु को बलवान बनाओ। हमें लोहे के पुट्ठे और फौलाद के स्नायु की आवश्यकता है। हम लोग बहुत दिन रो चुके। अब और रोने की आवश्यकता नहीं है। अब अपने पैरों पर खड़े हो जाओ और मनुष्य बनो।''

राष्ट्रीय पुनर्निर्माण के लिए युवाओं को आगे आना होगा। स्वामी विवेकानन्द ने कहा था : ''अनेक लड़कों की आवश्यकता है जो सब कुछ छोड़-छोड़कर देश

के लिए जीवनोत्सर्ग करें। पहले उनका जीवन निर्माण करना होगा, तब कहीं काम होगा। ऐ बच्चो! सबके लिए तुम्हारे दिल में दर्द हो-गरीब, मूर्ख, पददलित मनुष्यों के दुख का तुम अनुभव करो, संवेदना से तुम्हारे हृदय का स्पन्दन रुक जाए, मस्तिष्क चकराने लगे, तुम्हें ऐसा प्रतीत हो कि हम पागल तो नहीं बन रहे हैं, फिर ईश्वर के चरणों में अपना दिल खोल दो, तभी शक्ति, सहायता और अदम्य उत्साह तुम्हें मिल पाएगा। गत दस वर्षों से मैं अपना मूलमन्त्र घोषित करता आया हूँ—प्रयत्न करते रहो। और अब भी मैं कहता हूँ कि अविराम प्रयत्न करते चलो। जब चारों ओर अन्धकार-ही-अन्धकार दीखता था तब मैं कहता था-प्रयत्न करते रहो; अब तो थोड़ा उजाला दिखाई दे रहा है, पर अब भी मैं कहता हूँ कि प्रयत्न करते जाओ। वत्स! डरो मत।''

इस देश को साहसी व वीर लोगों की आवश्यकता है। कायर व डरपोक किसी भी समाज का भला नहीं कर सकते। स्वामी विवेकानन्द ने कहा : ''हमें इस अवसर पर मुख्यत: आवश्यकता है एक वीर के आदर्श की—ऐसा वीर जिसके सिर से लेकर पैर तक नस-नस में प्रचण्ड 'रजसू' की भावना ओत-प्रोत हो। ऐसा वीर जो सत्य को जानने के लिए कूद पड़े और प्राणों तक का मोह न करे—यह वीर जिसका कवच त्याग हो और खड्ग ज्ञान। हमें इस समय जीवन के युद्धक्षेत्र में आवश्यक है बहादुर सेनानी का जोश, न कि प्रणय में दीवाने व्यक्ति की भावुकता, जो जीवन में सब्जबाग ही देखता रहता है।''

जीवन के प्रति जागरूक रहना और देह के प्रति प्रतिबद्धता आगे बढ़ने का गुरुमंत्र है। स्वामी विवेकानन्द ने कहा : ''देह में शक्ति नहीं, हृदय में उत्साह नहीं, मस्तिष्क में प्रतिभा नहीं, क्या होगा रे इन जड़ पिण्डों से? मैं हिला-डुलाकर इनमें स्पन्दन लाना चाहता हूँ। इसलिए मैंने प्राणान्त प्रण किया है। वेदान्त के अमोघ मन्त्र से उन्हें जगाऊँगा। 'उत्तिष्ठित जाग्रत'—इस अभयवाणी को सुनाने के लिए ही मेरा जन्म हुआ है। तुम लोग इस काम में मेरे सहायक बनो।''

बाधा जितनी भी आती है, लक्ष्य के प्रति व्यक्ति उतना ही नजदीक पहुँचता है। स्वामी विवेकानन्द ने कहा था : ''संख्या से कुछ आता-जाता नहीं, धन या दरिद्रता से कुछ आता-जाता नहीं, मनसा-वाचा-कर्मणा यदि ऐक्य हो तो मुट्ठी भर लोग दुनिया को उलट दे सकते हैं-यह विश्वास न भूलना। बाधा जितनी ही होगी, उतना ही अच्छा है। बाधा बिना पाए क्या कभी नदी का वेग बढ़ता है? जो वस्तु जितनी नई होगी, जितनी अच्छी होगी, वह वस्तु पहले पल उतनी ही बाधा पाएगी। बाधा तो सिद्धि का पूर्व लक्षण है।''

कायर लोग मौत से पहले कई बार मर चुके होते हैं, लेकिन वीर पुरुष मृत्यु का वरण एक ही बार करते हैं। स्वामी विवेकानन्द ने कहा था : ''अरे, मृत्यु जब

अवश्यम्भावी है, तो कीट-पतंगों की तरह मरने के बजाय वीर की तरह मरना अच्छा है। इस अनित्य संसार में दो दिन अधिक जीवित रहकर भी क्या लाभ? It is better to wear out than to rust ouit. जराकीर्ण होकर थोड़ा-थोड़ा करके क्षीण होते हुए मरने के बजाय वीर की तरह दूसरों के अल्प कल्याण के लिए भी लड़कर उसी समय मर जाना क्या अच्छा नहीं हैं? जहाँ पर महामारी हुई हो, जहाँ पर लोगों को दुख ही-दुख हो, जहाँ दुर्भिक्ष पड़ा हो-चला जा उस ओर और उन लोगों का दुख दूर कर। अधिक से अधिक क्या होगा, मर ही तो जाएगा। मेरे-तेरे जैसे न जाने कितने कीड़े पैदा होते रहते हैं और मरते रहते हैं, इससे दुनिया को क्या हानि-लाभ है? एक महान् उद्देश्य लेकर मर जा। मर तो जाएँ ही; पर अच्छा उद्देश्य लेकर मरना ठीक है।''

दूसरों की दया पर निर्भर रहना अच्छी बात नहीं है। स्वामी विवेकानन्द ने कहा था : ''आप विदेशी सहायता पर कतई निर्भर न करें। व्यक्ति की तरह जाति को भी अपनी सहायता आप ही करनी होगी। यही यथार्थ में स्वदेश प्रेम है। यदि कोई जाति ऐसा करने में असमर्थ हो तो यह कहना पड़ेगा कि उसके लिए अभी समय नहीं हुआ है, उसे प्रतीक्षा करनी पड़ेगी।''

भारतीय संस्कृति की महान विशेषताओं की ओर ध्यान दिलाते हुए स्वामी विवेकानन्द ने कहा था : ''ऐ भारत! तुम मत भूलना कि तुम्हारी स्त्रियों का आदर्श सीता, सावित्री, दमयन्ती है; मत भूलना कि तुम्हारे उपास्य सर्वत्यागी उमानाथ शंकर हैं; मत भूलना कि तुम्हारा विवाह, धन और तुम्हारा जीवन इन्द्रियसुख के लिए-अपने व्यक्तिगत सुख के लिए नहीं है। मत भूलना कि तुम जन्म से ही 'माता' के लिए बलिस्वरूप रखे गए हो। तुम मत भूलना कि अज्ञानी, दरिद्र, चमार और मेहतर तुम्हारा रक्त और तुम्हारे भाई हैं।''

जीवन दर्शन के प्रति अपनी बेबाक राय रखते हुए स्वामी विवेकानन्द ने कहा था : ''मृत्युपर्यन्त काम करो-मैं तुम्हारे साथ हूँ; और जब मैं न रहूँगा, तब मेरी आत्मा तुम्हारे साथ काम करेगी। यह जीवन आता है और जाता है। नाम, यश, भोग यह सब थोड़े दिन के हैं। संसारी कीड़े की तरह मरने से कहीं अधिक अच्छा है कि कर्त्तव्य के क्षेत्र में सत्य का उपदेश देते हुए मरो। आगे बढ़ो।''

देश और समाज हित में अपना सर्वस्व बलिदान करने की प्रेरणा देते हुए स्वामी विवेकानन्द ने कहा था : ''यदि तुम सचमुच मेरी सन्तान हो, तो तुम किसी वस्तु से न डरोगे और किसी बात पर न रुकोगे। तुम सिंहतुल्य होगे। हमें भारत को और पूरे संसार को जाग्रत् करना है। मेरी सन्तान की आवश्यकता होने पर एवं अपने कार्य की सिद्धि के लिए आग में कूदने को भी तैयार रहना चाहिए।''

छल–कपट से महान कार्य नहीं होते

बुद्धिमान होने के साथ–साथ उदार ह्रदयी होना भी जरूरी है। स्वामी विवेकानन्द ने कहा था : ''यदि ह्रदय और बुद्धि में विरोध उत्पन्न हो तो तुम ह्रदय का अनुसरण करो, क्योंकि बुद्धि केवल एक तर्क के क्षेत्र में ही काम कर सकती है, वह उसके परे जा ही नहीं सकती; पर वह केवल ह्रदय ही है, जो हमें उच्चतम भूमिका पर आरूढ़ करता है। वहाँ तक बुद्धि कभी नहीं पहुँच सकती। ह्रदय बुद्धि का अतिक्रमण कर जिसे हम 'अन्तःस्फूर्ति' कहते हैं, उसे पा लेता है। ह्रदयवान व्यक्ति 'मक्खन' पा लेते हैं और कोरे बुद्धिमानों के लिए सिर्फ 'छाछ' बच जाती है।''

विकट और विषम परिस्थितियों में भी विचलित न होने की नसीहत देते हुए स्वामी विवेकानन्द ने कहा था : ''चिन्तित न होइए। प्रबल वायु बड़े वृक्षों से ही टकराती है। अग्नि को कुरेदने से वह अधिक प्रज्वलित होती है। सांप को सिर पर मारने से वह अपना फन उठाता है। जब ह्रदय में पीड़ा होती है, जब शोक की आँधी चारों ओर से घेर लेती है, जब मालूम होता है कि प्रकाश फिर कभी न होगा, जब आशा और साहस का प्रायः लोप हो जाता है, तब इस भयंकर आध्यात्मिक तूफान में ब्रह्म की अन्तःज्योति चमक उठती है। वैभव की गोद में पला हुआ, फूलों में पोसा हुआ, जिसने कभी एक आँसू भी नहीं बहाया, क्या ऐसा कोई व्यक्ति कभी बड़ा हुआ है, उसका अन्तर्निहित ब्रह्मभाव कभी व्यक्त हुआ है?''

हीन भावना व्यक्ति की क्षमताओं को नष्ट कर देती है। आत्मविश्वास व आत्मसम्मान से भरपूर व्यक्ति ही सफलता के कदम छू सकता है। स्वामी विवेकानन्द ने कहा था : ''आपको यह स्मरण रखना चाहिए कि मानव जाति की गति सदैव एक सत्य से दूसरे सत्य की ओर रही है—असत्य से, भ्रम से सत्य एवं यथार्थ की ओर नहीं; या यदि आप इसी भाव को अन्य शब्दों में व्यक्त करना पसन्द करें, तो मानव जाति निरन्तर सत्य से उच्चतर सत्य की ओर प्रयाण करती है, असत्य से सत्य की ओर नहीं।''

निष्कपट और निश्छल व्यक्ति समाज के काम आ सकता है। स्वामी विवेकानन्द ने कहा था : ''कम-से-कम हमें सच्चे तथा अकपटी बनने का प्रयत्न करना चाहिए। यदि हम आदर्श का अनुगमन नहीं कर सकते, तो अपनी दुर्बलता स्वीकार कर लें, पर उसे हीन न बनाएँ, उसे अपने उच्च धरातल से न गिराएँ।''

आसक्ति व्यक्ति के जीवन को बाँधती है। महान कार्यों के लिए आसक्ति का त्याग जरूरी है। स्वामी विवेकानन्द ने कहा था : ''संसार का इतिहास बुद्ध और ईसा जैसे व्यक्तियों का इतिहास है। वासनामुक्त तथा अनासक्त व्यक्ति ही संसार का सर्वाधिक हित करते हैं।''

सफलता प्राप्त करने का दुनिया में कोई शॉर्टकट नहीं है। ऊँचे लक्ष्यों को प्राप्त करने के लिए ईमानदारी से मेहनत करना जरूरी होता है। स्वामी विवेकानन्द ने इसी बात को निरूपित करते हुए कहा : ''प्रत्येक सफल मनुष्य के स्वभाव में कहीं-न-कहीं असामान्य ईमानदारी और सच्चाई छिपी रहती है और उसी के कारण उसे जीवन में इतनी सफलता मिलती है। वह पूर्णतया स्वार्थहीन न रहा हो, पर वह उसकी ओर अग्रसर होता रहा था। यदि वह सम्पूर्ण रूप से स्वार्थहीन होता, तो उसकी सफलता वैसी ही महान् होती, जैसे बुद्ध या ईसा की। सर्वत्र निःस्वार्थता की मात्रा पर ही सफलता की मात्रा निर्भर रहती है।''

आदर्श आचरण अपनाने की प्रेरणा देते हुए स्वामी विवेकानन्द ने कहा : ''बढ़े चलो! यदि तुम सोचते हो कि तुमने कोई अनुचित कार्य किया है तो भी पीछे फिरकर न देखो। यदि पहले तुमने इन गलतियों को न किया होता तो क्या तुम विश्वास करते हो कि आज तुम जैसे हो, वैसे कभी हो सकते? अतः अपनी भूलों को आशीर्वाद दो। वे अदृश्य देवदूतों के समान रही हैं। तुम धन्य हो, दुख! धन्य हो, सुख! तुम्हारे मत्थे क्या आता है, इसकी परवाह न करो। आदर्श को पकड़े रहो। आगे बढ़ते चलो।''

संसार के प्रति अपने नजरिए को समान रखने की प्रेरणा देते हुए उन्होंने कहा : ''परोपकर ही धर्म है; परपीड़न पाप। शक्ति और पौरुष पुण्य है, कमजोरी और कायरता पाप। स्वतन्त्रता पुण्य है, पराधीनता पाप। दूसरों से प्रेम करना पुण्य है, दूसरों से घृणा करना पाप। परमात्मा में और अपने आप में विश्वास पुण्य है; सन्देह ही पाप है। एकता का ध्यान पुण्य है; अनेकता देखना ही पाप।''

इन्द्रियजनित सुखों से दूर रहना ही श्रेयष्कर है। उन्होंने कहा : ''जो प्राणी जितना ही निम्न स्तर का होगा, उसे इन्द्रियजनित सुखों में उतना ही आनन्द मिलेगा। बहुत कम मनुष्य ऐसे मिलेंगे, जिन्हें भोजन करते समय वैसा ही उल्लास होता है, जैसा किसी कुत्ते या भेड़िए को। किन्तु याद रहे कि कुत्ते और भेड़िए के

सारे सुख इन्द्रियों तक ही सीमित हैं। निम्नकोटि के मनुष्यों को इन्द्रियजनति सुखों में ही आनन्द मिलता है; किन्तु जो लोग सुसंस्कृत एवं सुशिक्षित हैं, उन्हें चिन्तन, दर्शन, कला और विज्ञान में आनन्द मिलता है। आध्यात्मिकता उससे भी उच्चतर स्तर की है।''

नि:स्वार्थ और निश्छल प्रकृति के व्यक्तियों को संसार की कोई भी ताकत क्षति नहीं पहुँचा सकती। स्वामी विवेकानन्द ने कहा : ''जिन लोगों में सत्य, पवित्रता और नि:स्वार्थपरता विद्यमान है, उन्हें स्वर्ग, मर्त्य एवं पाताल की कोई भी शक्ति कोई क्षति नहीं पहुँचा सकती। इन गुणों के रहने पर, चाहे समस्त विश्व ही किसी व्यक्ति के विरुद्ध क्यों न हो जाए, वह अकेला ही उसका सामना कर सकता है।''

बड़े लक्ष्य को प्राप्त करने के लिए मनुष्य को उतनी ही बड़ी अग्नि-परीक्षा का सामना करना पड़ता है। स्वामी विवेकानन्द ने कहा : ''लोग तुम्हारी स्तुति करें या निन्दा, लक्ष्मी तुम्हारे ऊपर कृपावती हों या न हों, तुम्हारा देहान्त आज हो या युग भर बाद, तुम न्याय-पथ से कभी भ्रष्ट न हो। कितने ही तूफान पार करने पर मनुष्य शान्ति के राज्य में पहुँचता है। जो जितना बड़ा हुआ है, उसके लिए उतनी ही कठिन परीक्षा रखी गई है।''

उन्होंने कहा : ''मेरा यह दृढ़ विश्वास था कि कपट से जगत् में कोई महान् कार्य नहीं होता। आजकल यदि कोई मूसा, बुद्ध अथवा ईसा की उक्ति उद्धृत करता है, तो उसकी हँसी उड़ाई जाती है; किन्तु हक्सले, टिण्डल अथवा डारविन का नाम लेते ही बात एकदम अकाट्य और प्रामाणिक बन जाती है। 'हक्सले ने ऐसा कहा है'—इतना कहना ही बहुतों के लिए पर्याप्त है। हम लोग सचमुच अन्धविश्वास से मुक्त हैं। पहले था धर्म का कुसंस्कार, अब है विज्ञान का कुसंस्कार; फिर भी पहले के कुसंस्कार में से एक जीवनप्रद आध्यात्मिक भाव आता था, पर आधुनिक कुसंस्कार के भीतर से तो केवल काम और लोभ आ रहे हैं। वह अन्धविश्वास था ईश्वर की उपासना को लेकर, और आजकल का अन्धविश्वास है महाघृणित धन, यश और शक्ति की उपासना को लेकर। बस, यही भेद है।''

अपने प्रति अधिक सावधान रहने वाले व्यक्ति के बारे में स्वामी विवेकानन्द ने कहा : ''यदि आत्मा के जीवन में मुझे आनन्द नहीं मिलता, तो क्या मैं इन्द्रियों के जीवन में आनन्द पाऊँगा? यदि मुझे अमृत नहीं मिलता, तो क्या मैं गड्ढ़े के पानी से प्यास बुझाऊँ ? मैंने अपने जीवन में यह अनुभव किया कि जो स्वयं के लिए अति सावधान रहना चाहता है, पग-पग पर उसे विपत्ति का सामना करना पड़ता है। जो सम्मान से डरता है, उसकी अवमानना होती है। जो सदा नुकसान से घबराता है, उसके भाग्य में सदा नुकसान ही उपस्थित है।''

नीति वाक्यों को अपने जीवन में अगर कुछ अंश भी आत्मसात् कर लिया तो व्यक्ति का कल्याण सुनिश्चित है। इसी बात को इंगित करते हुए स्वामी विवेकानन्द ने कहा : ''मेरी आशा, विश्वास तुम्हीं लोग हो। मेरी बातों को ठीक-ठीक समझकर उसी के काम में लग जा। उपदेश तो तुझे अनेक दिये; कम-से-कम एक उपदेश को भी तो काम में परिणत कर ले। बड़ा कल्याण हो जाएगा। दुनिया भी देखे कि तेरा शास्त्र पढ़ना तथा मेरी बातें सुनना सार्थक हुआ है।''

मनुष्य की शक्तियों को जाग्रत् करने की प्रेरणा देते हुए स्वामी विवेकानन्द ने कहा : ''तुम शुद्धस्वरूप हो, जाग्रत् हो जाओ। हे महान्, यह नींद तुम्हें शोभा नहीं देती। उठो, यह मोह तुम्हें भाता नहीं। तुम अपने को दुर्बल और दुखी समझते हो। हे सर्वशक्मिान! उठो, जाग्रत् होओ! अपना स्वरूप प्रकाशित करो। तुम अपने को पापी समझते हो, यह तुम्हें शोभा नहीं देता। तुम अपने को दुर्बल समझते हो, यह तुम्हारे लिए उचित नहीं है। जगत् से यही कहते रहो, अपने से यही कहते रहो—देखो, इसका क्या शुभ फल होता है! देखो, कैसी बिजली जैसी शक्ति से सम्पूर्ण तत्त्व प्रकाशित होता है और सब कुछ कैसे परिवर्तित हो जाता है! मनुष्य जाति से यही कहते रहो—उसे उसकी शक्ति दिखा दो।''

विश्व में कुछ भी चीजें समान नहीं होतीं। स्वामी विवेकानन्द ने कहा : ''यथार्थ साम्यभाव न तो कभी संसार में हुआ है और न कभी होने की आशा है। यहाँ हम सब समान हो ही कैसे सकते? इस प्रकार के असम्भव साम्यभाव का फल तो मृत्यु ही होगा। वह क्या चीज है जो मनुष्य मनुष्य में भेद स्थापित करती है? वह मस्तिष्क की भिन्नता। आजकल के दिनों में एक पागल के अतिरिक्त और कोई भी यह न कहेगा कि हम सब मस्तिष्क की समान शक्ति लेकर उत्पन्न हुए हैं।''

जनता की उन्नति के बारे में कहते हुए स्वामी विवेकानन्द ने कहा : ''जीवन में मेरी सर्वोच्च अभिलाषा यह है कि ऐसा चक्र-प्रवर्तन कर दूँ, जो कि उच्च एवं श्रेष्ठ विचारों को सब के द्वार-द्वार पर पहुँचा दे। फिर स्त्री-पुरुषों को अपने भाग्य का निर्णय स्वयं करने दो। हमारे पूर्वजों तथा अन्य देशों ने जीवन के महत्त्वपूर्ण प्रश्नों पर क्या विचार किया है, यह सउर्वसाधारण को जानने दो। विशेषकर उन्हें देखने दो कि और लोग क्या कर रहे हैं। फिर उन्हें अपना निर्णय करने दो। रासायनिक द्रव्य इकट्ठे कर दो और प्रकृति के नियमानुसार वे विशेष आकार को धारण कर लेंगे। परिश्रम करो, अटल रहो। 'धर्म को बिना हानि पहुँचाए जनता की उन्नति'-इसे अपना आदर्श-वाक्य बना लो।''

❑❑❑